李材四書學著作四種
南皋鄒先生語義合編

LICAI SISHUXUE ZHUZUO SIZHONG
NANGAO ZOUXIANSHENG YUYI HEBIAN

江右王學四書學文獻選刊

〔明〕李　材　鄒元標◎撰
郭諾明◎校注

江西教育出版社
JIANGXI EDUCATION PUBLISHING HOUSE
·南昌·

圖書在版編目（CIP）數據

李材四書學著作四種　南皋鄒先生語義合編 /（明）李材，（明）鄒元標撰；郭諾明校注 . -- 南昌：江西教育出版社，2021.8

（江右王學四書學文獻選刊）

ISBN 978-7-5705-2018-3

Ⅰ . ①李… Ⅱ . ①李… ②鄒… ③郭… Ⅲ . ①王守仁(1472–1528) – 哲學思想 – 研究 Ⅳ . ① B248.25

中國版本圖書館 CIP 數據核字 (2020) 第 163655 號

李材四書學著作四種　南皋鄒先生語義合編

〔明〕**李　材　鄒元標**　撰　　**郭諾明**　校注

江西教育出版社出版

（南昌市撫河北路 291 號　　郵編：330008）

各地新華書店經銷

江西省和平印務有限公司

720 毫米 ×1000 毫米　16 開本　17.25 印張　317 千字

2021 年 8 月第 1 版　2021 年 8 月第 1 次印刷

ISBN 978-7-5705-2018-3

定價：68.00 元

贛教版圖書如有印裝質量問題，請向我社調換　電話：0791-86710427

投稿郵箱：JXJYCBS@163.com　電話：0791-86705643

網址：http://www.jxeph.com

贛版權登字 -02-2020-431

整理說明

一

陽明學，又稱王學，是明代中晚期最具影響的主流學說之一，對中國及日本等東亞國家產生了深遠影響。近年來，陽明學方興未艾，不僅有大量學術力量的主動參與，也有社會大衆的積極投入。這對陽明學的傳播、發展而言無疑是可喜的現象。要學習與研究陽明學，文獻便是重要的前提和基礎，因此對陽明學文獻的整理、點校、注疏、輯佚等工作就顯得極為迫切了。對陽明學文獻的整理，最早可追溯到《何心隱集》《焚書》《續焚書》等二十世紀六十年代整理出版的一批陽明後學的文獻。改革開放以來，陽明學的文獻整理出版進度加快，吳光等編校整理的《王陽明全集》可以說是陽明學文獻整理的一個標誌性著作。二十一世紀以來，「陽明後學文獻叢書」的初編、二編、三編、四編陸續推出，其中初編、二編業已出版，三編、四編或已出版，或正在整理之中，還有其他一些陽明後學的單行文獻也陸續出版了。可以說，經過半個多世紀的不懈努力，學界在整理出版陽明後學文獻方面已經取得可觀的成績，然而，相對於數量龐大的陽明後學文獻來說，實有必要繼續大規模整理出版。

上述文獻整理，大體有兩個思路：一是以某一學者為對象，盡可能收集其所有的傳世文獻進行編校整理，最終形成精校本，如《王陽明全集》等；二是以某一問題為中心，如《王陽明四書學論著彙輯》，本書就是按後一種思路來整理陽明後學文獻的。

「四書」是宋明以來儒者交流對話的基礎文本，是宋明以來知識分子共同的精神家園。誦讀、詮解、辨析「四書」是宋明學者重要的學術活動。但在現有的研究中，學界一般將四書學視為朱子學的禁臠，這從當前四書學研究的重心放在宋元清三朝就可見一斑，但日本學者佐野公治在《四書學史的研究》中指出：「王陽明的出現是四書學發展的轉機。」「陽明學成立之後，進入新四書學的成立期與開展期。」這種觀點不為無見。揆諸《明史·藝文志》，最早在「經類」中設「四書類」，後來的《四庫全書》也依此類推，設置「四書類」，概而言之，「四書」是宋明理學的公器，明代是中國四書學史的重要發展階段，陽明學之四書學也是陽明學的重要組成部分，對於陽明學之四書學文獻與思想的研究也有進一步深入之必要。故此，本叢書的整理思路是這樣的：以筆者主持的教育部人文社科課題為基礎，先整理江右王學的四書學，漸次擴展到陽明學的四書學，最後擴展到明代四書學的文獻整理和彙編。這無疑是一項龐大的工程，而本書不過是這項大工程的一項小工程而已。

二

在陽明學興起的過程中，遍及全國多地的陽明學者發揮了重要作用，其中江西（古稱江右）學者更是居功至偉，故而黃宗羲認為：「姚江之學，惟江右為得其傳，東廓、念庵、兩峰、雙江其選也。再傳而為塘南、思默，皆能推原陽明未盡之旨，是時越中流弊錯出，挾師說以杜學者之口，而江右獨能破之，陽明之道賴以不墜。蓋陽明一生精神，俱在江右，亦其感應之理宜也。」（《明儒學案·江右王門學案一》）由於江右王門在陽明學傳播與發展中具有重要地位，江右王門的研究歷來備受重視。

但如何定義江右王門，却不是容易的事。黃宗羲在《明儒學案》中將江西籍的陽明後學一分為四，分別是將鄒守益、歐陽德、聶豹、羅洪先等三十三人列入「江右王門學案」，將李材列入「止修學案」，將徐樾、顏鈞、羅汝芳等列入「泰州學案」，將王陽明的弟子舒芬列入「諸儒學案」。其所遵循的原則頗有費解之處，若僅以籍貫而論，則江西籍的弟子何以一分為四？若以學問宗旨與進路來論，撇開泰州學派、止修學派等不論，且說江右王門，鄒守益、歐陽德與聶豹、羅洪先的思想進路與宗旨也有明顯之差異。甚至於按照牟宗三的說法，聶豹與羅洪先「因不熟習於陽明之義理，而自己鑽研，當然都有其個人之體會處。惟又依附陽明之一二話頭而夾雜以致辨，把陽明學的義理弄得七零八碎，則大不可」，并說二人是「亂動手足空勞擾攘」（參見《從陸象山到劉蕺山》）。這話是極重了！由此可見，黄宗羲所謂的「江右王門」是一個有爭議的概念。

於是，不少學者試圖超越黄宗羲定義的「江右王門」所帶來的理論困境，他們將整個江西籍的陽明後學作為一個整體來研究。如吳宣德在《江右王學與明中後期江西教育發展》一書中認為：「『江右王學』或『江右王門』所指的應包括所有江西籍的、以傳播和發揮王陽明『心學』為其學術趣向的學者」。并將「江右王學」學者分為六類：

一、王陽明一傳、再傳及以下的江西籍弟子。如鄒守益、歐陽德、劉陽、劉文敏、劉邦采等。二、私淑王學而成傳播王學的中堅者。如羅洪先等。三、王學飛江西籍弟子的傳人的江西籍弟子。如徐樾、顔鈞、梁汝元（何心隱）、羅汝芳等。四、源本王學而自成一格者。如李材。五、心契王學者。如樂鏞、彭簪等。六、受益於王學而不專守一家者。

蔡仁厚則以其師牟宗三對陽明學的分疏為基礎，在《王學流衍——江右王門思想研究》一書將江右王門的代表人物進一步分為「三支一脉」。這「三支一脉」分别是：

一、親炙嫡傳的鄒東廓、歐陽南野、陳明水；二、私淑而滋生疑誤的聶雙江、羅念庵；三是漸離心宗别走性宗的劉兩峰、劉師泉、王塘南。一脉是指泰州派下的羅汝芳。

這種將所有江西籍陽明後學放在　起研究的優勢是首先避開了「江右王門」的話語陷阱，從而可以從更寬廣的層面研究陽明後學的理論分化與發展。當然，從消極的方面來説，這種處理也可能混淆陽明學的義理體系，將陽明學與非陽明學混為一談。總的來説，每一種對江右陽明學的劃分都有其優劣，又各有其應用之場域。不過，就學術術語來説，「江右王門」與「江右王學」有區别又有聯繫。我們尊重黄宗羲對「江右王門」的劃分，則此種意義上的「江右王門」是作為狹義的「江右王學」而存在，而廣義上的「江右王學」則包括了「江右王門學案」「泰州學案」「止修學案」在内的所有江西籍的陽明學者。

本書所謂的「江右王學」就是從廣義的角度界定江西籍的陽明學者。選取的對象為文集尚未出版的李材與鄒元標。李材有《大學古義》《道性善編》《論語大意》等「四書」學的文獻，鄒元標的《南皋鄒先生語義合編》則「以所答問者曰會語，説經者曰解義」，而其所講論者多系「四書」，《南皋鄒先生語義合編》不啻是「四書」之講疏。至於其他學者的四書學文獻，如羅汝芳的《近溪羅先生一貫編》，業已點校完成，也將在時機成熟的時候出版。

三

李材（1529—1607），字孟誠，號見羅，學者稱見羅先生，江西豐城人。明嘉靖四十一年（1562）中進士，授刑部主事，以學未有成，未就任。後遷廣東僉事，屢敗倭寇。萬曆初，歷官雲南按察副使，兵備金騰，嘗收孟養、蠻莫兩土司以制緬甸，破緬於遮浪之上。李材以軍功陞巡撫、右僉都御史。後因毀參將署為書院，致激兵變，又被人誣陷雲南軍功不實，被下詔獄。在獄中十餘年，後被流放福建的鎮海衛，最後終老於林下。

李材出生在一個書香世家。其父李遂是王陽明的弟子，一生堅持參與并組織講學活動，并與鄒守益、歐陽德、王畿等王學中堅交往密切。可以說，李材正是在家庭的薰陶下開始其學術之旅的。他拜在號稱「王門宗子」的鄒守益門下。據《明儒學案》記載：「先生初學於鄒文莊（鄒守益），學致良知之學。已稍變其說，謂『致知者，致其知體。良知者，發而不加其本體之知，非知體也』。已變為性覺之說，久之，喟然曰：『總是鼠遷穴中，未離窠臼也。』於是拈『止修』兩字，以為得孔、曾之真傳。」（《明儒學案·止修學案》）而李材對自己的學思歷程曾有明確的回顧：

> 區區淺陋，蓋嘗實致良知者，所以丁巳疑之，曾為知體之說；辛酉悟之，復為性覺之論；丙寅而後又悟之，乃漸有知本之疑；壬申而後又悟之，乃斷然有信於知本，而確然無戀於致良知矣。（《見羅李先生觀我堂稿》卷十六《答李時乾書》）

表面上看，李材說自己「確然無戀於致良知矣」，但正如李璐楠指出的：「儘管李材的心性論離開王學，但與朱子學尚有距離，其學說在融合朱王的基礎上發展出自身的特點，足以成為晚明哲學天地的一個重要資源。」（李璐楠：《李材的心性論及其定位》，《中國哲學史》2018年第一期）也正是這一點，黄宗羲在《明儒學案》中予以特別的處理。首先，黄宗羲在為《止修學案》撰寫的學案序中稱：「見羅從學於鄒東廓，固亦王門以下一人也，而別立宗旨，不得不別為一案。今講止修之學者興起未艾，其以救良知之弊，則亦王門之孝子也。」其次，縱觀整個《明儒學案》，只有王陽明、李材、劉宗周三人獨立成學案，黄宗羲將李材的止修學與陽明的良知學及其師蕺山的慎獨之學相提并論，可見其特殊性。最後，李材的《止修學案》位於王門學案之後《泰州學案》之前，這其實是把李材當作「陽明别派」來進行處理的方案。

就講學宗旨而言，李材由反思「見在良知」「無善無恶心之體」等在實踐中所可能引發的弊病出發，而特别標舉《大學》的「止於至善」與「修身為本」，认为止修是道之所在，是一以贯之的一。李材强調以性為宗，提揭性善之旨，試圖對治因誤解「無善無恶心之體」而導致的「恣情狥欲」的現象；提出修身為本，而試圖反對在身心意物天下國家之中，而不知其本末者；强調止修并重，修其所止，止其所修，則内亦非内，外亦非外。如是，李材真如黄宗羲所說是「王門孝子」。如果認識到王陽明哲學思想的核心是萬物一體與良知的相互保證的話，那麼，理解李材的思想走向就有了更清晰的圖景。李材既然不滿意王陽明以知為本體，也不認同朱熹以理為本體，那麼，他選擇以性為本體的進路，就不難理解了。朱熹的理本體是超越而遍在的（也包括内在，即心統性情），王陽明的良知本體則是超越而内在的（也包括外在，即萬物一體之仁）。在朱熹的體系中，性即理，心統性情，它所凸顯的是一種客觀性的原則；在王陽明的體系中，心即性即理，性、理在不同程度上都被化約了，它所凸顯的是一種主體性的原則。李材的取徑既不是朱子式的，也不是陽明式的，他試圖溝通、調和二者。他的思路是以萬物一體為性，以性之超越而内在、而客觀、而遍在來表征道體，以性著心，以性即理。從而兩頭打開，貫通天道性命與人心。概而言之，李材的止修學開啓了明代思想史中由「心宗」向「性宗」轉換的一條潛流。

鄒元標（1551—1624），字爾瞻，號南皋，江西吉水人。萬曆五年（1577），鄒元標中進士，觀政刑部。同年因上疏反對張居正「奪情」，稱張居正「才雖可為，學術則偏；志雖欲為，自用太甚」，又稱張居正「斷刑太濫」「言路未通」「民隱未周」，即指責張居正在施政存在種種之弊端，又其父喪而不回鄉守制，難為天下士人則。疏入，被廷杖八十，流放貴州都匀衛六年。元標在都匀期間，處之怡然，「益究心理學，學以大進」。萬曆十一年（1583），鄒元標被召回。回朝後，元標因屢屢進諫，觸怒神宗，數次被貶。不得已，他告病歸鄉，講學仁文書院近三十年，培養了大批人才。光宗、熹宗相繼登基，鄒元標再次入仕，升任左都御史。天啓二年（1622）

十月，元標致仕歸鄉。天啓四年（1624）卒於家。崇禎元年（1628），追贈太子太保、吏部尚書，謚號「忠介」。

鄒元標師從胡直，又從學於羅汝芳、鄧以讚、萬廷言等，而與許孚遠、馮從吾、顧憲成等為講友，終成王陽明三傳弟子中的中堅人物。鄒元標在世時，就已譽滿士林，《明史》稱：「里居講學，從游者日衆，名高天下。中外疏薦遺佚，凡數十百上，莫不以元標為首。」袁宏道在《壽南皋鄒先生六十序》中寫道：「今海內名公卿，有舉其地而知者，有舉其氏而知者。唯吉水鄒公，識與不識，皆稱之曰『南皋先生』，非但不名也，且不氏。宮掖之深也，廝養之微也，羌胡之遐且桀也，莫不敬憚先生，如所嚴事之神明。公車之牘，塵累山積，類無不引先生為重。慶曆以來，所稱名公卿，未有此者。」

對於鄒元標的學問宗旨，黃宗羲認為：「先生之學，以識心體為入手，以行恕於人倫事物之間、與愚夫愚婦同體為功夫，以不起意、空空為極致。」邹元标的弟子李邦華認為鄒元標「其學以透性為宗，而以生生不息為用；以一掃葛藤，直窮無始為歸，而以規員矩方，慥慥皜皜為鵠；顯微動靜，融為一致；內外體用，會為一原」（《鄒先生語義合編序》）。從以上的觀點大致可以看出鄒元標的學問路數。

從思想史的發展進程來看，陽明學發展到鄒元標，已經歷經了數代人。首先是求道、悟道、傳道的王陽明；緊接著就是其親傳弟子，如鄒守益、王畿、王艮等，私淑弟子如聶豹、羅洪先等；第二代則有王時槐、胡直、萬廷言等；第三代則有羅汝芳、鄒元標等。百年思潮發展至此，對良知的各種理解都已經展現，陽明學的流弊也同樣展現無遺。因此，到了鄒元標這一代，實際上就是維持和總結了。鄒元標將江右王門、浙中王門、泰州學派、止修學派等的思想融匯於一爐，又別開生面。對於江右王門，他既吸納其收斂靜定的工夫論，又認為要壯大良知主宰的力量，不能讓工夫流於支離；對於浙中王門，他在道體論、工夫論皆有吸納，但認為要悟修兼至，要防止良知流於玄妙；對於泰州學派，他重視其自然順適、赤子真心的活力，但認為要用收放心的錘煉工夫，確保赤子真心不被情識裹挾；對於止修學派，他認為止在修中，修即止，止無所止，修無所修。（參見張昭炜：《良知學的收攝——鄒元標思想研究》）匯聚到一點，那就是鄒元標以「願學」為入處，以覺為道體，以學為工夫，覺學一體，以此含攝、總結陽明學。

四

李材四書學著作四種，分别为《大學古義》《道性善編》《論語大意》《崧台講義》。據程學軍考證，李材有各類著述四十八種，其中：《大學考次》在《大學古義》之中，《大學約言》是《大學古義》的刪減本，《孟子說約》（四卷）、《中庸庸言》（二卷）現只有存目，而未見書。本次整理所據之版本：

《見羅李先生書》：（明萬曆李復陽刻本，藏無錫市圖書館，被收入《四庫全書存目全書·子部》第十一、十二冊；另被收入《續四庫全書·子部·儒家類》第九四一冊）

《見羅李先生觀我堂稿》（明萬曆間愛成堂刻本，日本内閣文庫藏）

《明儒學案》（黄宗羲撰，沈芝盈點校，中華書局二〇〇八年版）

《廣理學備考》（范鄗鼎輯，清康熙二十五年五經堂刻本，哈佛大學燕京學社藏）

鄒元標的《南皋鄒先生語義合編》實際上分為會語合編和「四書」講義兩部分。本次整理所据之版本如下：

《南皋鄒先生語義合編》（明萬曆四十七年龍遇奇刻本，清華大學圖書館藏，被收入《四庫全書存目全書·子部》第十四冊）

《南皋鄒先生語義合編》（明萬曆四十七年龍遇奇刻本，日本内閣文庫藏，殘本，僅存第一冊）

《明儒學案》（黄宗羲撰，沈芝盈點校，中華書局二〇〇八年版）

《廣理學備考》（范鄗鼎輯，清康熙二十五年五經堂刻本，哈佛大學燕京學社藏）

其中李材的《大學古義》《道性善編》《論語大意》《崧台講義》以《見羅李先生書》為底本，以《見羅李先生觀我堂稿》《明儒學案》《廣理學備考》為校本；鄒元標的《南皋鄒先生語義合編》以清華大學圖書館藏本為底本，以内閣文庫本、《明儒學案》《廣理學備考》為校本。

本書做了如下整理：

一、點校工作。這部分工作主要包括標點、校勘。對於不同版本之間文字的異同、訛誤，採取註脚的形式標出；對於「己、已、巳」等情況則徑改不出校；對於異體字，則做了統一；對於無法辨識的文字，則採取「□」表示。

二、注釋工作。對於本書所涉及的一些經典文獻、先賢文集，標明了文獻出處。對於個別地方，還做了注釋工作。

三、為了讓讀者更好地使用本書，特地將本書每章的原始文獻列出，便於參考。

此外，本書依據鳳凰出版社出版的「陽明後學文獻叢書」初編、上海古籍出版社出版的「陽明後學文獻叢書」二編等書的成例，未做全式標點。同時，本書目錄中標題過長的，做了必要的處理，以便讀者檢索。

筆者囿於學力，在點校過程中不免存在錯漏，敬請方家指正！不勝感激！

目録

李材四書學著作四種

大學古義

道性善編

崧台講義

附錄

南皋鄒先生語義合編

會語合編

《論語》講義

《大學》講義

《中庸》講義

《孟子》講義

附録

後記

李材四書學著作四種

〔明〕李材 撰

大學古義 考次附

知本義上

為端溪書士友著

或問：子言學之以知本為要也，義何居乎？

曰：此非愚言也。「修身為本」，《大學》言之矣。「知修身為本，斯謂知本」❶，陽明先生言之矣。今論學愛[一]舉「古之欲明明德於天下」，以是為[二]學之大綱也，似也，然不省要歸在於何處。此所以徒侈虛曠，言近似而卒無有下手從入處也[三]。《大學》明說[四]：「大學之道，在明明德，在親民，在止於至善。」必先知止矣，而後能定能靜能安能慮，以馴至於有得[五]。若止不知，則斷無有能得者，必竟[六]止安在乎？「物有」一條，正教人以知止之法也。若曰：要知止處不難，只就事物上辨[七]其所本末始終者而知所先後，

[一]「愛」，《見羅李先生觀我堂稿》作「概」。
[二]「是為」，《見羅李先生觀我堂稿》作「為是」。
[三]「此所以徒侈虛曠，言近似而卒無手從入處也」，《見羅李先生觀我堂稿》作「所以言近似而卒無有卜手從入處也」。
[四]「《大學》明說」，《見羅李先生觀我堂稿》作「《大學》之旨意，亦既明白矣！曰」。
[五]「以馴至於有得」，《見羅李先生觀我堂稿》作「以能有得也」。
[六]「必竟」，《見羅李先生觀我堂稿》作「畢竟」。
[七]「辨」，《見羅李先生觀我堂稿》作「分別」。

而止可知矣。何也？知本末則必無有舍本而事末者，知始終則必無有遺始而急終者。今世學者却不然，大都皆是後其所宜先者，先其所宜後者，倒亂了始終本末之序，此其精神所以一味漫散，無有至止，而於道卒去之遠也。古之人則不然也，欲明明德於天下，必先治其國；欲明於國，先之家；欲明於家，先之身；欲明於身，先之心，先之意，先之知，先之物。心者何？則身之所主宰是也。意者何？則心之所運用是也。知者何？則意之所分別是也。物者何？則知之所感觸是也。身心意知物家國天下者，所謂物也；格致誠正修齊治平者，所謂事也；本末始終先後，則序之自然而不容紊者也。

夫身為家之本，則必始於身修，而後家可齊；家為國之本，則必始於家齊，而後國可治；國為天下之本，則必始於國治，而後天下可平。奈之何世之人要平天下者便從天下去求，要治國者便從國去求，要齊家者便從家去求，曾見有其身之不能修而可以齊家者乎？曾見有其家之不能齊而可以治國者乎？曾見有其國之不能治而可以平天下者乎[一]？又曾見有其心之不能正而可以修身，其意之不能誠而可以正心，知之不致而可以誠意，物之不格而可以致知者乎[二]？以此意端擾擾，竟日馳求，無有寧止，齊治均平紛然措手而渺渺無歸宿之期也。既不知止，安能有定？既不能定，從何致靜？既不能靜，何處[三]得安？既未至安，云何能慮？儘力修齊平治，一切盡以[四]意識揣摩，以氣魄承當，以智術籠罩，以聞見摹擬，而於道卒去之遠矣。何由能得？得者何？即德之貫通於事物而實體於己者也。故「辨[五]得本末明白，自然不去末上着功，本正而末自舉；識得終始[六]明白，自然不去終上着功，始治而終自就」條，其教

［一］「而可以齊家者乎……可以平天下者乎」，《見羅李先生觀我堂稿》作「而可以均平齊治乎」。
［二］「而可以修身……可以致知者乎」，《見羅李先生觀我堂稿》作「意之不能誠、知之不致、物之不格而可以言修身者乎」。
［三］「何處」，《見羅李先生觀我堂稿》作「云何」。
［四］「盡以」，《見羅李先生觀我堂稿》作「盡衹以」。
［五］「辨」，《見羅李先生觀我堂稿》作「認」。
［六］「終始」，《見羅李先生觀我堂稿》作「始終」。

人功夫，亦真可云喫緊，而不厭其煩且瀆矣，而世終莫之悟也[一]。

然猶慮夫外騖者，固[二]致遺其本始，而[三]反觀者，又或涉於玄虛，則其下手之際亦終茫昧[四]而無有所歸宿也，故於「先後」兩節之下，又直斷以「自天子以至於庶人，壹是皆以修身為本」，此是聖人之學，十分平實、十分妥當。斷知身外無有家國天下，修外無有格致誠正均平齊治。但一事而不本諸身者，即是五伯功利之學；格致誠正，但一念而不本諸身者，即是佛老虛玄之學。故身即本也，即始也，即所當先者也。知修身為本，即知本也，知止也，知所先後[五]者也。精神凝聚，意端融結，一毫熒惑不及其他，浩然一身通乎天地萬物，直與上下同流，而通體渾然，一至善矣。[六]家於[七]此齊焉，國於[八]此治焉，天下於[九]此平焉。所謂篤恭而平、垂衣而治[一〇]、無為而理[一一]者，用此道也。「本亂」一條，又以決言身之必為本，而學之必先於知本也。若舍身之不本而汲汲於均平齊治而能有成者，斷斷乎[一二]無是理也。故直結以「此謂知本，此謂知之至也」。此真所謂至善之極則、知止之實功，而明德親民[一三]一以

[一]「世終莫之悟也」，《見罗先生观我堂稿》作「而世終莫之悟也」。
[二]「固」，《見羅李先生觀我堂稿》作「既」。
[三]《見羅李先生觀我堂稿》無「而」字。
[四]「則其下手之際亦終茫昧」，《見羅李先生觀我堂稿》作「卒茫昧」。
[五]「先後」，《見羅李先生觀我堂稿》作「當先」。
[六]《見羅李先生觀我堂稿》在「一至善矣」之後尚有「故止於至善者命脉也，修身為本者歸宿也」。
[七]《見羅李先生觀我堂稿》無「於」字。
[八]《見羅李先生觀我堂稿》無「於」字。
[九]《見羅李先生觀我堂稿》無「於」字。
[一〇]「治」，《見羅李先生觀我堂稿》作「理」。
[一一]「理」，《見羅李先生觀我堂稿》作「成」。
[一二]《見羅李先生觀我堂稿》無「斷斷乎」三字。
[一三]「所謂至善之極則、知止之實功，而明德親民」，《見羅李先生觀我堂稿》作「可謂盡性之實功，至命之極則，而表裏精粗」。

貫之者也。舍修身之外，寧復有所為知本、有所為知止至善者哉？

❶「知修身為本，斯謂知本」，見王陽明《大學古本旁釋》釋「自天子以至於庶人，一是皆以修身為本」條：「其本則在修身，知修身為本，斯謂知本，斯謂知之至。然非實能修其身者，未可謂之知修身也。修身惟在誠意，故特揭誠意，示人以修身之要。」

知本義下

或問：子之以身為本而本之，似也，不知家國天下心意知物亦烏所用其力乎？

曰：天下國家非他也，即身之所體備者也；心意知物非他也，即身之所運用者也。故格致誠正一毫有不備，則身固無自而能修；均平齊治一毫有不至，則身亦不可以言修。何者？身之所處，不於家則於國，不於國則於天下，未有遺人物而獨立者，故言身則家國天下皆舉之矣。身之所修，非齊家則治國，非治國則平天下，故言修身則格致誠正兼舉之矣。

曰：然則本體之明德，抑何所從而識認之乎？

曰：明德者非他也，即德性之充滿於吾身而貫通於家國天下者也。人惟不知身之為本也，而倀倀然支離其意緒，流散其精神，則本體之無由而識認者有之矣。今既知夫身之為本也，而本之、而止之、而修之，而一毫精神不以騖於外，則此虛靈之體自然日充日滿，日昭日著，月將日就，有緝熙於光明矣。而又何憂於本體之虛靈乃有不能識察者乎？且今學者所以卒歲窮年，無所至止，正為學不知本之故，所以憑其意見卜度揣摩，將身所體備切實之事、彝倫日用之常，盡數看作巃迹，架漏空疏，而日以尋索本體為事，糜費歲月，眩瞀精神，播騰唇吻，是賺誤學者之坑阱膏肓也，而尚欲踵而行之，淪胥以底於溺也。不亦左乎？

曰：然則昔之儒有謂《大學》之要在於致知，而陽明先生亦惟專揭致良知，以為是聖學之正法眼藏也。夫豈其無見於此也而云然乎？

曰：有是也。只以經之本義考之，則極其用之大而廣也，至於家齊國治而天下平；析其功之密而精也，至於心正意誠，知致而物格，而要其歸之約也，則斷以「自天子以至於庶人，壹是皆以修身為本」。彼豈不知夫知也者心之體也，乃不曰「自天子以至於庶人，壹是皆以致知為本」，而必曰修身也乎？今既不曰正心，不曰誠意，不曰致知，而特揭曰修身，則其意端亦真可想矣。豈不以身心意知之本通為一而格致誠正之，莫非所以修其身者乎？且偏言之，則如《論語》之言知，而身心與意未嘗不備其中；概舉之，則知《大學》之備言大用全體，則必要以修身而後為極。至於陽明先生之揭致知者，則又自有說，與《大學》之斷自修身者，道同學同而意各有指也。獨不觀《注》中之所以訓知者乎？曰「知猶識也」❶，只一個「識」字誤將德性之良知，誘為聞見之記識。由此以多聞多見為致知，以博古通今為格物，濫為記誦，侈為辭章，淫為訓詁，日倀倀焉求明於其外，以是為天德之良知也，而聖人之學幾於淪晦。陽明有憂之，故於致知之上特為點出「良」字，若云《大學》之所謂致知者，非知識也，乃良知也，故揭良知者，意誠在於此也。至其古本旁注，一則曰「只是修身」，二則曰「只是修身」，而於「此謂知本，此謂知之至也」之旁注之曰「知修身為本，斯謂知本，斯為知至」，此又豈其無見於此也而云然乎？矧當陽明先生之時，世方汩沒沉痼於訓詁辭章，而莫知所以自反，則致知之提揭也，誠為緊要。今天下之士已無不知學之必求諸其心也，而其所缺者正惟在於不知身之為本也。此其所以高持意見、流為空疏，甚至恣情狥欲，亦弊之所容或有者。則此修身者，豈惟學聖之常法，固即所以為今日學者對治之良劑也。則舍修身之外，將何所本？而又復將何所以用其力也乎？

❶見朱子《大學章句》第一章中注「先致其知」：「致，推極也。知，猶識也。推極吾之知識，欲其所知無不盡也。」

知止說

或問：《注》以「知止為始，能得為終」「明德為本，親民為末」❶，今子乃以知止者即知本也，則所云本末始終者，義安在乎？

曰：皆非也。德與民一物也，即下文所謂身心意知[一]家國天下者是也，然而有本末焉；明與親一事也，即下文所謂格致誠正修齊治平者是也，然而有終始焉。物既有本末，則舍其本而事末者，非也；事既有終始，則緩其始而急於終者，亦非也。此正教人以知止之法也。若以明德親民為兩物，是岐而二之也。以知止能得為始終，是不復知有明與親之實事也，而可乎？

曰：然則所謂定靜安慮者，於學何所取乎？

曰：斯義也，《易》言之矣。曰：「艮其背，不獲其身；行其庭，不見其人。」「艮其止，止其所也。」❷曰：「無思也，無為也，寂然不動，感而遂通天下之故。」❸世之人惟不知夫身之為本而本之也，故反觀者既致墮於空虛[二]，而外騖者又以遺其本始，卒茫昧而無有所歸宿也。既不知止，安能有定？既未能定，何由得[三]靜？既不能靜，云何能安？既未能安，則睿智聰明一切無從出也，何自能慮？既未能慮，則所云均平齊治者，術數也、權謀也；所云正誠致格者，聞見也、揣摩也，何云能得？故所謂定靜安者，即所為本無思為而寂然者也，心[四]之本體然也。不復其本體，何由能慮？所謂能慮者，即所為同歸而殊途，一致而百慮，感而遂通天下之故者也，心[五]之本體然也。不復其本體，何為[六]能得？得者何？即德之貫通於事物而實體於己者也，家齊焉，國治焉，天下平焉。而知至[七]意誠心正而身修，然必自[八]知止始也，所謂「艮其背」者是也。此知本，所以為學之要也。

［一］「身心意知」，《見羅李先生觀我堂稿》作「身心意知物」。
［二］「空虛」，《見羅李先生觀我堂稿》作「玄虛」。
［三］「得」，《見羅李先生觀我堂稿》作「至」。
［四］「心」，《見羅李先生觀我堂稿》作「止」。
［五］「心」，《見羅李先生觀我堂稿》作「止」。
［六］「為」，《見羅李先生觀我堂稿》作「由」。
［七］「至」，《見羅李先生觀我堂稿》作「致」。
［八］「必自」，《見羅李先生觀我堂稿》作「必自於」。

❶ 見朱子《大學章句》注「物有本末」條：「明德為本，新民為末。知止為始，能得為終。本始所先，末終所後。」

❷ 見《周易・艮卦》及其《彖辭》。

❸ 見《周易・繫辭上》。

格致義

或問：致知格物[一]，學問之工蓋莫要於此也。獨無傳者，何與？

曰：知非他也，即所謂意之分別者是也；物非他也，即所謂知之感觸者是也。除却家國天下身心意知，無別有物矣；除却格致誠正修齊治平，無別有知矣。故格致無傳也，一部之全書即所以傳格致也。如傳誠意，則意物也，而所以誠之者即知也；傳正心，則心物也，而所以正之者即知也；傳修身，則身物也，而所以修之者即知也；傳齊家、傳治國平天下，則家國天下者物也，而所以齊之治之平之者即知也。故格致無傳[二]，一部全書[三]即所以傳格致也。

曰：知之無別有知也，物之無別有物也，似也，而所以格之致之抑何如以用其力耶？

曰：難言也，然非難言也，抑亦不考於經[四]之過也。如戒自欺、求自慊、慎其獨知[五]，必其意之如好好色、如惡惡臭，而無有不誠，而所以格誠意之物而致其知者可知也。身之有所忿懥恐懼也，好樂憂患也，所以[六]使心之失其正者此也；心之有不在焉，所以[七]使

[一]「致知格物」，《見羅李先生觀我堂稿》作「格物致知」。

[二]「無傳」，《見羅李先生觀我堂稿》作「無傳也」。

[三]「一部全書」，《見羅李先生觀我堂稿》作「一部之全書」。

[四]「經」，《見羅李先生觀我堂稿》作「經者」。

[五]「慎其獨知」，《見羅李先生觀我堂稿》作「慎其知」。

[六]「所以」，《見羅李先生觀我堂稿》作「而所以」。

[七]「所以」，《見羅李先生觀我堂稿》作「而所以」。

身之失其修者此也，而所以格修正之物而致其知者可知也。之其所親愛賤惡畏敬哀矜敖惰而辟焉，身之所以不修者此也，家之所以不齊者此也，而必由其好惡之正，而所以格修齊之物而致其知者可知也。正其身以刑家，不出家而成教於國，必有諸己而後求諸人，不令於民而反所好，而所以格齊致之物而致其知者可知也。所惡於上者則不以使下，所惡於下者則不以事上，所惡於前者[一]不以先後，所惡於後者[二]不以從前，所惡於左者不以交於右，所惡於右者不以交於左，推之理財用人，一切同民之所好惡，而不以己意與之，而所以格治平之物而致其知者可知也。大率「致」字固兼體認擴充，而「格」字亦兼察識格正。所謂「其次致曲」❶「喪致乎哀」❷者，寔足以盡「致」義；而所云「格其非心」❸「格於文祖」❹「有苗來格」❺，「格物」之「格」寔亦兼有其義也。[三]故曰：非難言也，抑亦不考於經之過也。以格物為去欲，是不知物之非欲也，體備於我者也，其失也虛；以格物為感通，是不知致知者非虛也，格物者正其實下手處也，其淪也寂；以格物為窮至事物之理，是不知物理非外也，遺吾心而求之，無復有物理也，其失也支：是皆不考於經之過也。各以其意窺之，不得已從而為之詞。故曰：非難言也，不考於經者之過也。

---

❶見《中庸》。
❷見《論語·子張第十九》。
❸見《尚書·周書·冏命》。
❹見《尚書·舜典》。
❺見《尚書·大禹謨》。

[一]《見羅李先生觀我堂稿》「前者」後有「則」字。
[二]《見羅李先生觀我堂稿》「後者」後有「則」字。
[三]「大率『致』字固兼體認擴充……寔亦兼有其義也」，該句《見羅李先生觀我堂稿》無。

此謂知本條答義

有生舉府考「此謂知本」題問。曰：知本果難言。生等雖日侍先生之教，講於知本之宗，題到茫然，難以下筆，即詞句稍條者，義終不快。

先生曰：此蓋合下來解者欠明之過，未可專諉於諸友講貫之疏。

諸生因請曰：此意必竟當如何看？

先生曰：往年陳永寧曾問此。於時永寧未契予學，有難顯言，謾答之曰：「且放下。此孔門知本的一大消息也，未可輕易談也。」永寧固請不已，數日而後告之。今姑為諸友一述之。大率曾子八傳，雖諸傳無不盡心，而於「止至善」一傳尤為喫緊留意。首引「邦畿」，以見止必有所；次援「黃鳥」，以見止所當知；却引「穆穆文王」，點出仁敬孝慈信，以示止之善則。却引「聽訟」，指出知本，以示止之歸宿。「聽訟」一章原文在此，知其非錯簡也備矣。却引「淇澳」，暗說明德之止於至善而自兼乎親民，所謂「有斐君子，終不可諼兮」者是也，以證只在知本。却引「前王不忘」，暗說親民之止於至善而寔本乎明德，所謂親賢樂利皆自於上者是也，以證必要知本。大率聽訟者是求在人，使民無訟者是求在己。求在人者，其意非不欲民之無訟，而訟不為無；求在己者，其意似不着在訟上，而訟不待聽。故曰：「聽訟，吾猶人也。必也，使無訟乎？」言聽訟非為難，必使民無訟乃可貴也。此孔子語也。「無情」二句，是曾子解釋「使民無訟」之旨。「此謂知本」一句，是曾子傳釋經文之旨。「無情者，不得盡其辭」，非禁之也，所謂有耻且格，自不忍盡其虛誕之辭也。「大畏民志」者，非威之也，所謂威如之吉，反身之謂也，自然有以畏服民之心志也。必如此，而後謂之知本。必如此，而後謂之知止。予所謂本者，止之地也是也。獨言聽訟者，蓋全副當精神走向人邊，莫如聽訟之顯者矣。他日，陽膚為士師，問於曾子❶。陽膚之意豈不要向曾子討一聽訟之法？曾子之答却只告以使民無訟之道，曰「上失其道，民散久矣」，則顯然修身為本之家傳也，曰「如得其情，則哀矜而勿喜」，則昭然使民無訟之意旨也。知民散由於上之失道，而知本可徵；知得情之為可矜，而聽訟之不足尚，益審矣。吾故曰：此是孔門知本的一大消息也，未可輕易談也。三千莫不聞教，曾學獨得其宗，豈不為信然哉？豈不為信然哉？

一時在坐者聞所未聞，莫不踴躍稱快，曰：二千載未明之義，先生發之。孔曾有靈，含笑矣。

❶ 該條見《論語・子張第十九》。

大學考次序義

一、「《大學》，孔氏遺書。須從此學，則不差。」又曰：「於今可見古人為學次第者，獨賴此篇之存，而《論》《孟》次之。」明道先生言之矣。三千之徒，蓋莫不聞其說，惟曾氏之傳獨得其宗，晦庵先生言之矣，故欲明學者，必以孔曾為宗，以《大學》為竅。《大學》不明，烏取而識孔曾之宗？《章句》定於朱氏，古本復於王氏。孰是孰非，非一考訂，信而從之，即《大學》之章次，尚未覩倫理也，而學何由明乎？

一、謂《大學》之有錯簡而考訂序次之者，程朱也；謂《大學》無錯簡而一循用其古本之舊者，陽明也。古書之有錯簡者多矣，何獨《大學》《武成》最著者？但由千載而下，遡觀於千載之前，所以考尋而序次之者，非有據莫徵也。經者，傳之案也。假令經而缺焉，傳雖錯無徵也，無徵誰信？所幸者，經文具在也。以「此謂知本」為衍文，以「此謂知之至也」為斷簡。此經文之所以缺也，陽明先生之復古本是也。今從之。

一、傳者，所以傳經也。經之序，傳之序也。明德親民止至善，經之首揭也，而傳誤在「沒世不忘」之下。此昭然簡之錯也，晦庵先生正之是矣。今從之。

一、「聽訟」一章，蓋釋經文「知本」之義，正示人以止之歸宿也，故次止於信下非錯也。今復其舊。

一、「淇澳」一條，以證明德之止至善而自兼乎親民；「親賢」一條，以證親民之止至善而寔本乎明德：皆以明知本義也，教人以知止之法也。舊本誤在「誠意」章下，亦昭然簡之錯也。晦庵先生正之是矣。今從之。

一、致知格物，孔為之經，曾不傳者，非缺也。蓋就物而言，實實落落有個物，除却家國天下身心意知，無别有物也。就知而言，實實落落有個知，除却格致誠正修齊治平，無别有知也。故傳誠正、傳修齊、傳治平，而格致即在其中也，懸空傳格致不得也。晦庵先生補之矣，其是其非未論也。只所云「即凡天下之物」者，不知舍身心意知家國天下，他復何物乎？故格致無傳也。曾不為傳，非缺也。今仍其舊。

一、經者，傳之案也。古本復，經無缺矣。以傳釋經，以經印傳，孔曾雖在千載上，其心固昭然如見也。按經文採《章句》，一循其理之序次。是正之而略箋其義之要者，附之《古義》諸篇後，俾覽者得詳焉。

大學

大學之道，在明明德，在親民，在止於至善。約言學之大綱。知止而后有定，定而后能靜，靜而后能安，安而后能慮，慮而后能得。申言止之為要。物有本末，事有終始。知所先後，則近道矣。教以止之法。古之欲明明德於天下者，先治其國。欲治其國者，先齊其家。欲齊其家者，先修其身。欲修其身者，先正其心。欲正其心者，先誠其意。欲誠其意者，先致其知。致知在格物。物格而后知至，知至而后意誠，意誠而后心正，心正而后身修，身修而后家齊，家齊而后國治，國治而后天下平。自天子以至於庶人，一是皆以修身為本。詳數事物，各分先後，本歸修身。其本亂而末治者，否矣。其所厚者薄而其所薄者厚，未之有也。又决言之。此謂知本，此謂知之至也。結歸知本。知本焉至矣。

《康誥》曰：「克明德。」《大甲》曰：「顧諟天之明命。」《帝典》曰：「克明峻德。」皆自明也。證言「在明明德」。湯之《盤銘》曰：「苟日新，日日新，又日新。」《康誥》曰：「作新民。」《詩》云：「周雖舊邦，其命維新。」證言「在親民」。是故君子無所不用其極。用極即止至善。《詩》云：「邦畿千里，惟民所止。」證言止必有所。《詩》云：「緡蠻黄鳥，止於丘隅。」子曰：「於止，知其所止，可以人而不如鳥乎？」證言止所當知。《詩》云：「穆穆文王，於緝熙敬止。」為人君，止於仁；為人臣，止於敬；為人子，止於孝；為人父，止於慈；與國人交，止於信。證言止之善則。子曰：「聽訟，吾猶人也。必也，使無訟乎？」無情者，不得盡其辭，大畏民志。此謂知本。只是修身為本。此以證言止之歸宿。《詩》云：「瞻彼淇澳，菉竹猗猗。有斐君子，如切如磋，如琢如磨。瑟兮僩兮，赫兮喧兮。有斐君子，終不可諠兮。」「如切如磋」者，道學也；「如琢如磨」者，自修也；「瑟兮僩兮」者，恂栗也；「赫兮喧兮」者，威儀也；「有斐君子，終不可諠兮」者，道盛德至善，民之不能忘也。證言明德之止至善而自兼乎親民。《詩》云：「於戲，前王不忘！」君子賢其賢，而親其親。小人樂其樂，而利其利。此以沒世不忘也。證言親民之止至善而實本乎明德。

所謂誠其意者，毋自欺也，如惡惡臭，如好好色。此之謂自謙。故君子必慎其獨也。小人閒居為不善，無所不至，見君子，而後厭然，揜其不善，而著其善。人之視己，如見其肺肝然，則何益矣。此謂誠於中，形於外。故君子必慎其獨也。曾子曰：「十目所視，十手所指，其嚴乎！」富潤屋，德潤身，心寬體胖，故君子必誠其意。

所謂修身在正其心者，身有所忿懥，則不得其正；有所恐懼，則不得其正；有所好樂，則不得其正；有所憂患，則不得其正。心不在焉，視而不見，聽而不聞，食而不知其味。此謂修身在正其心。

所謂齊其家在修其身者，人之其所親愛，而辟焉；之其所賤惡，而辟焉；之其所畏敬，而辟焉；之其所哀矜，而辟焉；之其所敖惰，而辟焉。故好而知其惡，惡而知其美者，天下鮮矣。故諺有之曰：「人莫知其子之惡，莫知其苗之碩。」此謂身不修，不可以齊其家。

所謂治國必先齊其家者，其家不可教而能教人者，無之。故君子不出家而成教於國：孝者，所以事君也；弟者，所以事長也；慈者，所以使衆也。《康誥》曰「如保赤子」，心誠求之，雖不中不遠矣。未有學養子而後嫁者也。一家仁，一國興仁；一家讓，一國興讓；一人貪戾，一國作亂。其機如此。此謂一言僨事，一人定國。堯舜帥天下以仁，而民從之；桀紂帥天下以暴，而民從之。其所令反其所好，而民不從。是故君子有諸己而后求諸人，無諸己而后非諸人。所藏乎身不恕而能喻諸人者，未之有也。故治國在齊其家。《詩》云：「桃之夭夭，其葉蓁蓁。之子於歸，宜其家人。」宜其家人，而后可以教國人。《詩》云：「宜兄宜弟。」宜兄宜弟，

今曰性善，然則彼皆非與

公都子曰：「告子曰：『性無善無不善也。』或曰：『性可以為善，可以為不善；是故文武興，則民好善；幽厲興，則民好暴。』或曰：『有性善，有性不善；是故以堯為君而有象，以瞽瞍為父而有舜；以紂為兄之子且以為君，而有微子啓、王子比干。』今曰『性善』，然則彼皆非與？」孟子曰：「乃若其情，則可以為善矣，乃所謂善也。若夫為不善，非才之罪也。惻隱之心，人皆有之；羞惡之心，人皆有之；恭敬之心，人皆有之；是非之心，人皆有之。惻隱之心，仁也；羞惡之心，義也；恭敬之心，禮也；是非之心，智也。仁義禮智，非由外鑠我也，我固有之也，弗思耳矣。故曰：『求則得之，舍則失之。』或相倍蓰而無算者，不能盡其才者也。《詩》曰：『天生蒸民，有物有則。民之秉夷，好是懿德。』孔子曰：『為此詩者，其知道乎！故有物必有則，民之秉夷也，故好是懿德。』」——《孟子·告子上》

孟子宗旨原是道性善，故門人約其旨而記之者固曰道性善，公都子約其旨而辨之者亦曰道性善。道性善、道情善，界頭不可鶻突，毫髮差殊，天壤懸隔。

天下之言性也，則故而已矣。故者，以利爲本

孟子曰：「天下之言性也，則故而已矣。故者，以利為本。所惡於智者，為其鑿也。如智者若禹之行水也，則無惡於智矣。禹之行水也，行其所無事也。如智者亦行其所無事，則智亦大矣。天之高也，星辰之遠也，苟求其故，千歲之日至，可坐而致也。」——《孟子·离娄下》

性不可見。言性者，只是言其故而已矣。以故言性，豈獨凡言性者？雖聖人之言性也，亦只言其故而已矣。程伯子所謂「人生

而静以上不容説，才説性便已不是性」❶，其意正爲此也。孟子最雄辯[一]，舍故以言性，恐孟子亦難下口也。但孟子到此却有個分曉。凡感於情、動於知能之用者，孰非故也？而利不利分矣。利者何？順也。孟子只在這裏討分曉。就其順而動者，則知其爲性之本色也。以故言性，孟子之所以與人同也；以利爲本，則孟子之所以與人異也。是法也，亦不起自孟子。《中庸》曰：「天命之謂性，率性之謂道。」率性則皆道，順動則皆性之本色矣。

❶ 語見《二程集・河南程氏遺書卷第一》：「生之謂性，性即氣，氣即性，生之謂也。人生氣禀，理有善惡，然不是性中元有此兩物相對而生也。有自幼而善，有自幼而惡，是氣禀有然也。善固性也，然惡亦不可不謂之性也。蓋『生之謂性』、『人生而静』以上不容説，才説性時，便已不是性也。凡人説性，只是説『繼之者善也』，孟子言人性善是也。」

乃若其情則可以爲善矣，乃所謂善也

性不可見，可見者情而已。水寒火熱，標本豈容有二？信得情，故信得性。情之可以爲善者，性爲之也。此吾所以道性善也。

仁義禮智非由外鑠我也，我固有之也

性中只有一個善而已，何處得仁義禮智來？蓋情之發而爲善者，非止一端矣，有惻隱，有羞惡，有辭讓，有是非。惻隱者孰爲之？吾以是知其仁。羞惡者孰爲之？吾以是知其義。辭讓者孰爲之？吾以是知其禮。是非者孰爲之？吾以是知其智。真所謂固有之者也。順此而動，固無有不善之情；循此而作者，亦無有不善之才。如何叫做才？試以孺子入井喻之。無智愚，無賢不肖，同一發怵惕惻

[一]「辨」，底本作「辦」，據文義改。

隱之心，是固所謂情矣；至於作用，則有大不同者，或止於哀之而不能救，或能哀之又能救之，或能哀之又能救之而又曲盡其所以處之之道，則所謂才也。故愚以知能者當之，正謂此也。未有情善而非性之善者，未有情善而才乃不善者。率性而動，皆非所謂外鑠我者矣。

故有物必有則，民之秉彝也。故好是懿德

惟皇上帝降衷於下民，若有恒性，所謂民之秉彝也。性有恒秉，故情有恒好，所謂道性善者也。性之善，則情之所自來也。

今人乍見孺子將入於井，皆有怵惕惻隱之心云云。惻隱之心，仁之端也；羞惡之心，義之端也；辭讓之心，禮之端也；是非之心，智之端也

孟子曰：「人皆有不忍人之心。先王有不忍人之心，斯有不忍人之政矣。以不忍人之心，行不忍人之政，治天下可運之掌上。所以謂人皆有不忍人之心者，今人乍見孺子將入於井，皆有怵惕惻隱之心。非所以内交於孺子之父母也，非所以要譽於鄉黨朋友也，非惡其聲而然也。由是觀之，無惻隱之心，非人也；無羞惡之心，非人也；無辭讓之心，非人也；無是非之心，非人也。惻隱之心，仁之端也；羞惡之心，義之端也；辭讓之心，禮之端也；是非之心，智之端也。人之有是四端也，猶其有四體也。有是四端而自謂不能者，自賊者也；謂其君不能者，賊其君者也。凡有四端於我者，知皆擴而充之矣，若火之始然，泉之始達。苟能充之，足以保四海；苟不充之，不足以事父母。」——《孟子・公孫丑上》

如何說入井？如何又說孺子入井？如何又要說是乍見入井？蓋入井者，事之最可矜憐者也；孺子於人，最無宨親者也；而[一]又得於乍見，是又最不容於打點者也。以最無宨親之人，而有入井可憐之事，又忽然得於乍見，不知不覺發出怵惕惻隱，苦口苦心，只要形容一個「順」字。如何只要形容這個「順」字？蓋不順，則外面的便有打點粧飾，不與裏面的相爲對證矣。[二]此正所謂以故言性也，以利爲本也，正孟子道性善之巧機也。而以爲道情善者非也，故下文緊緊點出「端」字。仁之善具於內，而惻隱之端露於外；義之善具於內，而羞惡之端露於外；禮之善具於內，而辭讓之端露於外；智之善具於內，而是非之端露於外。故孟子道惻隱者，欲人信性之本仁；道羞惡者，欲人信性之本義；道辭讓者，欲人信性之本禮；道是非者，欲人信性之本智。信得性，而後學有歸宿。[三]若以謂道情善，直於情上歸宗，則有惻隱者，亦容有不惻隱者矣，有羞惡者，亦容有不羞惡者矣，善不善雜出，教人如何駐脚。

所惡於智者，爲其鑿也

性只有一個善，到情上善不善雜出矣。世之用智者不知本其利之所由來，而惟執其故之有多歧。故或謂之性惡，是據故之惡者言之也；或謂之善惡混，是據故之善惡混者言之也；或謂之無善無不善，是據故之無分於善不善者言之也；或謂之有性善有性不善，是據故之有善有不善者言之也。是皆所謂鑿也，豈性之本然所自來乎？以此言性，必爽其真；以此言天，必乖其度。蓋鑿智之爲敝如此。

[一]《明儒學案》及《廣理學備要》之《李先生集》作「孟子說個入井，又說個孺子入井，又說個乍見入井。」

[二]《廣理學備要》之《李先生集》此處有注：「確見。」

[三]《廣理學備要》之《李先生集》此處有注：「河東復性之學以居三百年理學之首。」

性猶杞柳也，義猶桮棬也。以人性爲仁義，猶以杞柳爲桮棬。孟子曰：子能順杞柳之性而以爲桮棬乎

告子曰：「性，猶杞柳也；義，猶桮棬也。以人性為仁義，猶以杞柳為桮棬。」孟子曰：「子能順杞柳之性而以為桮棬乎？將戕賊杞柳而後以為桮棬也？如將戕賊杞柳而以為桮棬，則亦將戕賊人以為仁義與？率天下之人而禍仁義者，必子之言夫！」——《孟子·告子上》

告子蓋有見夫世之行仁義者皆勉强也，故有杞柳桮棬之喻，以爲必有所矯揉造作而後成也。此正所謂鑿也。孟子只就上點出一個「順」字，便一爲性一爲非性也昭昭矣，所謂道性善也。

性猶湍水也。決諸東方，則東流。決諸西方，則西流。人性之無分於善不善也，猶水之無分於東西也。孟子曰：水信無分於東西，無分於上下乎？人性之善也，猶水之就下也。人無有不善，水無有不下。今夫水搏而躍之，可使過顙。激而行之，可使在山。是豈水之性哉！其勢則然也。人之可使爲不善，其性亦猶是也

告子曰：「性猶湍水也，決諸東方則東流，決諸西方則西流。人性之無分於善不善也，猶水之無分於東西也。」孟子曰：「水信無分於東西。無分於上下乎？人性之善也，猶水之就下也。人無有不善，水無有不下。今夫水，搏而躍之，可使過顙；激而行之，可使在山。是豈水之性哉？其勢則然也。人之可使為不善，其性亦猶是也。」——《孟子·告子上》

告子蓋有見夫人之善不善者隨其所習，故有湍水之喻，以謂猶水之無分於東西也。只一個「決」字，便是鑿處。「人無有不善，水無有不下」，者，順也；「搏而躍之，可使過顙，激而行之，可使在山」者，不順也。順是性，不順非性。孟子云云，皆所謂以利

為本也，故其理獨長，其言最有據。古所謂下令於流水之源者，順也。理意亦好。

一簞食，一豆羹，得之則生，弗得則死。嘑爾而與之，行道之人弗受；蹴爾而與之，乞人不屑。萬鐘則不辨[一]禮義而受之

孟子曰：「魚，我所欲也；熊掌，亦我所欲也，二者不可得兼，舍魚而取熊掌者也。生，亦我所欲也；義，亦我所欲也，二者不可得兼，舍生而取義者也。生亦我所欲，所欲有甚於生者，故不為苟得也；死亦我所惡，所惡有甚於死者，故患有所不辟也。如使人之所欲莫甚於生，則凡可以得生者，何不用也？使人之所惡莫甚於死者，則凡可以辟患者，何不為也？由是則生而有不用也，由是則可以辟患而有不為也。是故所欲有甚於生者，所惡有甚於死者，非獨賢者有是心也，人皆有之，賢者能勿喪耳。一簞食，一豆羹，得之則生，弗得則死。嘑爾而與之，行道之人弗受；蹴爾而與之，乞人不屑也。萬鍾則不辨禮義而受之。萬鍾於我何加焉？為宮室之美、妻妾之奉、所識窮乏者得我與？鄉為身死而不受，今為宮室之美為之；鄉為身死而不受，今為妻妾之奉為之；鄉為身死而不受，今為所識窮乏者得我而為之，是亦不可以已乎？此之謂失其本心。」——《孟子·告子上》

燕安時則理不勝欲，窮迫際則欲不奪理。孰重於死？寧死不顧，則羞惡之本真發露，雖死不奪也。羞惡者孰爲之？則所謂義之端也。蓋吾之性原有是義也。是亦所謂順也，所謂道性善也。蓋欲不能奪理，則湊根俱是性之作用矣。

[一]「辨」，底本作「辦」，據《孟子》本文改。

仁人心也云云，學問之道無他求，其放心而已矣

孟子曰：「仁，人心也；義，人路也。舍其路而弗由，放其心而不知求，哀哉！人有雞犬放，則知求之；有放心，而不知求。學問之道無他，求其放心而已矣。」——《孟子·告子上》

性有定體，故言性者無不是體；情意知能有定用，故言情意知能者無不是用。惟心爲不然，以心統性情者也。故程子曰：「心一也，有指體而言者，孰爲之體，性其體也；指用而言者，孰爲之用，情意知能其用也。」❶虞廷所謂：「人心惟危，道心惟微。」❷人豈有二心？此亦所謂指用而言者也。孔子曰：「操則存，舍則亡，出入無時，莫知其鄉，惟心之謂與？」❸心豈有出入？此亦所謂指用而言者也。孟子曰：「仁，人心也。」❹此則所謂指體而言者也，而用在其中矣。他章之言仁，必以屬性；惟此章之言仁，直以屬心。「求放心」❺，人只漫說。必竟向何處求？前念不管後念，後念不續前念。陽明先生爲轉一語甚好，曰：「學問之道無他，求仁而已矣。」❻亦是見得放之不可爲方所也，求之無可爲依據也，惟仁可求。惟仁可求者，則性之有常善也，所謂「夫道一而已矣」。不就一上認取，何處歸宗？

❶語本《二程集·河南程氏文集卷第九》之《與呂大臨論中書》：「心一也，有指體而言者（寂然不動是也），有指用而言（感而遂通天下之故是也）。」（第609頁）
❷見《古文尚書·大禹謨》。
❸見《孟子·告子上》。
❹見《孟子·告子上》。
❺見《孟子·告子上》。
❻未见今本《王阳明全集》，不知李材所据何本。

心之官則思，思則得之，不思則不得也。此天之所以與我者，先立乎其大者，則其小者不能奪也

公都子問曰：「鈞是人也，或為大人，或為小人，何也？」孟子曰：「從其大體為大人，從其小體為小人。」曰：「鈞是人也，或從其大體，或從其小體，何也？」曰：「耳目之官不思，而蔽於物，物交物，則引之而已矣。心之官則思，思則得之，不思則不得也。此天之所與我者，先立乎其大者，則其小者弗能奪也。此為大人而已矣。」——《孟子·告子上》

此又以思爲言，亦是指心之用而說，故曰官。不思則不能通微。《洪範》曰：「思曰睿，睿作聖。」豈有學而可以廢思之理？須知思則得之，得何物乎？不思則不得也，不得何物乎？世之學者必謾曰：思則得之者，得此理耳。理又何處安頓？視無窮，聽無窮，物交之引亦無窮，名曰思之同一，往而不返。《樂記》有之矣！「人生而靜，天之性也。感於物而動，性之欲也。物至知之，然後好惡形焉。好惡無節於內，知誘於外，不能反躬，天理滅矣。」此最得古人用思之理。大率爲物引者，只是不能反躬。思則得之者，只是不令知誘於外。大者先立，常止也；小者不能奪，此物交之所以不復能牽引也。「立」字非漫言，確然有個歸宿。

心之所同然者何也，謂理也、義也。聖人先得我心之所同然者耳

孟子曰：「富歲，子弟多賴；凶歲，子弟多暴，非天之降才爾殊也，其所以陷溺其心者然也。今夫麰麥，播種而耰之，其地同，樹之時又同，浡然而生，至於日至之時，皆熟矣。雖有不同，則地有肥磽，雨露之養，人事之不齊也。故凡同類者，舉相似也，何獨至於人而疑之？聖人與我同類者。故龍子曰：『不知足而為屨，我知其不為蕢也。』屨之相似，天下之足同也。口之於味，有同耆也。易牙先得我口之所耆者也。如使口之於味也，其性與人殊，若犬馬之與我不同類也，則天下何耆皆從易牙之於味也？至於味，天下期於易牙，是天下之口相似也，惟耳亦然。至於聲，天下期於師曠，是天下

之耳相似也。惟目亦然。至於子都，天下莫不知其姣也。不知子都之姣者，無目者也。故曰：口之於味也，有同耆焉；耳之於聲也，有同聽焉；目之於色也，有同美焉。至於心，獨無所同然乎？心之所同然者何也？謂理也，義也。聖人先得我心之所同然耳。故理義之悅我心，猶芻豢之悅我口。」——《孟子・告子上》

性有同善，故心之於理義也有同然。如何叫做理義？蓋自性而言，渾然只是一個善；自其所發端，則或發爲惻隱而露其仁之理，或發爲羞惡而露其義之理，或發爲辭讓而露其禮之理，或發爲是非而露其智之理，是皆所謂善也，則善之自然之條理也。循是而發之，各當其事理之則而不過焉，則所謂義是也。聖人先得我心之所同然，聖人知性善，復其性之本善，故得其心之所同然也，是亦所謂道性善者也。

其日夜之所息，平旦之氣，其好惡與人相近也者幾希，則其旦晝之所爲，有梏亡之矣。梏之反覆，則其夜氣不足以存。夜氣不足以存，則其違禽獸不遠矣。人見其禽獸也而以爲未嘗有才焉者，是豈人之情也哉

孟子曰：「牛山之木嘗美矣，以其郊於大國也，斧斤伐之，可以為美乎？是其日夜之所息，雨露之所潤，非無萌蘖之生焉，牛羊又從而牧之，是以若彼濯濯也。人見其濯濯也，以為未嘗有材焉，此豈山之性也哉？雖存乎人者，豈無仁義之心哉？其所以放其良心者，亦猶斧斤之於木也，旦旦而伐之，可以為美乎？其日夜之所息，平旦之氣，其好惡與人相近也者幾希，則其旦晝之所為，有梏亡之矣。梏之反覆，則其夜氣不足以存；夜氣不足以存，則其違禽獸不遠矣。人見其禽獸也，而以為未嘗有才焉者，是豈人之情也哉？故苟得其養，無物不長；苟失其養，無物不消。孔子曰：『操則存，舍則亡；出入無時，莫知其鄉。惟心之謂與？』」——《孟子・告子上》

孟子百計千方，婉婉轉轉，只要發明性善。然必竟無方拈掇得出，必竟只是言其故而已矣，以利爲本而已矣。乍見嘑蹴指點已。

勞念之人生，有幾個陡然遇著這等光景？有幾個瀕死遇著這個境界？則何處討惻隱羞惡的本相來？故又就日夜息處點出平旦時一段氣象。其好其惡，坦然一個順機，是又性善的頭面發露處也。情善故才善，性善故情善。「乃若其情，則可以爲善」，真孟子道性善本旨也。若不識宗旨於四端之外，又去尋討一般夜氣，豈不支離？豈不重添縈絆？

苟得其養，無物不長。苟失其養，無物不消

心有放，故做工夫着得一個「存」字；有不正，故做工夫着得一個「正」字：皆是對治之法。至於性上，真是不可加得一物，故只說得一個「養」字。養之法，豈有毫分做作？在《孟子》中只是道得一個「息」字，在《大學》中只是道得一個「止」字。息與止豈有毫分做作？真所以養之之方也。《易》之所謂「成性存存，道義之門」，正是性得其養自然的體段光景，所謂不待存而自無不存者與！存心之存，其用稍殊。欲識孟學之宗，惟在性善；欲識孟子復性之竅，惟在一養。

生之謂性云云，然則犬之性猶牛之性，牛之性猶人之性與

告子曰：「生之謂性。」孟子曰：「生之謂性也，猶白之謂白與？」曰：「然。」「白羽之白也，猶白雪之白；白雪之白，猶白玉之白與？」曰：「然。」「然則犬之性，猶牛之性；牛之性，猶人之性與？」——《孟子·告子上》

性者生之理也，知生之爲性，而不知所生者，非知性者也。「易有太極，是生兩儀。」[1]謂兩儀外別有太極，固不可；指兩儀而即謂之曰太極，亦未可。朱子之解「無極而太極也」曰：「上天之載，無聲無臭，而寔所以爲造化之樞紐、品彙之根柢也。」理最精，詞亦最確。故《中庸》只說隱，只說微，只說未發，只說不可睹聞。大率顯見睹聞，皆所謂發者也，正告子之所謂正者也。凡有知覺運動者，孰非生乎？若不本其生之所由，而惟據其迹之可見，則知禮知義者，固知覺也，而知食色知色者，亦知覺也，以至於知有

則知食色，而不知有禮義，亦知覺也。同一知覺，同一運動，可云何者非生？生既是同，可云何者非性？噫！知孟子之不生之謂性，則知孟子之以利求故而必本[一]其善之所由來矣。

❶見《周易・繫辭上》。

我故曰告子未嘗知義，以其外之也

「敢問夫子惡乎長？」曰：「我知言，我善養吾浩然之氣。」「敢問何謂浩然之氣？」曰：「難言也。其為氣也，至大至剛，以直養而無害，則塞於天地之間。其為氣也，配義與道；無是，餒也。是集義所生者，非義襲而取之也。行有不慊於心，則餒矣。我故曰，告子未嘗知義，以其外之也。必有事焉，而勿正；心勿忘，勿助長也，無若宋人然。宋人有閔其苗之不長而揠之者，芒芒然歸，謂其人曰：『今日病矣！予助苗長矣！』其子趨而往視之，苗則槁矣。天下之不助苗長者寡矣。以為無益而舍之者，不耘苗者也。助之長者，揠苗者也，非徒無益，而又害之。」「何謂知言？」曰：「詖辭知其所蔽，淫辭知其所陷，邪辭知其所離，遁辭知其所窮。生於其心，害於其政；發於其政，害於其事。聖人復起，必從吾言矣。」——《孟子・公孫丑上》

孟子固命世之才，告子亦非尋常之輩。今古性學爭雄，只有一個儒釋。不須遠取，只孟子、告子兩人辨處，便是一個的當底大公案。「我故曰告子未嘗知義，以其外之也」，豈徒以闢告子，即所以闢佛老矣。愚答塗生書有謂：無善，則仁義禮智從何植種？惻隱、羞惡、辭讓、是非從何發苗？未[二]嘗知義，即是未嘗知性。所謂性無善無不善也，端的說得超脱，只被孟子一眼覷破。所謂性猶杞柳、性猶

[一]「本」，或作「求」，見《明儒學案卷三十一・止修學案》。
[二]「未」，底本作「禾」，據文義改。「禾」「未」应是字形相近而讹误。

湍水，決非[一]矯揉，率天下之人而禍仁義者，一切皆知其病之所由來矣。「外」之一字，最宜玩味。外與内對，認得性善，即善爲性之固有。故曰：仁義禮智非由外鑠我也，此内之消息所由來也。認得性爲無善無不善，則總非性之固有，故曰：「人性之無分於善不善，猶水之無分於東西也。」「以人性爲仁義，猶以杞柳爲桮棬。」此外之病痛所由起也。一個内之，即率天下之人而趨仁義，而所以爲天地立心者由此矣；一個外之，即率天下之人而禍仁義，而所以爲生民戕命脉者由此矣。愚故曰：豈徒以闢告子，是即所以闢佛老者也。

君子所性，仁義禮知根於心

孟子曰：「廣土衆民，君子欲之，所樂不存焉。中天下而立，定四海之民，君子樂之，所性不存焉。君子所性，雖大行不加焉，雖窮居不損焉，分定故也君子所性，仁義禮智根於心。其生色也，睟然見於面，盎於背，施於四體，四體不言而喻。」——《孟子·盡心上》

心者，性之發靈；性者，心之藴奥。仁義禮智，正所謂性之德也。君子之所性分定者，恃有此而已。「根」之一字最宜玩味。譬之樹，枝葉皆可見，惟根不可見。不可見，然所以發榮滋是者皆根爲之也。知根之爲義，而性之歸趣可得而識矣。

大人者不失其赤子之心者也

孟子曰：「大人者，不失其赤子之心者也。」——《孟子·離婁下》

[一]「非」，底本作「排」，據文義改。

者也，才之無不善[二]者也。孩提之童，無不知愛其親者，孰爲之也？及其長也，無不知敬其兄也，又孰爲之也？故曰：「親親，仁也」，即所謂「惻隱之心，仁之端」者也。性中若無仁，孩提之童如何知愛親？「敬長，義也」，即所謂「羞惡之心，義之端」者是也。性中若無義，孩提之童如何知敬長？「達」之一字，義尤明白，只是一個順。所謂「火燃泉達，充之足以保四海」者，此之謂也。然充者，非是尋取既往之怵惕惻隱來充，達者，不是尋取孩提之愛敬來達。信其性之本善，而知所歸宗；達其性之本善，而知能之用，莫非良矣。

[二]「無不善」，《明儒學案》卷三十一·止修學案作「無有不善」。

論語大意

「學而時習之」章

子曰：「學而時習之，不亦說乎？有朋自遠方來，不亦樂乎？人不知而不愠，不亦君子乎？」——《論語·學而第一》

開卷便說一個「學」字，堯舜禹湯文武以來相傳者，傳此學也。三千七十之徒相與講者，講此學也。要緊明一「學」字。明得學，即所云時習、朋來、悅樂、不愠一切皆有下落矣。不然，學《詩》《書》，離《詩》《書》，無可習矣；學事藝，離事藝，無可習矣。人只漫說時習。「維天之命，於穆不已」，蓋曰天之所以為天也；「於乎不顯！文王之德之純」，蓋曰文王之所以為文也；《易》於乾象亦發之曰「天行健，君子以自强不息」。必悟此而後學可明，知此義而後習之道可得矣。不然，作輟進止之弊其容免乎？

時習而悅，渾然是個明明德；朋來而樂，渾然是個親民；人不知而不愠，渾然是個止於至善。必如此，而後學之體用全也。以時習為明德，人所知也；以朋來為親民，人易見也；以人不知而不愠為止至善，則容有未易知者，大率以造詣之極至者當之矣，而其寔不然也。學問之道，只是辨個人分己分上的界頭，在人分上做的便是小人，在己分上做的便是君子。「為仁由己。由人乎哉？」「知所先後，則近道矣。」只是此個消息，而人不及知也。豈有以人之知不知為喜愠者而尚可為君子者乎？可以成德者乎？

「其為人也孝弟」章

有子曰：「其為人也孝弟，而好犯上者，鮮矣；不好犯上，而好作亂者，未之有也。君子務本，本立而道生。孝弟也者，其為仁之本與！」——《論語·學而第一》

有子真支離，無怪象山之說。大率學先知止。見不歸宗，自不免於此病。夫子沒，門弟子輩乃欲以事夫子者事有若。不知是誰主見！其不明孔子之學亦併昭昭矣。「江、漢以濯之，秋陽以暴之，皜皜乎不可尚已！」何處得個曾子來？微曾子，孔子之學幾於無傳矣。孔子晚成《大學》，獨為交付，豈苟然哉？後章既欲以和行禮，又欲以禮節和，病亦坐此。仁自是本，孝弟是仁一事，先儒之說不謬。孔門講仁最熟，辨仁之旨詳矣。乃尚以孝弟為仁之本也，豈不謬哉？若截出「君子務本，本立而道生」一句，自善。

吾想孔子真如天然，就東方看，昭昭也是天；就西方看，昭昭也是天。就威儀文詞上看，孔子固渾然是個聖人；就言行氣象上看，孔子亦渾然是個聖人，就才識技藝上看，孔子亦渾然是個聖人。所以就言行氣象上學者，就為子貢、冉有這一輩，就文詞威儀上學者，就為子游、子夏這一輩，亦誰識其本領，乃潔淨精微，皜皜乎一物無有者乎？當時門下士自顏曾冉閔外，大率見不到此，姑以言行氣象求之。則如有子者，亦想見其必有可觀者矣，諸弟子所以謂之近似者矣。

「巧言令色」章

子曰：「巧言令色，鮮矣仁！」——《論語·學而第一》

先襄敏❶曾同劉南郭❷講學於安定書院。時有講「君子中庸」章者，南郭云：公最善說經。如此書，恐無別奇論。襄敏曰：此書正好發疑，何得無論？小人之反中庸也，小人而無忌憚也。眼前悖理非法，誰非小人？恐無他反中庸的分，所謂反中庸而無忌憚者，其人亦非小可矣。大率如荀卿《非十二子》章所云，其持之有故，其言之成理者是也。故能變易名實，顛倒是非，使人惶惑迷亂而失所守，如楊朱、墨翟、告子、荀卿之輩，此其所以能反中庸也。此聖人所以深致闢也。若如世怙侈滅義者，縱無忌憚，只是成其一人之罪咎而已，烏能反中庸乎？一時聽者殊有省。巧言令色鮮仁，辨亦在此。「論篤是與，君子者乎，色莊者乎」❸「色取仁而行違，居之不疑，在邦必聞，在家必聞」❹，就《論語》中發此意者非一。「靜言庸違，象恭滔天」❺、「何畏乎巧言令色孔壬」❻，則在虞廷已闢之惡之矣。此行偽而堅，言偽而辨，順非而澤，如少正卯者，正所謂鮮仁者，孔子之所必誅而不以聽也。

❶ 李材之父李遂（1504—1566），字邦良，號克齋，又號羅山，謚號襄敏。
❷ 劉汝楠，字孟木，號南郭，福建同安人。嘉靖十一年进士，曾任湖广提学。
❸ 見《論語・先進第十一》。
❹ 見《論語・顔淵第十二》。
❺ 見《書經・堯典》。「靜言庸違」，指語言善巧而行動乖違，猶言口是行非；「象恭滔天」，指貌似恭敬，實則罪惡滔天。
❻ 見《書經・皋陶謨》。「何畏乎巧言令色孔壬」，意為何必畏懼巧言令色的小人呢？

「吾日三省吾身」章[一]

曾子曰：「吾日三省吾身：為人謀而不忠乎？與朋友交而不信乎？傳不習乎？」——《論語・學而第一》

愚答董蓉丈書有云：「三省則修之矩度，一貫則止之淵源，真孔曾相授守一道也。然讀者尚恐不知三省便是一貫，則猶不免仍舊之説，將三省做隨事精察已前一段事，一貫作真積力久已後一段事。是曾子未聞一貫之前是一樣工夫，既聞一貫之後又是一樣工夫矣，如此其可通乎？聖人之學，論主腦則合下便是一貫，論條理則到底是要三省。三省不是有間斷的工夫，不是無主腦的學問。一日之間，除却為人謀、與朋友、習師友，更有何事？除却此三輩交接，更有何人？是一日之間，自朝至暮，無時而不省，即是無時

[一] 底本無「章」字，據其他章之體例加。以後之類似情況，徑改不校。

而不修也。故曰：不是有間斷的工夫。忠是誰忠？信是誰信？習是誰習？故愚曾有曰：三省只是一省，九思只是一思。省者，省其所止者也。三省吾身，正所謂知本者也。故曰：不是無主腦的學問。樊遲問仁，孔子告以「居處恭、執事敬、與人忠」，亦是概舉三者以盡一日之交、一日之事，而主腦只是求仁，正是知本消息；至於「雖之夷狄，不可棄也」❶，又斷以無常變險夷而一之矣。何其工之密耶？蓋主腦斷要歸宗，而條理必用致密。止修兩法，在《論語》中雖未挈出，而默然做手，矩度不易此矣。「戰戰兢兢，若臨深淵，如履薄冰，而今而後，吾知免夫」❷，是曾子一生用省身工夫的證驗。「動容貌，斯遠暴慢矣；出辭氣，斯遠鄙倍矣；正顏色，斯近信矣」❸，三斯自何而來？從本流出，非由勉强，是曾子省身學問原有本領的證驗。予故曰：三省則修之矩度，一貫則止之淵源，謂孔曾相授守一道也。

❶ 见《论语・泰伯第八》：「子曰：『居处恭，执事敬，与人忠。虽之夷狄，不可弃也。』」

❷ 见《論語・泰伯第八》。

❸ 见《論語・泰伯第八》。

「弟子入則孝」章

子曰：「弟子入則孝，出則悌，謹而信，汎愛衆，而親仁。行有餘力，則以學文。」——《論語・學而第一》

弟子者與《弟子職》之弟子不同，猶呼二三子云云，蓋呼門人為弟子而告之也。孔門之學，雖以知本為宗，而文學、言語、政事經世科條一無所廢。豈獨今人有科舉之累？言之無文，行之不遠，辭之輯矣，民之洽矣。蓋即三代盛時以行進人，文辭之學亦自廢不得也。不但廢不得，矜長而角技、門靡而誇多者弊亦不容免也。故雖孔門弟子，本領稍輕者亦不免著重於此。此聖人所以呼其名而告之也。分別本末，使知先後，謂入孝出弟、愛衆親仁是本，學文是末，有餘力，自不妨於學文。蓋經世學問，文原所不廢者，只不可紊其先後之序，急於學文，將本領之務反玩忽而不加急耳。明道先生有云：「若有本，則文自至矣。」❶又云：「且省外事，但立誠心，其文章雖不中，不遠矣。」❷又是推進一步而說，即學文之能事便從餘力中流出，一以貫之矣。

❶ 語本程顥，見《二程集・河南程氏外書卷第六》：「『行有餘力』者，當先立其本也。有本而後學文，然有本則文自至矣。」

❷ 語本程顥，見《二程集・河南程氏外書卷第二上》：「且省外事，但明乎善，惟進誠心，其文章雖不中不遠矣。所守不約，泛濫無功。」

「賢賢易色」章

子夏曰：「賢賢易色，事父母能竭其力，事君能致其身，與朋友交言而有信。雖曰未學，吾必謂之學矣。」——《論語・學而第一》

愚嘗謂：四科蓋據陳、蔡諸賢一時所長而說，不但聖人無四科之設，且亦非諸賢終身之定品也。蓋記者欲列其名，不得不就所長戶分之。此蓋作文之法，未有直綴十人之名、一無科別而可以成文理者也。後儒因謂聖門有四科之教，且以四科定諸賢終身之品，則過矣。大率聖門之學，只以德行為宗，道在經世，文學、政事、言語之用諸所不廢。「行有餘力，則以學文」，本末之分昭昭矣。豈有聖人教人，而有文學之專科、政事言語之別業乎？子貢卒聞性與天道，子游所造亦深，季路升堂為曾子所畏，後來所進皆不可量。惟冉求有聚斂之罪，宰我有短喪之疵，則就列在諸賢，尚應靦汗。「非吾徒也，小子鳴鼓而攻之可也」，愚嘗據此以冉求為孔門既黜之徒，而歷代因之，尚巍然崇祀在十哲之列。始終只成文學，合下就為定品者，子夏一人而已。如曰：「賢賢易色，事父母能竭其力，事君能致其身，與朋友交言而有信。雖曰未學，吾必謂之學矣。」不知前四句所指，所幹者是何事？後二句所指，為學者又是何事？是分明一個文學的科臼矣。又曰：「博學而篤志，切問而近思，仁在其中矣。」不知上二句所云博、所云篤、所云問、所云思者是在何處用心？下一句所云仁，是從何處討出？是又分明一個文學的種子矣。只為聖門之學，以求仁為宗，以知本為要，故其言論之間不得不管歸於此耳。而其實精意誠心，全副精神倒歸文學一路，千載而下猶可想見於辭氣之間也。吳氏見不及此，乃以抑揚太過，恐其流弊至於廢學。又不知其所指為學者何事？大率宋儒自周程外，其所見者略不出此。則其所謂廢者正文學之學，與上章夫子之言原不足相為方比也。

「君子不重則不威」章

子曰：「君子不重則不威，學則不固。主忠信。無友不如己者。過則勿憚改。」——《論語·學而第一》

《論語》全書，只以求仁為宗；其實落做處，却以修身為本。蓋經世之學，舍修身為本，別無有他途之可以架空陵躐者矣。徹內徹外，步步要着鞭，徹人徹己，步步無空缺。然後本常立，身常修，而仁體乃為無滲漏也。不重則不威，非飾貌也，學為之不固矣。主忠信，非止一時一事也，程子所謂「忠信者以人言之，要之則實理也」❶，即所謂仁是也。然又須求輔仁之友，異趣者勿與交，求日新之益，過改者勿容吝。何其工之密耶！何其工之密耶！只揭出修身為本。宗旨一明，亦何曾見他多了頭面？何曾見他着在支節？却如此節節提點，用來反覺緊輳。

❶ 語本程顥，見《二程集·河南程氏外書卷第十一》。

「慎終追遠」章

曾子曰：「慎終追遠，民德歸厚矣。」——《論語·學而第一》

慎終追遠，民德何以便歸厚？真不消在家國天下上分半點精神也。他日又曰：「君子篤於親，則民興於仁。故舊不遺，則民不偷。」而其傳《大學》也曰：「上老老，而民興孝；上長長，而民興弟；上恤孤，而民不悖。」「所藏乎身不恕而能喻諸人者，未之有也。」真挈定一個修身為本，一以貫之，天下之能事畢矣。

「子禽問夫子至於是邦也」章

子禽問於子貢曰：「夫子至於是邦也，必聞其政，求之與？抑與之與？」子貢曰：「夫子溫、良、恭、儉、讓以得之。夫子之求之也，其諸異乎人之求之與！」——《論語・學而第一》

愚嘗書與弟樞有云：聖門學者，淺深造詣雖殊，宗旨知本則一。蓋皆不求之人而求之己，所謂不在人分上做工夫也。陳亢之疑，只為信不及此。渠只見得當時夤緣扳附之輩，乘危僥倖之人，多少費心勞力，曾不足以動邦君之一盼，而夫子轍環周流，所至輒蒙尊禮，下賢圖治之主知其不可多望於天下，而以謂夫子之必有求矣。此處若不明本，必與他理辨之楚時夫子如何不曾求，之齊時夫子如何不曾求，周羅對證，如辨是非，不但夫子之心迹未易以明，而學問之旨亦終於不明白矣。子貢却達此也，故不與他理辨，直從夫子身上點出溫良恭儉讓，渾然太和，元氣盎然，通理黃中，善戲謔兮，直認夫子作求，只是異乎他人之求，不曾在人分上着半點精神耳。至今千載而下，讀之猶可想見其氣味多少深厚、其識趣多少高遠、其度量多少寬洪、其感孚多少神妙，詞說不繁，意有獨至。豈獨夫子，真是黃帝、堯、舜、禹、湯、文、武以來相傳脉線，總只一個「異乎人之求之」「一是皆以修身為本」而已矣。後之學者只不明此，所以高騖虛玄，卑流功利，抑誰識溫良恭儉讓之透體露心、渾然一天之命者乎？

「父在觀其志」章

子曰：「父在，觀其志；父沒，觀其行。三年無改於父之道，可謂孝矣。」——《論語・學而第一》

此章原說人子事親之道，舊說誤為觀人之法[1]，若謂聖人於觀人外又別設一觀子法矣。理謬甚著，習者不察耳。先意承志，承顏順志，與昔賢所為養志者，原是事親常法。然只父在，則志可觀；若父沒後，獨有行可見耳。父沒而不敢讀其書，母沒而不敢執其器。親既亡，志不可見，可見者獨此而已，故父沒則當觀其行。然猶未也，必三年之久，見父之行如見父之心，覿父之遺如覿父之面，率由而敬守之，乃真可為能觀其行，沒而不忘其父者也。此其所以為孝也。他日，曾子亦曰：「孟莊子之孝也，其他可能也，其不改父之臣與父之政，是難能也。」❷想見當時不但諸侯，即世禄家亦自有一家之政。為子者一旦嗣職，任情喜怒，頓革前章，顛覆典刑，如湯太甲，紈袴膏粱，若此者比比皆是矣。此所謂可慨者也。此夫子之所以有云，而曾子有感孟莊，復稱其賢以警世也。

❶ 所謂舊說，即朱子之論。見朱子《論語集注》注本章曰：「父在，子不得自專，而志則可知。父沒，然後其行可見。故觀此足以知其人之善惡，然又必能三年無改於父之道，乃見其孝，不然，則所行雖善，亦不得為孝矣。」

❷ 語見《論語・子張第十九》。

「君子食無求飽」章

子曰：「君子食無求飽，居無求安，敏於事而慎於言，就有道而正焉，可謂好學也已。」——《論語・學而第一》

聖人論學要緊關防只在理欲之辨。飲食男女，人之大欲存焉。居養食色，此豈易制之欲？多少英雄豪傑陷溺，不得出頭，只為牽制於此，而世每易言之。大率儒學久不明，不樸實頭立個殀壽不貳的志氣，樸實頭下個斬釘截鐵的工夫，帶水拖泥，合下來久不清楚矣，所以十無五就。孔子却老實，動頭就要判之以此。如曰：「士而懷居，不足為士。」「士志於道而恥惡衣惡食，未足於議。」又曰：「富與貴是人之所欲也，不以其道得之，不處也；貧與賤是人之所惡也，不以其道得之，不去也。君子去仁，惡乎成名？」其稱顏子也曰：「一簞食，一瓢飲，在陋巷，人不堪其憂。」稱子路也曰：「衣敝縕袍，與衣狐貉者立，而不恥者，其由也與！」至其自言也，亦曰：「飯疏食，飲水，曲肱而枕之，樂亦在其中。」「富而可求，雖執鞭，吾亦為之；如不可求，從吾所好而已。」何等斬截伶俐！其志氣所以常伸，身主所以常健，做得發憤忘食、不厭不倦的工夫也。故敢自信曰：「十室之邑，必有忠信，只不如丘之好學耳。」後之學者大率不咎志，却只咎禀。其寔除却孔子、顏、曾而下，氣質果盡無其人乎？只為合下在這裏斷不清切耳。敏事慎言求友，自是好學之事。假令安飽之心少為掛帶，則雖有慎敏求益之心，其能一以志嚮往而無别有二三之牽制者乎？此可謂好學。所以必先斷之於此。

「貧而無諂」章

子貢曰：「貧而無諂，富而無驕，何如？」子曰：「可也。未若貧而樂，富而好禮者也。」子貢曰：「《詩》云：『如切如磋，如琢如磨。』其斯之謂與？」子曰：「賜也，始可與言《詩》已矣！告諸往而知來者。」——《論語·學而第一》

六經無閑說，《詩》亦莫非學也。故不明乎學，不可以言《詩》。必明乎學，而後知《詩》之比物醜類無非所以為學也。故曰：「《詩》三百，一言以蔽之，曰思無邪。」又曰：「小子！何莫學夫《詩》？」「人而不為《周南》《召南》，其猶正牆面而立也與？」故不明乎學而與言《詩》，是直以為嘲風侮月、玩弄光景之具而已，烏在其為《詩》乎？故子貢之悟，如切如磋，子夏之悟，繪事後素，或因學而悟《詩》，或因《詩》而悟學。而夫子皆與之，曰「始可與言《詩》也」，已是皆知《詩》之所言，無非學者，而不以《詩》為詩也。不然，三百篇之刪述，將孔子之志荒而詩人之意隱矣。

「不患人之不己知」章

子曰：「不患人之不己知，患不知人也。」——《論語·學而第一》

聖人之學，只要在人己上分別得下手明白，使人學有歸宿。不患人之不己知，是昭然在自修上做。患不知人，豈是向外求討。他日又曰：「不知言，無以知人也。」「知言」者，正與《孟子》「知言」意同，恐在我之權度少不明，則似是之邪說得以惑。「知人」者，却與《中庸》「知人」意同，蓋恐賢否混淆，足以亂德，則患不知人亦正所以為自修實力，而非徇外而為人也。與後章「求為可知」，其詞異其旨一也。

「為政以德」章

子曰：「為政以德，譬如北辰，居其所而衆星共之。」——《論語·為政第二》

夫子嘗稱舜矣，曰：「無為而治者，其舜也與！夫何為哉？恭己正南面而已矣。」❶《墳典》《丘索》未考者姑未道，只夫子刪定二典之中，曆象授時，明刑敷教，封山濬川，是有多少作用！孔子一切不道，而獨稱舜之無為。後儒到此撥置不下，因為之說曰：「聖人作事，雖甚張皇，一切順天之道，因地之宜，量民之情，巍巍乎，其有成功也！要之，一自然而已矣。此其所以為無為也，所以不病於有為也。」嗟嗟！是求其說而不得，從而為之辭者也。言雖近似，理却不然。時雍於變，協和風動，何等盛治！此豈制度文為、作用經綸之所可致？真有不賞而自勸，不怒而自威，拱手垂裳，不動聲色，而躋斯世於仁壽之理者。孔子之意，蓋直以唐虞之盛治，舉而歸本於一恭己而已矣。試看後來，豈是法制經綸較之唐虞有所未備？山無可封矣，川無可濬矣，曆象授時比之古人較精密矣，其所以治不古若者，只為穆清之上所以端本澄源者少古人恭己一段精神耳。為政以德，意正主此。故直以擬之北辰之寂然居其所，而衆星自為之共向也。學貴明宗，辨正在此。少涉施為，便流末上，即令治可小康，總是以法把持，於知本一路之血脉經綸去之遠矣。

❶ 語見《論語·衛靈公第十五》。

「詩三百」章

子曰：「《詩》三百，一言以蔽之，曰『思無邪』。」——《論語·為政第二》

「思無邪」，足以概全經之義，此《詩》所以無非學也。大率《雅》《頌》、二《南》，固是賢人君子之作。即《鄭》《衛》之淫風，周末之怨刺，亦未必皆出於淫奔讒慝之口。如後世之所謂詩史者，端人正士傷事感時，托為之言以寄其志者耳。

「道之以政」章

子曰：「道之以政，齊之以刑，民免而無耻；道之以德，齊之以禮，有耻且格。」——《論語·為政第二》

王迹既熄，列國分爭。時至春秋，德義之風掃地。一時英君哲輔號稱有志於治者，亦不過以法把持，如管仲之作内政，子産之鑄《刑書》，此其賢之尤著也，而其作用不過如此，雖其一時亦少收約束整齊之效，而格心向化去盛王之風致遠矣。此聖人之所以感而嘆也。蓋政刑作用，極其氣力，止於能使人苟免，而其無耻者猶在也。子賤之治單父也，蘧伯玉往觀化焉，見夜漁者得小即釋之，鳴琴座上，垂拱雍雍，只不知子賤何以致此。蓋必如子賤之所以治單父者，而後庶幾乎道之以德；必如夜漁者得小即釋，而後民之從化者庶幾乎有耻且格也。欲明政本者，於此觀矣。

「吾十有五」章

子曰：「吾十有五而志於學，三十而立，四十而不惑，五十而知天命，六十而耳順，七十而從心所欲，不踰矩。」——《論語·為政第二》

後人每以聖本生知，非學可至。子貢亦曰：「固天縱之將聖也。」果生知，何待學乎？然以予觀於「吾十有五」章，十年一積學，十年一進級，淺深分數，次第稱量，若毫髮不容以僭差陵躐者，又似全是學也。曾語一友曰：「生而知之者，生而知此學耳。重在學，非生知者便無待於學也。此不學者，民之所以為下也。」其友未之能信。予曰：試發一問。孔子曰：「六十而耳順，七十而從心。」試說孔子十五志學時即如此耳順從心否？必十五時便能耳順從心，乃是生成；若必六十後耳順，七十後從心，必竟還是學成。其友默默，無以為對。予因曰：聖人無誑語，豈有孔子之聖而作誑語之理？說「三十而立」，必竟是要十五年的工夫，方到得立；說「四十而不惑」，必竟是又用十年的工夫，方到得不惑；知命、耳順、從心皆然。其友曰：然則後人之所謂生知，子貢之所謂天縱者，其說安矣。予曰：却又不然，必竟孔子生知。陽明先生曾有言曰：「聖人志學，便是志不踰矩的之學。」詎人十五歲時徹見性分之全，踏定脚跟，到底歸結？予故曰：生而知之者，生而知此學耳。故謂夫子明學之蚤，為生知，可耳；謂夫子德成之蚤，無復待於學也，豈其然乎？

「孟武伯、游、夏、懿子問孝」四章

孟懿子問孝。子曰：「無違。」樊遲御，子告之曰：「孟孫問孝於我，我對曰：無違。」樊遲曰：「何謂也？」子曰：「生，事之以禮；死，葬之以禮，祭之以禮。」——《論語·為政第二》

孟武伯問孝。子曰：「父母唯其疾之憂。」——《論語·為政第二》

子游問孝。子曰：「今之孝者，是謂能養。至於犬馬，皆能有養。不敬，何以別乎？」——《論語·為政第二》

子夏問孝。子曰：「色難。有事弟子服其勞，有酒食先生饌，曾是以為孝乎？」——《論語·為政第二》

孔子之學，以仁為宗。開口說仁，盎然和盤托出，人自不知耳。如武伯問孝，答以「父母惟其疾之憂」。武伯所問者，人子之道；夫子所答者，却是父母之心。就事言之，判若不相蒙涉；以意體之，父母之心充渾然與子為體，人子之心亦如父母之心，渾然與親為體，孝又何足言乎？《記》曰：服勞奉養，是直孝是疏節耳。有真愛，必有和氣，有和氣，必有婉容。未有子心與親心為體而服勞奉養之疏節反有不至者也。此所謂不必道者也。下章「不敬何以別乎？」「有酒食先生饌，曾是以為孝乎？」意皆類此。大率只是教人於本上求，而不於服勞奉養之末上較疏數也。懿子一答，却與此稍不同。蓋因病立方，其標證之所當治又有最急切者。於是時也，公室弱，私家强。大夫之家所用者，一切皆諸侯之禮；歌《雍》以徹，八佾舞庭，不但諸侯，又僭天子之禮矣。此雖僖子之賢，其家庭之際、父子之間，亦有習用而不察者。生所事，歿所葬祭，何嘗一循其大夫之名分品節而無有僭差踰越者哉？故因其有孝之問，自牖而納之約焉。知所以奉親者當處親以安，則必思所以安親者當處親以道。所謂陳氏之僭，惟禮可以已之。家不藏甲、邑無百雉之城，此三都之墮，所以不煩兵革而就戳也。然則「無違」之答，豈獨以正懿子？強公室，杜私門，相事攝行，其作用之大端已略見於此矣。

「視其所以」章

子曰：「視其所以，觀其所由，察其所安。人焉廋哉？人焉廋哉？」——《論語・為政第二》

身修可矣，然而必曰正心。蓋心不正，身不可得而修也。必曰誠意，蓋意不誠，身不可得而修也。必曰格物，必曰致知，蓋物不格，知不致，身不可得而修也。聖人做工夫，必自裏及表，透體露心，不容毫髮之間。故其觀人也，即用此法。既視所以，必觀其由，必察其安。蓋必如是而後謂之真人，必如是而後謂之實學。虛知見、虛意氣，固是當不得數。或作或輟，有為而為，壯齒耆年，決難合一。大率世間飾小行，矜小廉，善事美名亦恒有之。只到觀其所由，便有多少夾雜。更復察其所安，真令腎腸俱露，毫髮無遁情矣。然以予觀之，世間人雖不曾有孔子的實學，至於觀人，則無不具孔子的眼孔，求全責備，推毛求疵，真所謂至愚者亦如神也。嗟乎！世之喜於觀人、備於責人如此！而學者自修尚可不一循孔子矩轍，而欲挾半假半真之學術，以盜名而欺世乎？

「君子不器」章

子曰：「君子不器。」——《論語・為政第二》

子曰：「君子不可小知，而可大受；小人不可大受，而可小知。」❶又曰：「君子多乎哉？不多也。」❷「吾少也賤，故多能鄙事。」❸觀此，則聖人之不貴多能也審矣，君子小人大小之分量明矣。故伎倆旁通，不可指名不器。所謂君子之不器者，豈以此乎？大率拘方守局，必信必果，如小人之硜硜者，則正所謂器也；廓然大公，物來順應，大人之無適無莫者，所謂不器也。管子豈非通才？只為學不見道，不免器小。賜也達矣，少落知見之科，雖貴可稱，亦終不免為器。「我則異於是，無可無不可」，則真所謂不器者也。孟子又表而異之，曰：「孔子，聖之時者也。」❹曾子又就上面湊底點染，曰：「江、漢以濯之，秋陽以暴之，皜皜乎不可尚已！」❺則併與其所為不器者和盤托出矣。須味！須味！

❶ 語見《論語・衛靈公第十五》。
❷❸ 語見《論語・子罕第九》。
❹ 語見《孟子・萬章下》
❺ 語見《孟子・滕文公上》

「子張學干禄」章

子張學干禄。子曰：「多聞闕疑，慎言其餘，則寡尤；多見闕殆，慎行其餘，則寡悔。言寡尤，行寡悔，禄在其中矣。」——《論語・為政第二》

聖門無干禄之學，子張雖務外，豈有顯學干禄之理？但其最初發心不是徹底性命，故其出入起居、游息藏修未免有近名干禄之意耳。大率當時學者游於聖門，雖未嘗事干禄之學，而用世之意人人具有之矣。所以「三年學，不志於穀，不易得也」，孔子之所以嘆也。此章則是自牖納約，因其有干禄之心，而教以自然有得禄之理，所謂「言寡尤，行寡悔，禄在其中矣」。是即富貴功名，亦一切不須向身外討也。「學也，禄在其中矣！」「君子憂道不憂貧。」此等議論皆是孔子不得已而為言。蓋無奈天下學者不能忘用世之意，而教之以反求諸己也。

「哀公、康子」二章

哀公問曰：「何為則民服？」孔子對曰：「舉直錯諸枉，則民服；舉枉錯諸直，則民不服。」——《論語·為政第二》

季康子問：「使民敬、忠以勸，如之何？」子曰：「臨之以莊，則敬；孝慈，則忠；舉善而教不能，則勸。」——《論語·為政第二》

哀公、康子之問，大率要求之民。孔子所以答之者，只是反求之己。臨之以不莊，而強民之敬，必非心敬。孝慈不率於上，而強民之忠，必非心忠。好惡狥於一偏，舉措率乖其當，而強民之服、民之勸，必非誠服誠勸。有諸己而後求，無諸己而後非。所藏乎身不恕而能喻諸人者，未之有也。王道伯術，真只辨此而已。

「子奚不為政」章

或謂孔子曰：「子奚不為政？」子曰：「《書》云：『孝乎惟孝，友於兄弟，施於有政。』是亦為政，奚其為為政？」——《論語·為政第二》

愚答鄭邦章書有謂：「勢分破，性分乃得出頭。」以「自天子至於庶人，一是皆以修身為本」為孔子一生所受用處。苟有用我，朞月而可，三月無君，皇皇汲汲，夫孔子豈不欲為政哉？然止則止，速則速，進必以道，又若毫髮無所濡情。論者祇知其為自守之義，而又未知孔子之徹見性分，大行窮居、遇不遇兩於我無加損也。故曰：「施於有政，是亦為政。」非孔子，誰能道此？必竟達是達，窮是窮，乘勢去勢、有位無位相去不啻若霄壤矣。因憶大舜飯糗茹草，若將終身，寂然無所榮羨。廷臣咸薦，亦祇曰「父頑，母嚚，象傲，克諧以孝」而已。帝復試之女，於時觀厥刑於二女，卒以天下授舜，而舜罔弗克勝。舜亦未嘗改弦易轍，別為道以治天下。此愚所以每謂處為洙泗，出為唐虞堯舜孔曾，授守一道。「是亦為政」，孔子之言真所謂言大而不為誇也。

「子張問十世」章

子張問：「十世可知也？」子曰：「殷因於夏禮，所損益，可知也；周因於殷禮，所損益，可知也；其或繼周者，雖百世，可知也。」——《論語·為政第二》

子張問：「十世可知也？」孔子曰：「其或繼周者，雖百世可知也。」因往推來，蓋朴樸實實曉其事理人情只是如此耳，原非有讖緯術數之學。然以予考於孔子平生，則殊有可訝者。如夢奠兩楹，謂子貢曰：「夏后氏殯於東階之上，則猶在阼也。殷人殯於兩楹之間，則賓主夾之也。予疇昔之夜，夢坐奠於兩楹之間。夫明王不作，而天下其孰能宗予？予殆將死也。」此曉然萬世王祀兆也。其可異者一也。春秋諸侯，功德莫盛於五伯，五伯莫盛於桓文。孔子作《春秋》詳之，序《書》則略之。《文侯之命》繼之《費誓》，《費誓》之後，卒以《秦誓》。蓋《文侯之命》，周之始東也，孔子猶有望也。又四十九年，則為春秋初矣，知周之無可望也。故繼之以《費誓》也，蓋有望於魯也，魯又不可望也。繼周而興者，其必秦乎！蓋灼然知代周者之為秦也。此又一異也。至誠之道，可以前知。大率孔子雖不用術數之學，而誠精神應，固自有可以前知之理。傳記中所載白犢等事，亦略有類此者。

「君子無所爭」章

子曰：「君子無所爭，必也射乎！揖讓而升，下而飲，其爭也君子。」——《論語·八佾第三》

君子必無爭，有爭非君子，故孔子引射為說。射以觀德，正以明君子之無爭，非謂君子之惟射為有爭也。「其爭也君子」一句，理正而語謔。想見當時縉紳學者角技矜長，徼名競進，雖甚賢者，見道少不真，亦不能以破此，卒之名位未得，兩墮於小人之歸。是其爭也直以爭為小人而已。故夫子曰：「其爭也君子。」蓋借其爭而反之，謂其所爭者爭為君子而已。他日又曰：「射有似乎君子，失諸正鵠，反求諸其身。」孟子亦曰：「仁者如射。射者正己而後發，發而不中，不怨勝己者。」不怨勝己，是到底無爭之證；

反求諸身，是必竟為君子之證。

「周監於二代」章

子曰：「周監於二代，郁郁乎文哉！吾從周。」——《論語·八佾第三》

文中子曰：「吾視千載而上，聖人在上者未有若周公焉。其道則一，而經制大備。後之為政者有所持循。」美哉周公！其盛備，信莫有以加矣。然以予考之，從古如斯。經制之文，斷然後代備於前代。蓋非前代之智不足，或風氣之未開，或時局人情之未壞，所謂不先天以開人，雖聖人亦不能預為之所也。周文何以郁郁？夏監於虞矣，殷又監於夏矣，代相為監，而周適承其備焉。此周文之所以郁郁也。而後世因以謂周用文治者，過也；謂孔子寤寐欲行周公之道，祇欲修其經制之隆者，又過也。由周而下，代亦相為監焉。其攬權馭下之制，防奸革弊之工，又有為周公智慮所未及者。雖不必比隆唐虞，能使四海永杜亂萌，而國家常保中治，則雖以堯舜復興，有未可遽易者。故予每謂後之治不古若者，豈經制之略不古若哉？所謂有《關雎》《麟趾》之意，然後可以行《周官》之法度。其所缺者，蓋在彼而不在此也。

「成事不說」章

哀公問社於宰我。宰我對曰：「夏后氏以松，殷人以柏，周人以栗，曰：使民戰栗。」子聞之曰：「成事不說，遂事不諫，既往不咎。」——《論語·八佾第三》

愚每謂只「本末始終」四字括盡經世之彀，為孔子一生悟門。豈獨自處？即以正君導友，其先後之權亦即就此要明白矣。故曰：成事不說，非不說成事，貴其未成而說之也；非不諫遂事，貴其未及遂而諫之也；非不咎既往，蓋不欲及既往而後咎之也：皆所謂知所先者也。一落後著，不惟人之善惡無可救改，而我雖有忠愛之心，亦無所措其口。

「管仲之器小哉」章

子曰：「管仲之器小哉！」或曰：「管仲儉乎？」曰：「管氏有三歸，官事不攝，焉得儉？」「然則管仲知禮乎？」曰：「邦君樹塞門，管氏亦樹塞門。邦君為兩君之好，有反坫，管氏亦有反坫。管氏而知禮，孰不知禮？」——《論語·八佾第三》

夫子平生最取管仲之功。在春秋時，亦看他是個人物。只惜其不明於學，最初發心只為富强之計，求可求成，而無正心誠意之功為之本領，故功成之後不免驕氣之牛，傲狠奢淫相繼而作，以不保其終也。故曰：「管仲之器小哉！」若曰管仲之功則大矣，管仲之器則小哉。三歸反坫，正是器小之驗，而或者不知也。不儉非器小，不知禮乃所以為器小也。驕溢之後，一切越分踰禮不復自知也。因憶堯舜若非知學，則當地平天成之後生了多少驕慢，而方且兢兢，方且業業。後世儒者謂堯舜事業只是一點浮云過目，雖就性上視之，即以堯舜之度量胸襟，直看得天來大的事業亦只如一點浮云過太虛也。必如此而後謂之器大，必明於此而後知管仲之所為器小。

「居上不寬」章

子曰：「居上不寬，為禮不敬，臨喪不哀，吾何以觀之哉？」——《論語·八佾第三》

就全學而言之，只是一個知本，只是學以修身為本；就一事而言之，又自有一事之本。所以止亦有全體之止，而亦有一事之止也。雖然有一事之本，而又非判然各自為本，總之只是一本。雖然有一事之止，而又非判然各自為止，總之只是一止。觀「穆穆文王」節，此義發得最著，愚亦屢言之矣。「居上不寬」節，注中所云「居上以寬為本，為禮以敬為本，臨喪以哀為本」，正是就事就時點出一事之本。譬如仁敬孝慈信，必竟隨事隨時要以各中其則，而會其歸又只是一個緝熙敬止而已。各點「止」字，最是曾子妙手。會得時，真是活潑潑地，令人手舞足蹈而不自知也。

「富與貴是人之所欲也」章

子曰：「富與貴是人之所欲也，不以其道得之，不處也；貧與賤是人之所惡也，不以其道得之，不去也。君子去仁，惡乎成名？君子無終食之間違仁，造次必於是，顛沛必於是。」——《論語·里仁第四》

富貴、貧賤是仁之兩敵，故貪富貴、厭貧賤是去仁之兩案。簞食瓢飲，不改其樂，所以仁存；厭貧賤，仁不存矣。浮雲富貴，仕止久速，一切斷之以道，所以仁存；貪富貴，仁不存矣。此蓋聖人點出顯然之公案，以勘天下之學者。口未嘗不說仁，心亦未嘗不悅仁，只一到富貴貧賤失得之際，便墮體黜聰，現出本相。世固無有不仁的君子，然亦烏有貪富貴、厭貧賤之仁人乎？故曰：「君子去仁，惡乎成名？」渾身是欲體輳底，無有仁，而尚以稱於天下曰君子，誰則信之？聖人辭氣雖平，語意甚切。「玉未琢前猶索辨，金經煅後更何疑。」❶煅而流猶以冒稱為君子者，吾見亦多也。此雖勘之已清，猶恐體之未密。說到「無終食」，則自朝至暮，念念此仁矣。說到「造次必於是，顛沛必於是」，則無久暫，無常變，念念此仁矣。「大哉乾元，萬物資始」，「至哉坤元，萬物資生」，豈有毫髮間斷？故聖人繫象於《乾》曰：「天行健，君子以自强不息。」看來無別巧，只有「自强」兩字是仁之命脉，便是富貴貧賤之對頭。人生世中，其所遭值，件件有之，非富貴則貧賤，非造次則顛沛。若不靠得自强，如落絮游絲，管取拖泥帶水，東倒西歪，立站不住。故惟自强，乃能不息。果不息，即是仁矣。

❶ 語見邵雍《首尾吟》。

「朝聞道」章

子曰：「朝聞道，夕死可矣。」——《論語・里仁第四》

如何叫做聞道？如何朝而聞道，便夕可以死？知聞道者之可以死，則知不聞道者之不可以徒死矣。不可死，非惜之也，正所謂浪死也、虛生也。此聞道之所以為吾人要緊事也。必竟如何叫做聞道？顏子三十二而蚤殀，孔子慟之，時亦惜之。然愚以為顏子無可惜也。世之耄耋期頤而學不顏子若者，乃可惜也。老子亦云：「死而不亡者壽。」❶故孔子豈樂聞道者之速於死哉？真有見夫不聞道者之不可以死，而聞道者之無病於死也。「死而不亡」，其是之謂乎？他日又曰：「未知生，焉知死？」❷孔子此等話頭，皆確確實實有個證據，有個歸宿，非影響依稀、謾為之語也。故僭嘗舉此兩案，以勘深詣之士。大率到此茫然，少見有下落者。

❶ 語見《道德經》第三十三章。
❷ 語見《論語・先進》。

「士志於道」章

子曰：「士志於道，而恥惡衣惡食者，未足與議也。」——《論語・里仁第四》

孔子最朴直。其勘學者，只就毫髮幾微之間，便察見你全體腎腸跟腳。食稍求精，衣稍求飾，敝縕之袍少有愧於狐貉，孔子便將做天來大的罪案。故曰：「士志於道而恥惡衣惡食者，未足與議也。」蓋直斷以為貪富貴、厭貧賤之種子也。

「君子之於天下也」章

子曰：「君子之於天下也，無適也，無莫也，義之與比。」——《論語·里仁第四》

無適莫，即是惟精；義之與比，即是惟一。故無可無不可，非真漫然無所主，如昔人所謂可否之間、和光混俗者也。孟子最知孔子，故就上面下個註腳曰：「可以仕則仕，可以止則止，可以久則久，可以速則速，孔子也。」就上面定個品分曰：「孔子，聖之時者也。」可仕、可止、可久、可速，一切都無成心；則仕、則止、則久、則速，毫髮無有濡滯。其無可者，乃正有真可；無不可者，正有真不可也。「時」字即是「義」字。予每謂：義無定位，緣時勢人情而為之低昂損益者是也。胸中若有適莫，則其體不虛；主宰若非比義，則其動必妄。比於和光混俗者，固迥然殊科；而視信果之硜硜者，亦超然別調矣。

「不患無位」章

子曰：「不患無位，患所以立；不患莫己知，求為可知也。」——《論語·里仁第四》

開卷說「人不知而不慍」，已定學問宗旨。故全經隨事隨機懇懇教人，無非此意。無位者，人分上事；所以立者，則己分上事。己知者，人分上事；求為可知者，則己分上事。分得這個界頭明白，而後學有歸宿。學有歸宿，而所以經事宰物、長民輔世、至命盡性者一切不待於外求矣。

「參乎吾道一以貫之」章

子曰：「參乎！吾道一以貫之。」曾子曰：「唯。」子出。門人問曰：「何謂也？」曾子曰：「夫子之道，忠恕而

已矣。」——《論語·里仁第四》

就《論語》一書細考，孔學確然求仁為宗，下手處斷然修身為本。愚於答甘丈書已略道之矣。一以貫之，豈是曾子創聞，孔子創說，而門弟子輩乃絕耳未有知者乎？以予觀之，求仁固是一貫，知本亦一貫；止於至善固一貫，修身為本亦一貫。但尋常教人下手，只得就實處點。就實處點，亦無往非一貫工夫。因曾子已徹悟，偶然就大旨上提。就大旨上提，故無意中道出一貫名字。想見一時在坐諸人，必無冉、閔之輩。假令有冉、閔在焉，則孔子之告決不專主一人，門人之悟亦不止於曾子一輩矣。斯時也，得無孔子亦既老，而曾子之學亦正及其成乎？《大學》之傳，仿佛就在此際。必悟一貫，而後於知本之旨為有契也；必悟忠恕即是一貫，而後修身為本之旨為有實也。蓋夫子之所以告曾子者，是就大旨上提，而工夫在其中；曾子之所以答門人者，是就工夫上說，而一貫在其中。「唯」處應之無疑，固見曾子之悟；「忠恕」上答之無拘，乃更見曾子悟之盡也。假令曾子因門人之疑而覆解一貫，即是畫蛇添足，而一貫之唯即不可以語真悟矣。如此道來，真如水月鏡花，兩相對照，說是二，又是一，說是一，又是二，脱胎換骨，出神還虛，非徹悟不能至於此也。偶記佛偈有「兩人同得見，心眼皆相似」之語。以忠恕明一貫，真如鏡之鑒形，「兩人同得見，心眼皆相似」也。

「君子喻於義」章

子曰：「君子喻於義，小人喻於利。」——《論語·里仁第四》

前章謂：「人之過也，各於其黨。觀過，斯知仁矣。」只為人品不同，故不但好處自成其品，即過處亦各從其類。南轅北軫，燕越殊趨。縱失跌其路頭，亦自定也。此予所以每謂「論人先定品，論士要辨志」。若只就其一事一言之偶合於道，雖小人亦有之矣；一事一言之偶違於理，雖君子亦有之矣。要之，其品定為君子，則其所喻者只有義，雖過處亦可以知仁也。故曰：君子喻於義，不必事事協中，如子路之結纓、屈原之沉石。要之，其所知者只有義，故其所殉者只有義，決不向持祿榮身、苟免偷生利分上走矣。小人反是。

「見賢思齊焉」章

子曰：「見賢思齊焉，見不賢而內自省也。」——《論語・里仁第四》

子貢方人，夫子誚之曰：「賜也賢乎哉？夫我則不暇。」理雖正，語似謔。若非自治有餘，那得閑工夫去人分上生較量乎？真是見賢則思齊不暇，見不賢則自省不暇，步步反躬，自責自治。所謂「夫我則不暇」，真夫子自道也。子貢一生病痛，只在於此，故交友則悅其不若己者。師商孰愈，回賜短長，一切皆此見解。此病非小病。大率學不知本之故。所以一向外覓，只在人分上作求討也。思齊自省，真是學者日用文游訣竅。反之己，即是實學；求之外，即是方人。

「古者言之不出」章

子曰：「古者言之不出，耻躬之不逮也。」——《論語・里仁第四》

言行相顧，大率難事。未論行濁言清、口堯舜而心桀紂者，即口說顔曾而行僅同於游賜，猶為不掩其言，躬之不逮。古人之所為耻者，耻此也。若曰口堯舜而心桀紂，是言與行兩相違背矣，又烏用耻乎？下章訥言敏行，意亦倣此。

「德不孤」章

子曰：「德不孤，必有鄰。」——《論語・里仁第四》

每謂誨人不倦，正所以明為之不厭。明德在親民，決無有獨成之理。堯舜德為聖人，尊為天子，猶取資於卿佐，曰「臣哉鄰哉，鄰哉臣哉」❶，都俞吁咈❷，勢分都忘，渾然師友氣象。此萬世講學修德之模楷也。必如是而後學識其大，必如是而後德體其全。不然，曲善偏長，自矜自好，以稱於鄉里，曰善人可矣，大人之道則概乎未有蒙也。故曰：「德不孤，必有鄰。」孤立而以稱有德，無鄰而欲以成德者，我未之前聞也。三千七十，世徒知其不可一日無孔子。一日而無三千七十，亦烏睹其為孔子者乎？小乘安樂，絕人逃世，亦真所謂「果哉，末之難矣」。

❶ 語見《書經・益稷》，指的是左右輔弼的近臣。

❷ 語見《書經・堯典》，都俞吁咈都是感嘆詞，其中都表示讚美，俞表示同意，吁表示不同意，咈表示反對，本來是記錄堯舜禹在討論政務時的語氣，後來形容共同探討問題很和洽。

「子使漆雕開仕」章

子使漆雕開仕。對曰：「吾斯之未能信。」子說。——《論語・公治长第五》

曾點、漆雕開，就《論語》所記觀之，識趣之高，顏曾外諸賢無與比者。童冠偕樂，仿佛老安少懷；吾斯未信，直與「是亦為政」氣味相方。大行不能為之加，窮居不能為之損矣。孔子一生學力，只有這些受用，為二子一眼覷破，正夫子所深望於諸賢不可必得者。棲棲皇皇七十說而不遇，甘老洙泗之間，無所畔援歆羨賞心者能幾人哉？

「道不行乘桴浮於海」章

子曰：「道不行，乘桴浮於海。從我者其由與？」子路聞之喜。子曰：「由也好勇過我，無所取材。」——《論語・公治长第五》

浮海居夷，千載之下讀之令人惋嘆。想見孔子必有大不如意之遭，且察見時局人情有必無可行之會，憤懣無聊，而後發此小小不平。語意之間，不應便至其也。嗟嗟，可痛矣！千載之下，儒衣儒冠者徒誦孔子之書，誰復知孔子傳經之苦？慕孔子之道，誰復念孔子行道之難？苟知其苦難如此，真是萬鍊千磨，僅得一緒，以遺教於人間矣。尚忍覩其蔽昧敝壞而不章耶？

「宰予晝寢」章

宰予晝寢。子曰：「朽木不可雕也，糞土之牆不可杇也，於予與何誅。」子曰：「始吾於人也，聽其言而信其行；今吾於人也，聽其言而觀其行。於予與改是。」——《論語・公治长第五》

註本作宰予晝寢，故有朽木糞土之喻。正與懷居義例相同，理亦有可通者。若只偶晝而寢，於向晦燕息之道雖背，罪責未必便至於此。繼之曰「始吾於人也，聽其言而信其行，今吾於人也，聽其言而觀其行」，則其意益更明矣。車美可鑑，昔人料慶封之必死。土木勝，恐其不安人也。室美者亦誚之。晝寢之行，正懷居之意。此孔子之所以深責也。

「吾未見剛」章

子曰：「吾未見剛者。」或對曰：「申棖。」子曰：「棖也欲，焉得剛？」——《論語・公治长第五》

剛喻金，慾喻鉛。有慾者不剛，真如金之和鉛而必軟也。孔子只是見得清，勘得到，所以詞簡理切。至今移此判人，無有一不驗者。

「我不欲人之加諸我」章

子貢曰：「我不欲人之加諸我也，吾亦欲無加諸人。」子曰：「賜也，非爾所及也。」——《論語・公治长第五》

孟子曰：「好名之人，能讓千乘之國。苟非其人，簞食豆羹見於色。」❶銖兩取舍，可以見心。言意幾微，發聲徵色，平情極難事。平得情，即坦然盎然，無不是仁之流行矣。分量乃大矣。不欲人之加諸我者，即不欲以加諸人，此豈易事？「夫仁者，己欲立而立人，己欲達而達人。能近取譬，可謂仁之方也已。」然在這裏却正好下工夫也。故曰：「賜也，非爾所及也。」及告以求仁之方，却又道不出此。

❶見《孟子・盡心下》。

「夫子之文章」章

子貢曰：「夫子之文章，可得而聞也；夫子之言性與天道，不可得而聞也。」——《論語・公治长第五》

他日，夫子謂子貢曰：「予欲無言。」子貢曰：「子而不言，則小子何述焉？」夫不言何述，其理明矣。今曰：言性與天道，又何為其不可得而聞乎？一方擊鼓，十處齊聞。明敏無如子貢，豈有夫子言之，舉衆聽之，乃獨不得聞者乎？今時學者穎悟未必及於子貢，承傳先輩之語，出於口，入於耳，即自以為有聞，豈不謬哉？此程伯子所以謂：「性與天道，自子貢不可得而聞，蓋要在默而識之也。」❶橫渠先生亦曰：「聖門以了悟為聞。」❷諒哉！

❶語本程顥，見《二程集・河南程氏外書卷第十一》：「『《詩》《書》、執禮皆雅言。』雅素所言也，至於性與天道，則子貢亦不可得而聞，蓋要在默而識之也。」

❷語本張載，見《張子語錄上》：「聖門學者以仁為己任，不以苟知為得，必以了悟為聞，因有是說。」

「晏平仲」章

子曰：「晏平仲善與人交，久而敬之。」——《論語・公治长第五》

「久而敬之」，不但晏子之美，蓋萬世與人交之要法也。只敬了，便諸釁不投，諸疑不作。友朋疑間之端，雖云多有其弊，總自不敬生來。

「孰謂微生高」章

子曰：「孰謂微生高直？或乞醯焉，乞諸其鄰而與之。」——《論語・公治长第五》

孔子度量大，雖許人改過，然法度嚴，其律人最密。乞醯一小事，便不許微生之直，何其斷之刻乎？然却非刻也。此正微生忽處，忽處正是真處。一事之虧，全德之累。昔賢之論，每每如此。而學者往往欲以意見承當，言說架度，不復知以修身為本，以細行為不足矜也，豈不誤哉？

「顏淵季路侍」章

顏淵、季路侍。子曰：「盍各言爾志？」子路曰：「願車馬、衣輕裘，與朋友共。敝之而無憾。」顏淵曰：「願無伐善，無施勞。」子路曰：「願聞子之志。」子曰：「老者安之，朋友信之，少者懷之。」——《論語・公治长第五》

吾視千載而上，明學問於廟堂之上者，唐虞也；明學問於林壑之間者，洙泗也。其臣主之都俞、師弟之切磋，言人人殊，大宗大旨未嘗不協於一。故學者讀經，最要就此理會。子路之車裘共敝，顏子之無伐善、無施勞，孔子之老安少懷，氣味淺深，分量大小，自有不同，然却不可苦為較量分別。只要見得車裘共敝是甚麼樣的心腸，其學問是甚麼樣的主意；無伐善施勞是甚麼的心腸，其學問是甚麼樣的主意；老安少懷，志誠大矣，亦看他是甚麼樣的心腸，其學問是甚麼樣的主意。蓋吾輩學為聖人，只是學得聖人之學，却不能驟然躐得聖人之等。若不從學旨上討明，而妄從德上摹擬，是為陵躐。陵躐者，終無到手之理。不從明學上講求，却從分量上考較，便是末上，便是向人分上求，敝舌疲精，到底無學明之理。子路小，顏子大，孔子化，儘力講明。講來講去，只是孔 顏分上的事，於己何於？

「已矣乎吾未見」章

子曰：「**已矣乎！吾未見能見其過而內自訟者也。**」——《論語・公治长第五》

舊看《寤語》有云：「改過固難，知過尤難。」到得知過，改過已易為力矣。常情有過未論不肯改，先自不能知。蓋主人公坐家照管者少也。孔子曰：「蓋有不知而作之者，我無是也。」其稱顏子也曰：「有不善，未嘗不知。」不知孔顏何以如此？他日，哀公問：「弟子孰為好學？」曰：「有顏回者好學。」指其實只在「不遷怒，不貳過」。予以是知所云好學者之常止也，不貳不遷，常慮也。又《答詹德甫書》斷以「蓋有不知而作之者，我無是也」正是只愁不止、不愁不知義，皆與此相發。能見其過而內自訟，何以難得如此？嗟嗟！斯嘆也，其在曾子未成之先、顏子既往之後乎？蓋正所謂好學之人，即三千七十炙聖人之門墻者亦不可多見也。

「十室之邑」章

子曰：「**十室之邑，必有忠信如丘者焉，不如丘之好學也。**」——《論語・公治长第五》

孔子平生不以賢知先人，故曰：「若聖與仁，則吾豈敢？」至於「出則事公卿，入則事父兄，喪事不敢不勉，不為酒困」，亦曰：

「何有於我哉？」何其謙之至也！獨於好學，則平生直以自當，亦不多以許人。「為之不厭，誨人不倦，則可謂云爾已矣。」「其為人也，發憤忘食，樂以忘憂，不知老之將至。」又曰：「我非生而知者也，好古敏以求之者也。」又曰：「十室之邑，必有忠信如丘者焉，不如丘之好學也。」何其任之甚也！愚嘗因此考之。孔子雖云天縱之資，自人觀之，一切見成，無待於學。由孔子自看，學既入頭，却是把定腳跟，步步挨將進去。今志學一章，每十年方纔換出一段風光，進一階級。若說孔子十五歲時合下便能耳順從心，則天下之人固不肯信。若說耳順從心必待六十七十，則孔子分明學就，不是生成。孔子實信得這步好學之功，所以實承當這句好學之任。實承當好學之任，不是自誇，正欲天下後世學者，實信受奉行好學這句，庶幾陟聖躋賢。世間多有其人，而渠亦不致枉費了一生的苦行，直以其資稟少美，便謂之父母胞胎裏長就了的，不曾費半分的工夫也。豈不惜哉？

「哀公問弟子孰為好學」章

哀公問：「弟子孰為好學？」孔子對曰：「有顏回者好學，不遷怒，不貳過。不幸短命死矣！今也則亡，未聞好學者也。」——《論語・雍也第六》

聖人說好學，何其與後世異？「不遷怒，不貳過」，當思此等如何謂之好學。過說不貳，怒說不遷，微矣微矣！不徵色發聲，豈足道哉？正所謂「不遠復，無祇悔」，《易》之所以頌「元吉」也。又當思顏子是用何學問之功以能如此？他人同學聖人，是用何學問之功以不能如此？

「回也其心三月不違仁」章

子曰：「回也，其心三月不違仁，其餘則日月至焉而已矣。」——《論語・雍也第六》

後儒論學，開口便說心。一部《論語》言心者只是「回也，其心三月不違仁」一句。不知學者亦曾思之否？若肯作一思，則真有無窮的道理合作商量，有至妙的機關合當究辨。試發一問：如何叫做心？又如何叫做仁？孟子曰：「仁，人心也。」後之學者相沿，說「心即仁也」。果然心即是仁，則說了心，不必更說仁，說仁又說心，疊床架屋。違者，背而去之謂。異體者乃有背，同體者不相違。「三月不違仁」，幾希二物。至者，至到之義。至國曰至，至家曰至。「日月一至焉」，彷彿別有歸宿，故直截謂為二物。則何待聰明，三尺之童子亦不肯信。謂為一物，則當其背違之際，仁將何處歸藏，心將何處背棄？區區此說，大似破碎支離，葛藤縈絆。果有明眼之士，直截剖判，則此疑團未必不開悟旨，試思之，試思之！姑毋笑其破碎支離、葛藤縈絆。

「子謂子夏曰女為君子儒」章

子謂子夏曰：「女為君子儒，無為小人儒。」——《論語・雍也第六》

人聞夫子之道而悅，出見紛華而悅。子夏雖篤信，然以文學名科，故有紛華之悅，誠心精意，不免隱隱奪向外邊。子游所謂「本之則無，如之何」者，蓋亦必有所見而云也。冠章甫，衣縫掖，習《詩》《書》，誰不號稱為儒？然杪忽差殊，君子小人界限判矣。先儒所謂「君子儒為己，小人儒為人」，其言雖約，其理亦盡。位天地，育萬物，只在致中和，不在天地上討；齊家治國平天下，只在修身，不在家國天下上討。潔身亂倫，矜名自好，豈不為己？少涉自私，又與大人之學懸隔霄壤。善乎！程伯子之言曰：「認得為己，何所不至！若不為己，自與己不相干。」此最善言仁者。而為人為己之分，大人小人之別，端緒毫釐，亦俱判於此矣。

「子游為武城宰」章

子游為武城宰。子曰：「女得人焉爾乎？」曰：「有澹臺滅明者，行不由徑。非公事，未嘗至於偃之室也。」——《論

語・雍也第六》

游夏雖同文學之科，予每謂子游後來不能限其所至。他姑不必論，只據《論語》中所載武城兩事，其敷教之端、取人之法，皆宛然知本之規，想見雍容氣象。子游，蓋吳人。道南一脉，子游其最先者乎？

「人之生也直」章

子曰：「人之生也直，罔之生也幸而免。」——《論語・雍也第六》

夫乾，其靜也專，其動也直，是以大生焉；夫坤，其靜也翕，其動也闢，是以廣生焉。天地之大德雖云總是一生，而其發機同為一直。不直，則不生矣。此夫子所以謂「人之生也直」。蓋其發機原如此也。體其直而生者理也，悖其直而生者即非理也。罔而生，真所謂幸而免者也。嗟乎！知罔而生之為幸免也，亦可愧也夫！亦可懼也夫！

「樊遲問仁」章[一]

樊遲問知。子曰：「務民之義，敬鬼神而遠之，可謂知矣。」問仁。曰：「仁者先難而後獲，可謂仁矣。」——《論語・雍也第六》

務民之義者無他，只是自修，自修只是先難。不計功，不祈福，即所謂敬鬼神而遠之，且後獲也。仁知非外物，且非二道，故學仁知亦只有自修，計功祈福精神便向末上走了。先儒謂樊遲粗鄙近利，病不免此。此孔子之所以戒也。他日，從游舞雩，問崇德、修慝、

[一] 據文義本章應為「樊遲問知」章。

辨惑，夫子告之以「先事後得，非崇德與？攻其惡，無攻人之惡，非修慝與？一朝之忿，忘其身以及其親，非惑與」，意亦相同。大率聖人之學，只有自修，其機括毫分只在知本。所以《論語》一書問者雖千般，孔子之答亦千狀，而其大旨歸宿如出一線。稼圃一條，規模議論稍覺寬宏。本上著工，例亦準此。所謂：「好禮而莫不敬，好義而莫不服，好信而莫不用情。」真所謂一修身而天下之能事畢矣，齊治均平皆舉之矣。何其約而要、簡而明也！而學者只要馳求，非內索於虛玄，則外騖於功利。外騖為功利者，固是末上求討；內索於虛玄者，亦是末上求討。蓋平實地，總放過去了也。

「宰我問曰仁者」章

宰我問曰：「仁者，雖告之曰：『井有仁焉。』其從之也？」子曰：「何為其然也？君子可逝也，不可陷也；可欺也，不可罔也。」——《論語·雍也第六》

宰我以短喪、晝寢二事為孔子所斥，故學者輕之，謂為聖門劣等，因而不復辨其事理是非，一切斥之。如井有人焉，其從之也，正是宰我善意，乃亦以為信道不篤，憂為仁之陷害，何其辟之甚也。芻蕘可採，況聖賢之答問乎？他日，孔子告子路曰：「好仁不好學，其蔽也愚。」宰我之意，正是故設此問，欲以發明仁者之不愚耳。兵食信三者，豈有一件可去之理？去兵已迂，況有去食！此最事理之不可通者矣，而子貢不嫌於問，夫子不病於答。千載之下，且以子貢為善問，夫子為善答也。至於桃應之說，尤為不經。舜之登庸也，原在底豫之後，固無為天子而瞽瞍殺人之事。即有之，皋陶豈真得以士師之法而刑天子之父？至於舜為天子，不能蔽一親，瞽瞍雖頑，號稱天子之父，一犯殺人，即不免於戮，皆經傳之無徵、事理之最舛者。若據區區淺陋，直以此言酬答，桃應亦愧心無所開口矣。而孟子却不然也。這些典故、這些事理，孟子豈有不知？明學為急，不在闕多聞；正義為大，不必瑣瑣計事理。此孟子學識心胸從來與人別樣也。予與邦和書引此謂：「知大舜遵海之心，可以為孝子；守皋陶有受之義，可以為忠臣。此偉然古今不刊之典也。區區討故實、較纖瑣，豈足掛齒牙於孟子之口哉？」予每讀此，欲為前賢一雪，故併及之。

「子見南子」章

子見南子，子路不說。夫子矢之曰：「予所否者，天厭之！天厭之！」——《論語・雍也第六》

孟子曰：「君子之過也，如日月之食焉。過也，人皆見之；及其更也，人皆仰之。古之君子，過則改之；今之君子，過則順之，又從而為之辭。」❶學者只要認得「過」字明白。是個過，自是無私心而偶然失禮。果是個無私心而偶然失禮，則其初也，必無扳援，無覬望，其行自失，其心可知；其後也，必無繫吝，無歉愧，其心自直，其事可知。真如日月之食，可與見而無慚，其更也，可致仰而不愧。此其所以可改向人前，亦可認而不掩，無待於為之辭也。若有心焉，則是惡矣，惡則不可改矣。其遮前掩後，閉藏消沮，不得已而為之支吾解說者，勢使然也。孔子何等人品，何等心胸，肯做此等之見！至於失處，則雖聖人亦容有不能無者矣。不能保其無失，卻可保其無心。此孔子於南子之見所以明白認以為過而不敢復為之辭，但矢之曰「予所否者，天厭之，天厭之」而已。所否者何？正是扳援覬望之謂。矢之者何？正以自明其無扳援覬望之謂。惟直認，乃益足以見孔子之無私；就矢之，乃便足以明孔子之自悔。當空朗日，洞然無私，纖翳必除，反觀自照，此孔子之聖所以獨高於萬古也。他日，彌子謂子路曰：「孔子主我，衛卿可得也。」子路以告。孔子曰：「有命。」孟子曰：「孔子進以禮，退以義，得之不得曰『有命』。」若主癰疽與瘠人瘠環，是無義無命也。」❷故孔子終身不曾仕衛。終身不曾仕衛，想見其徹頭徹尾到底不曾干求。孔子豈有一毫利之而見南子以干進哉？小君之見，大率既仕之禮。蓋委質為臣，而後有見小君之禮；未有過賓游客見其君可矣，又必見小君者也。此正所謂求其說而不得，從而為之辭者也。是孔子本無私，一解了，反見有私；本是過，一飾了，反成是惡。幾希以淺鮮之心度君子之腹者矣。曰：過賓游客既無見小君之禮，則孔子之見南子何為也哉？曰：此亦無考，然理有可知。南子雖有淫行，觀其與靈公夜坐，聞車聲轔轔，至闕而止，便知其為蘧伯玉也，且曰「妾聞君子不為昭昭信節，不為冥冥墮行。蘧伯玉者君子也」。視之果然。夫南子既知伯玉之為君子，想見當時孔子望重，亦必慕孔子之為聖人，彷彿有好德沽名之意。故夫子因其求見而見之。此於「親於其身為不善者，君子不入也」，理雖稍背，然以比於互鄉之見、原壤之游，不為已甚，不輕絕人，彷彿有似之者。且身在其國，小君求見，事理人情或亦有不容已，所謂見惡人以避咎也，古亦有之矣。

故謂夫子之見南子為過，夫子固所不辭；謂夫子之見南子有私，則始終不曾仕衛，千載而下亦知之矣。無怪乎夫子之有以自信也。

❶見《論語・子張第十九》。
❷見《孟子・萬章上》。

「如有博施於民」章

子貢曰：「如有博施於民而能濟衆，何如？可謂仁乎？」子曰：「何事於仁，必也聖乎！堯舜其猶病諸！夫仁者，己欲立而立人，己欲達而達人。能近取譬，可謂仁之方也已。」——《論語・雍也第六》

仁最難言，先儒曾有是說。看來真難言。若說體是仁，則生意流行、充塞宇宙者，無不是仁；若即用是仁，則孺子往矣，怵惕惻隱安在？不見親，不奉長，愛敬何存？若說仁在我，則魚躍鳶飛，舉目盡是生意；若說仁在物，生機少窒，榮枯開落，毫髮於己無關。若說及物為仁，則汲汲皇皇，孔孟終身不遇。此孔子之學所以雖以求仁為宗而又罕言仁也。非罕言，蓋難言之也。及門之徒可與語者，想見初來只一顏子；其餘雖以子貢之達最為穎悟，亦不免只在作用上看、事功上求。若謂及不得物，即不可語功業，不可語仁矣。故有博施濟衆為仁之問。味其辭氣尚歉然，有未能施及天下、濟盡四海之意。只施博而濟衆，亦庶可名仁否？此正墨子兼愛之說，全在作用上看、事功上求了也。

聖人論學，只怕離本一步，故斬然遮攔，曰「果若」云云。衆能濟，施能博，豈但曰仁，雖聖人作用不過此矣。聖人非高說，蓋聖人者仁之至也，若只就事功上看，即凡有所及者無不是仁矣，而況於施之博、濟之衆乎？然以語為仁之方，則不宜如此也。若以此求仁，則念念心心只在施濟上做，全副當精神走向人邊上去，將終日皇皇，拯援應接之不暇矣，摩頂放踵求以了施濟之分願不能也，以稱於天下曰仁不得也，故繼之曰「堯舜其猶病諸」。

堯舜猶病，自昔看之，不明至舉，以為聖人有所不能之證。萬邦協和，四方風動，鳥獸魚鱉，罔不咸若矣，而尚云施之未博，濟之未衆乎？此蓋眼前之事，不知何以從前看之不明。子路問君子，子曰：「修己以敬。」曰：「如斯而已乎？」曰：「修己以安人。」曰：「如斯而已乎？」曰：「修己以安百姓。」却疊一句曰：「修己以安百姓，堯舜其猶病諸。」❶兩個堯舜猶病，只是一個理路。然則謂堯舜病博施，亦將謂堯舜病修己以安百姓乎？堯舜做不得的，如何却教子路做？則孔子之教其真托之空言矣。曰：如子所見，堯舜之非病博施也明矣。然則堯舜之所病者，何病乎？曰：求之己，則仁覆天下而有餘；求之人，則摩頂放踵利天下而不足。堯舜之所以致地平天成，民安物阜者，其施為運用之機括，豈直在人分上求，在施濟上著手乎？若在施濟上求，則雖以堯舜之聖，亦將皇皇然疲精弊神、拯援應接，惟日之不足也，而仁終不可成也，故曰猶病也。子路見解亦如子貢，必竟以求之己為不足，而要以及於物乃有功，「修己以敬」渠意看得全狹，故曰「如斯而已乎」。夫子乃滿足言之，曰修足以安百姓。然其意之所趨向，夫子知之矣，故亦斬然遮攔，若曰：修己而不為安人起念，固自可以安人，修己而不為安百姓起念，固自可以安百姓。若如子所見，雖云以敬自修，而其精意誠心全體俱在人上，是直以安百姓為主，而非以修己為主矣。如此，則亦將疲精弊神，皇皇然拯援應接之不給也。故曰：「修己以安百姓，堯舜其猶病諸！」疊此一句，最有義味。要知下句之辭，雖同上句，而上句之意，却不同於下句。如何不同？上句是孔子的主意，是以修己包百姓；下句是孔子推子路的主意，是以安百姓者當君子，正是博濟為仁之見。雖聖如堯舜，率是道而以率天下之政，欲以四方之風動，萬物之咸若也，豈不難乎？豈得不病乎？

「己欲立而立人，己欲達而達人」，只是要得實在此心與萬物同體。果若立必俱立，達必俱達，實有與物同體之心，則自然立不獨立，達不獨達，有與物同體之用。老者安之，朋友信之，少者懷之，因物付物，各止其所，隨分所到，無不滿愜，而仁覆天下矣。能近取譬，豈有別法？只是打破人我之障。無尺寸之膚不愛焉，則無尺寸之膚不養也。九竅百骸，誰不認得為己？一膜之外，便爾痛癢無關？能知通天徹地之渾然同一仁，則亦悟通天徹地之渾然同一身。疾痛疴癢，喘息呼吸，即八萬四千毛竅無一竅而不與天地萬物相為通也。乃只欲護己之痛，不復矜人之痛，遂己之欲，不顧妨民之欲，是真守尺寸而不復覩天地之大全也。亦何怪其秦越肥瘠，視四海之休咎理亂與己不相關也乎？此正是害仁之蟊賊、不能施濟之種子。乃不從此處擴充，而只務向外面求討，未論施不得、濟不得，就令能濟能施，小有補塞，探其根源，亦無非要譽沽名、濟事就功之意。堯舜猶病，尚是說他做不得成轃底。推之即無復有纖毫愛成之實意流通於其間矣，仁何在乎？此聖人所以猛意斬除，從微截斷，說個堯舜猶病，蓋斷其萬無一成之理也。

孟子亦曰：「生於其心，害於其政，發於其政，害於其事。」❷於墨氏兼愛之說，直從生心處推其極至於無父。且曰：無父無君是禽獸也，禽獸偪人，人將相食。此非甚言之也。所謂生心害政、發政害事，蓋有以知其弊之必至於此也。大抵無學術的人偶然失德，雖甚悖謬，其害淺。何者？其弊止於一身。有學術的人有意主張，即意見議論小小差訛，害使大。何者？其毒便延於世。此孔子之於由、賜雖在及門之友，斥之不得不嚴，而孟子於楊墨賊道之輩，閑之不得不力也。然非實明儒者之學，實見孔曾之心，亦誰能於毫髮之訛，察見其千里之舛無上事，而戚戚嗟嗟，為世道發悲憤哉？

❶見《論語・憲問第十四》。
❷見《孟子・公孫丑上》。

「默而識之」章

子曰：「默而識之，學而不厭，誨人不倦，何有於我哉？」——《論語・述而第七》

仲弓問仁，夫子告以「己所不欲，勿施於人」，是即所謂「能近取譬，可以為仁之方矣」，乃必曰出門如見賓、使民如承祭。本無賓，本無祭，翼翼小心，如見如承者，是何事？子張問行，夫子告以「言忠信，行敬篤，雖蠻貊之邦行矣」。義備矣，必曰「立則見其參與前也，在輿則見其倚於衡也」。無言無行，忠信敬篤亦何有？嗟乎！此正所謂默而識之的消息也，正所謂止於至善之脉路也。故「穆穆文王，於緝熙敬止」，予以「在宮雍雍，在廟肅肅，不顯亦臨，無射亦保」❶者當之，意正有見於此。學問若無這步，必竟不得入微，不得達本。說本體，必竟有合有離；說工夫，必竟有斷有續。只一個默而識之，真所謂通乎晝夜之道而知也。愚前解「時習」

義，亦類此。必如此，而後可時習。不然，習不得也。教學非別事，即是默識的條款；默識非別事，即是教學的主腦。予於《大學》中挈出「止修」二字，正亦悟此。此本孔子平生自信之事，屢屢以之自當。至此却又挈言之，以之自歉。大率誨人謙己之意未嘗不存，而就孔子三十四十以前，則亦未諒其立與不惑自信之為何如也。工夫之毫髮有疏，手勢之幾微未熟，容或有之矣。予於孔子書，雖極謙己者，一切信是實話。世間未有一個不老實的聖人，則聖人又安有一句不老實說話？說個「何有於我」，便容或未有於我；說個「是吾憂也」，便確實是有憂也。下章工夫，大率與此相同。故其自歉之辭，大率與此同實。「終日不食，終夜不寢」「發憤忘食，樂以忘憂」，是費多少氣力而可云泰然無憂、一切見成、熟路輕車、咸有於我？

❶見《詩經·大雅·思齊》。

「子謂顔淵曰用之則行」章

子謂顔淵曰：「用之則行，舍之則藏，唯我與爾有是夫！」子路曰：「子行三軍，則誰與？」子曰：「暴虎馮河，死而無悔者，吾不與也。必也臨事而懼，好謀而成者也。」——《論語·述而第七》

孟子曰：「君子所性，雖大行不加焉，雖窮居不損焉，分定故也。」❶「分定」兩字，非實透性者未能識。未論三千之士，即六藝身通者，自曾點、漆雕開外，大率未能忘情用舍，一切隨順所遇，而不以窮達為加損也。誰人不是用之則行？決無有不用而行之理。誰人不是舍之則藏？決無有舍而不藏之理。只其幾微毫髮，視用舍未能如寒暑之去來，視行藏未能如晝夜之夢覺。則於用處，必有快其順者，快其順，即是加；於舍處，必有見其怫者，見其怫，即是損。尹氏所謂：「用舍無與於己，行藏安於所遇，命不足道也。」❷非顔子，其誰足以同之乎？浴沂風雩，童冠與偕，直以答「如或知汝」之問。曾點氣岸太高，若稍近狂，其識趣之遠則斷然非諸賢所及。曾子雖得孔子之傳，想見其家庭授受氣味亦自深也。學者只要在此等處玩味，自然分量寬弘，世味澹泊，透性一關漸次有基本矣。

❶ 見《孟子·盡心下》。
❷ 見朱子《論語集註》本章所引尹焞語。

「子在齊聞韶」章

子在齊聞韶，三月不知肉味。曰：「不圖為樂之至於斯也！」——《論語·述而第七》

註疏本作「子在齊聞《韶》音」，以「三月」為「音」字之誤❶。蓋偶聞《韶》音，有感於衷，因忘味而發嘆也。此雖無關大義，然情理似更有可通者。若作「三月不知肉味」，則孔子用情偏滯，未必至此。其勢不免更贅一文，謂學之三月，不知肉味。則其理亦未有可據者。昔季札觀樂，見舞《韶箾》者，曰：「大哉！如天之無不覆也，如地之無不載也。雖甚盛德，蔑以加矣。」❷以是而知《韶》樂亦不專在齊也。孔子故魯人，何取而獨於齊聞《韶》學之三月乎？愚故曰：「三月」為「音」字之誤，理可通也。

❶ 語見朱熹《論孟精義》卷四上：「伊川解曰：子在齊聞韶，三月不知肉味。當食而聞，忘味之美也。『三月』本是『音』字，謂在齊聞《韶》音，『音』字分為『三月』，傳寫之誤也。聖人所過者化，不應忘味之久也。」
❷ 語見《左傳·襄公二十九年》。吳公子札赴魯國公幹，請觀周樂。觀看完《韶箾》之後說道：「德至矣哉！大矣！如天之無不幬也，如地之無不載也。雖甚盛德，其蔑以加於此矣，觀止矣！若有他樂，吾不敢請已！」

「夫子為衛君乎」章

冉有曰：「夫子為衛君乎？」子貢曰：「諾。吾將問之。」入，曰：「伯夷、叔齊何人也？」曰：「古之賢人也。」曰：「怨乎？」曰：「求仁而得仁，又何怨。」出，曰：「夫子不為也。」——《論語·述而第七》

太史公傳伯夷扣馬諫武王。及武王已平殷亂，恥食周粟，隱於首陽山，采薇蕨而食之。餓且死，作歌曰：「登彼西山兮，采其薇矣。

以暴易暴兮，不知其非矣。神農虞夏，忽焉沒矣，我安適歸矣。吁嗟殂矣，命之衰矣。」遂餓死於首陽山。謂由此觀之，怨耶非耶？嗟嗟！太史公豈知夷齊之心者耶？知夷齊者惟孔子，故曰：「故之賢人也。」「怨乎？」曰：「求仁而得仁，又何怨？」夫伯夷豈不知普天率土之無非周粟耶？豈不知薇蕨之采食將必有窮耶？則以為義，命之安之，必致乎此也。故惟不食粟，則心安；食周之粟，則心不安；餓而死，則目瞑；食周之粟而死，則目不瞑。所求在此，所得在此，則餓而死者，夷齊本願也。所謂「神農虞夏忽焉沒矣，我安適歸矣」，蓋傷時也。「吁嗟殂矣，命之衰矣」，蓋嘆命也。傷時嘆命，豈怨耶？真所謂求仁而適得仁也，又何怨耶？如何叫做仁？如何叫做得？此中須要著一思量。愚於病中汲汲皇皇，以明學為事，因而邅迴者屢之。偶激一友人之誠，舉「欲仁而得仁，又焉貪；求仁而得仁，又何怨」二句慷慨語之，其友為之竦然。大率孔子之說要以明夷、齊之不怨，而愚之答乃稍有與孔子異者，若曰：果其求仁而得仁，怨亦是仁，果其欲仁而得仁，貪亦是仁。譬之之燕者，縱坎坷亦是適燕；適粵者，即安行亦是往粵。路頭既分，趨背各別，未問遲疾險夷，其正邪地分已先判於此矣。上有青天，下有黃壤，不亡者存，薰蒿悽愴。人誰不死？果其求仁而得仁，雖怨亦何病耶？學者誠要緊諒夷齊之無怨，而尤要緊決己志之必仁。怨與不怨，請姑未須道著。

「飯疏食飲水」章

子曰：「飯疏食飲水，曲肱而枕之，樂亦在其中矣。不義而富且貴，於我如浮雲。」——《論語・述而第七》

經煆煉乃可辨金，臨境界乃真見學。虛意見只好背地矜誇，空頭話只好閑時播弄。小小利害當前，心悸魂搖，手忙腳亂，便都假不得了，用不着了，此便是煆煉士子之真火候也。所以聖人論學，每每諄切於此。所謂：「富而可求也，雖執鞭之士，吾亦為之。如不可求，從吾所好。」又曰：「飯疏食飲水，曲肱而枕之，樂亦在其中矣。不義而富且貴，於我如浮雲。」富貴貧賤的境界，不可托大看得輕了。多少有志之士，到此透關不過。誰能信得命及，斷以不求？又誰能守得義住，浮雲相視？象山曰：「富貴利達之不足慕，豈足多較於學者之前哉？」❶果然學者有得力，最大者莫如死生亦是閑事，富貴貧賤又曾足道？苟非其人，大言高視，未道死來，此小境界現前，便渾身放倒了也。懷居者，決不可以為士。富貴淫，貧賤移，威武屈，試問之，還別有大丈夫否？廣居、正位、大道云云者，總空托矣。

❶ 語見《陸九淵集·與趙然道（三）》。

「加我數年」章

子曰：「加我數年，五十以學《易》，可以無大過矣。」——《論語·述而第七》

愚每謂學問只有守難。孔子五十而知天命；未五十時，大率自守境界。自吾輩觀孔子，只十五時世累超然，已自無過。自孔子自觀，入微查考，三十前尚覺有立不住處，四十前尚覺有不免惑處，是即所謂過也。故曰：「加我數年，五十以學《易》，可以無大過矣。」然則此嘆其彷彿不惑之後、未能知命之前乎？豈可執定孔子赞《易》在於晚年，而便謂未赞《易》前，平生未學《易》耶？若據「加我數年」之詞，就將做垂老待盡之日，則孔子雖聖，亦決不預知其年數之所極矣。加年懋學，自是黽勉之辭。有志者所常談，不足泥也。

「二三子以我為隱乎」章

子曰：「二三子以我為隱乎？吾無隱乎爾。吾無行而不與二三子者，是丘也。」——《論語·述而第七》

「吾無行而不與二三子者，是丘也」，說得無隱意最深切。有含蓄，然又坦坦平平，無他奇特。此其所以理到，真所謂聖人之言也。味之何等渾融！何等深厚！而條條理理，又自歷歷分明。太和元氣，盎然洋溢於片詞隻語間矣。他日謂子貢曰：「予欲無言。」子貢曰：「子而不言，則小子何述焉？」曰：「天何言哉？四時行焉，百物生焉。天何言哉？」只就此等處味真。何處不是夫子的行？亦何處不是夫子的與？吾夫子氣象，真渾然一天也。

「子以四教」章

子以四教：文，行，忠，信。——《論語·述而第七》

愚嘗謂：士農工商，人各有業。廢業而後為學，非予所嘗聞也。伊尹樂堯舜之道，不曾廢耕；傅說終始典學，不曾廢築。士獨無業乎？《易》有之矣：「忠信，所以進德也；修辭立其誠，所以居業也。」「君子進德修業，欲及時也。」此非《易》之言也，蓋孔子之言也。然則孔子之所以設教者，亦可知矣。大率經世之學，必用文行交修；求仁之宗，必要心事合一。此門人所以會其旨意，析其科條，以文行忠信四者為聖人之所以教也。會其旨意，則知文行忠信之總為求仁；析其科條，則知求仁之功必備此四者。昔賢謂「發己自盡為忠，循物無違為信」，理亦近之。此却在何處做？此身所處，不在家則在國，不在國則在天下；此身所修，非齊家則治國，非治國則平天下：是皆所謂行之者也。忠信則所以進德者也，即所以修之者也。修辭而必立其誠，則所以修業者，其主腦亦不外是矣。何也？蓋修文亦不是閑事，正所以講求其修之者也，講求其所以齊之治之平之者也。此其所以為一貫也。然却自其己之盡也，實實落落有個忠；白其通於物也，實實落落有個信；自應事接物而言也，實實落落有個行；自考古修辭而言也，實實落落有個文。門人雖隨見隨資而問，孔子雖隨事隨機而答，析其科條，總不外此四者。此其所以又自有此欵分。當宋之末，沉溺於訓詁辭章，其看物理俱在外邊。以此體文之教，則「文」之一字誠不免為枝葉。後來學者，緣此矯枉過直，懲噎之故，乃併廢飲食，謂讀書考古，一切為學之蟊賊也。是使工者廢築，農者廢耕，士者廢業，當官者廢職事，必一切盡棄職業，專求本心，而後可以謂之學矣。然則古之所謂進德者，果在修業外乎？但德成而上，藝成而下，行成而先，事成而後。本末先後之序，不可紊亂。在學者，要知所分別耳。若曰德業不交修而可以名學，文行忠信不一致而可以成德業者，吾未之聞也。

「聖人吾不得而見」章

子曰：「聖人，吾不得而見之矣；得見君子者，斯可矣。」子曰：「善人，吾不得而見之矣；得見有恒者，斯可矣。亡而為有，虛而為盈，約而為泰，難乎有恒矣。」——《論語·述而第七》

第人品之等，聖人誠最高。立人道之本，則有恒是做腳。他日又曰：「人而無恒不可以做巫醫。」巫醫且不可，況善人，況君子，又況聖人乎？做《易》也，以《乾》《坤》為上經之首，以《咸》《恒》為下經之首，而係之《象》曰：「雷風恒，君子以立不易方。」只立而易方，吾未見人道之可以有成者矣。善人地分，去聖雖遠，然必一志不回，考之有本有末。聖人等級，雖云履行已到極處，亦必一志不回，考之有本有末。譬之錦綺布帛，精粗不同，而皆可以語成器、利世用者，有本有末也。只一不成章，即錦綺布帛總為虛擲之矣。末季士習民風，大率澆薄，亡而為有，虛而為盈，約而為泰。古之弊，可謂今不然乎？此有恒之所以信難其人，而聖人者，吾知其果不可復見於天下也。

「蓋有不知而作」章

子曰：「蓋有不知而作之者，我無是也。多聞擇其善者而從之，多見而識之，知之次也。」——《論語·述而第七》

愚答詹德甫書有曰：「聖人之學，只愁不止；後世之學，只愁不知。」因舉「吾有知乎哉？無知也」，斷之曰：「直直認個不知，隨感而應，自無不知。」舉「蓋有不知而作之者，我無是也」，斷之曰：「正是只愁不止，不愁不知。」嗟乎！此義之不明也久矣。驟而語之，人誰肯信？先輩有謂：孔子無不知而作，顏子有不善，未嘗不知，百姓日用而不知，只是爭此一知。是矣！是矣！却不曾思量孔子何緣便能無不知？百姓又何緣日用之而不知？大率返本一步，則日靈日聖；離本一步，則日蔽日愚。靈自何來？從本而出。蔽自何來？從感而生。孔子無不知而作，便是常止，吉在幾之先矣。顏子有不善，未嘗不知，即是知止，故不遠而能復矣。百姓日用而不知，則放其心於膠轕紛擾之中，日馳騖而不知反也。今不本其知與不知之由，而惟較其知與不知之等，徒手望洋，終無入路。學者亦誰不知孔、顔、庸子知不知之曠然有分別乎？若只在知上求討，就知上角競，則多聞而擇，多見而識，亦未嘗不是本知，亦何嘗不是用知，而聖人乃以為知之次乎？人只有一個心，豈有二心？故亦只有一個知，亦豈有二知？知其只有一知，則孔子之所以無不知，顔子之所以未嘗不知，其立命歸宗，不專在知上求討，昭昭明矣。多聞而擇，多見而識，亦自有這一等學問，亦足幫添得知。以此應事宰物，角技爭名，亦自有所補矣。然以語於盡性至命機括，則茫然未之及也。故聖人斷以為知之次，正以病其在知上求討，而不本其知之所自來也。豈以謂人真有兩知，此乃其知之次者乎？今若必以致知為宗，就知求知，沿知着致，知無停機，致亦無停用，轉致轉訛，轉知轉遠矣。雖自以為異於多聞多見者，不知毫分抄忽之分別，其亦將安所托始乎？聞而能擇，見而能識，則亦非全然泛濫馳騖者之比，特其知有知而不知有本，知有致而不知有止，則其立命歸宗，端緒昭然，與聖人無不知之學確然分途逕耳。此最學問毫釐之幾所宜深辨者，予於他書亦屢屢言之矣。此尤聖人自發大公案。輒一申之，志於明宗者，庶藉之一考矣。

「曾子有疾召門弟子」章

曾子有疾，召門弟子曰：「啓予足！啓予手！《詩》云：『戰戰兢兢，如臨深淵，如履薄冰。』而今而後，吾知免夫！小子！」——《論語·泰伯第八》

曾子聞學之蚤，合下知本，故合下便以修身為本。戰兢臨履，日省此身，毫髪無有缺漏，故到終來，浩然有以自慊，泰然得以全歸。其平生功夫密緻，蓋不待言。由「而今而後，吾知免夫」觀之，則真亦不易到此境界也。與孔子曳杖逍遥，彷彿一般氣象。古云：生死岸頭，不是臨時處置。彼臨死而安排者，烏能及此乎？

「曾子疾孟敬子問之」章

曾子有疾，孟敬子问之。曾子言曰：「鸟之将死，其鸣也哀；人之将死，其言也善。君子所贵乎道者三：动容貌，斯远暴慢矣；正颜色，斯近信矣；出辞气，斯远鄙倍矣。笾豆之事，则有司存。」——《論語・泰伯第八》

聖人可學而至，昔賢言之，人知之矣。以愚觀於成王、曾子，乃真信其必然。成王初來亦是中才之主。周公抗法伯禽，豈其得已？流言之謗，尚且疑之。非天動威，終無以明周公之心。後來成就蔚然，為周令主。觀《詩・頌》「基命宥密」「緝熙光明」之語，大漸之際，顧命從容，殊有可味。此真學之力也，蓋周公之教之也。故其命君陳也，惓惓式時周公猷訓，且曰「凡人未見聖，若弗克見；既見聖，亦弗克由聖」。此其有感於周公也深矣，其服周公也至矣。曾子後來所造亦深，初來亦非絕異之稟，故夫子曰「參也魯」。豈有不實名其才品稱之為魯者乎？只為他尊所聞，行所知，戰兢臨履，省身克己，矢志不渝，遂彷彿進於聖人地位。「江漢以濯，秋陽以暴」，雖頌聖人之高，地分胸襟亦可對見。其告孟敬子也，謂：「君子所貴乎道者三：動容貌，斯遠暴慢矣；正顏色，斯近信矣；出辭氣，斯遠鄙背矣。籩豆之事，則有司存。」則渾然恭己垂裳的家法也，宛然堯舜的氣象也，皜皜乎江漢秋陽的本色也。易簀從容，善鳴垂世，彼其得夫子之力何深！知夫子之心事何至！承傳負荷夫子之學脉何重！肯以夫言行氣象之似夫子者而事之以夫子乎？故程子曰：「參也竟以魯得之。」從古學問之功，本末始終可考見者，此二人其最著者矣。予故表而出之，以戒世之自暴自棄、甘諉於不能者。

「士不可以不弘毅」章

曾子曰：「士不可以不弘毅，任重而道遠。仁以為己任，不亦重乎？死而後已，不亦遠乎？」——《論語・泰伯第八》

如何叫做弘？如何叫做毅？「弘毅」兩字在己身上，因何事得名？在學問上，向何處安著？明得，則「弘毅」兩字就為我有；不明得，則「弘毅」兩字必竟是曾子獨有。孔門雖以求仁為宗，每每只是懸空說個仁。不知仁在天地間，向何處安立？在吾身中，向何處識取？識得，則任仁有分；識不得，則「仁以為己任」，必竟只是曾子有分。且仁亦有何形聲？如何號稱重？有何程度？如何號稱遠？任了仁，九竅百骸不曾加了些子，如何叫做重？行了仁，閫域尚未逾，如何叫做遠？知得重而後能任重，識得遠而後能致遠。不然，還托空言，須讓曾子獨步。

「民可使由之」章

子曰：「民可使由之，不可使知之。」——《論語・泰伯第八》

孟子曰：「梓匠輪輿，能與人規矩，不能使人巧。」蓋規矩可與人，巧則不可與也。若使巧可與人，則梓匠輪輿者何靳之，乃獨秘之而授人以規矩者乎？聖人之教人亦類此矣，能與之以學，不能與之以悟。聖王之淑世亦類此矣，能使之由，不能使之知。故曰：「民可使由之，不可使知之。」則到悟的一步，雖以聖人之愛成力量，亦不能驟而入也。而世之學者，不務學，只求知；世之教者，不授學，只責悟。是直廢規矩，而望人之巧也。豈不悖哉？

「如有周公之才」章

子曰：「如有周公之才之美，使驕且吝，其餘不足觀也已。」——《論語・泰伯第八》

胤子朱啓明質也，只一傲了，便盡喪其美，以至殄世。大率小人之有凶德者，未有非挾才以傲世者也。才美如周公，至矣，只一驕吝，即其餘都無足觀。要緊看「餘」字。德者本也，才者末也。驕吝一生，全德已喪，所謂「本之則亡，如之何」矣。縱有藝能，一切盡為餘事。横渠所謂「濟惡者不才」是矣。餘食贅行，物或惡之，豈有道者所處乎？驕吝雖分，一病兩痛。有才而無德以將之，此尤宜有深省也。

「不在其位」章

子曰：「不在其位，不謀其政。」——《論語·泰伯第八》

《艮》之《象》曰：「兼山艮，君子以思不出其位。」《中庸》曰：「君子素其位而行。」只一步出位，便紊亂了始終本末之序，到底來無復有善者也。「不在其位，不謀其政」，孔子此言不可輕看了，無非知本的法程、知止的消息。昔上蔡講《論語》，舉「子見齊衰者」一條，謂「一部《論語》，只如此看」。愚謬有徵於《大學》，固不覺沛然有徹於《論語》，以謂一部《論語》無非知本的消息也。敢僭述上蔡之言曰：「一部《論語》，只如此看。」

「狂而不直」章

子曰：「狂而不直，侗而不願，悾悾而不信，吾不知之矣。」——《論語·泰伯第八》

世道日下，則民偽日滋；民偽日滋，則本真日喪。孔子曾有言曰：「古者民有三疾，今也或是之亡也。」「狂而不直」云云，是亦有感於此。大率狂而直、侗而願、悾悾而信者，氣質之常。末季之世，則皆不復然矣。與後章狂而蕩、矜而忿戾、愚而詐，皆所謂與常質相反也。只質在，則雖疾可醫。標本相乖，表裏殊證，總之只是一個偽而已矣。雖欲救之，其將能乎？此孔子之所以嘆也。

「巍巍乎舜禹」章

子曰：「巍巍乎！舜禹之有天下也，而不與焉。」——《論語·泰伯第八》

生斯世也，則榮枯利鈍、夷險升沉之遭值，人人有之。不但衆人，雖聖人亦未有能超然處於世界乾坤之外者也。不能處於世界乾坤之外，則不能免於榮枯利鈍、升沉夷險之遭值。聖人與途之人一而已矣，而聖人履此以成其聖，衆人同此以成其愚。此無他，則與不與之所由分矣。舜、禹亦何巍巍？同此七尺之軀耳，特其飯糗茹草也，若將終身，被袗衣鼓琴也，若固有之，勤於邦，儉於家，地平天成而不有其功，胼手胝足而不知其勞，貴為天子，富有四海之內，猶然一耕稼陶魚之心，思日孜孜之心也。且二君者並皆起於羈旅之中，舉而加諸上位，超然諸累，不以屑心。此其所以能巍巍也。大率貧富貴賤有二界，而所以處之者無兩心。隕穫於貧賤者，必充詘於富貴，然則二君者豈必有天下而後見其巍巍？蓋榮枯利鈍、夷險升沉之不足以累其心久矣。自古聖人多矣，洙泗以來，舉揚者必歸舜。蓋惟舜所履為最備，生世中榮枯利鈍、夷險升沉之遭值者也。噫！後之欲觀舜禹者，無觀之他，亦觀之此而已矣。

「大哉堯之為君」章

子曰：「大哉堯之為君也！巍巍乎！唯天為大，唯堯則之。蕩蕩乎！民無能名焉。巍巍乎其有成功也，煥乎其有文章！」——《論語·泰伯第八》

老子曰：「道大，天大，地大，王亦大。域中有四大，而王居其一焉。」❶惟大為難許人。夫子平生，惟以「大」名己之學，稱「巍巍乎，惟天為大」，而獨許堯則之，曰「大哉，堯之為君」。如何叫做大？若說法象之大，則大者信惟天矣。堯何人斯？眇焉七尺，由天觀之，何異馬體毫末？則堯之大者，決不以其形。以是而知天之大者，亦不以其象。學又如何能大？先儒以謂八歲入小學，十五入大學，所以有大小之分。此決不然，聖人決不以國之所以名學者名其書。後有駁之者，以農圃醫卜謂之小學，士子師儒之學謂之大學。其言稍異，其舛亦同。蓋聖人之學，直以天為法，故其名學之旨，直以天為宗。惟天為大，惟學為大，惟堯為大，惟孔為大。天者學之體，學者天之用。堯與孔子，其體天而盡學者乎！故愚以謂古今有四大，而孔居其一焉。後之欲明學者，必學孔；欲知孔者，必明大。大不可名，請觀於天。知天則知孔，知孔則知學，知學則天與堯孔一以貫之矣。嗟乎！誰能識大？成功、文章，世以仰堯矣，然則孔何功乎？刪述六經，世以頌孔矣，然則堯何述乎？然則堯孔之所以為大者，豈獨不以其形？即文章功業之有無多少，亦非所以論於此矣。大哉！大哉！必明於此，而後可與語孔子之學。

❶ 語本《道德經·二十五章》：道大，天大，地大，人亦大。域中有四大，而人居其一焉。

「子罕言利」章

子罕言利與命與仁。——《論語·子罕第九》

利而罕言，是矣。命而罕言，似矣。仁為學問之宗，惓惓焉辨此矣，何以亦為罕言？先儒曰：「仁最難言，故止曰『己欲立而立人，己欲達而達人』。」此最得罕言之意。細考語中，大率如何用心者則許以近仁，如何用心者則斥其非仁，如何作事者則許之以仁，如何作事者則指之曰未仁。此《論語》所以雖屢言仁，而至於取日虞淵，和盤托出，直挈仁體，以交付學者，則雖聖人到此亦難以下口也。蓋欲指其發動之合理者是仁，則仁之理恐不專在於動；欲指其聲臭之無者是仁，則機之生生者又似充滿。孟子發出怵惕惻隱，分明是指仁矣，然怵惕惻隱一幾也，可執乎？孔子於《易》發出「天地之大德曰生」，然反之於我，怵惕惻隱者固生，運動知覺者獨非生乎？豈獨運動知覺？或善或惡，或是或非，凡為運動知覺者，獨非生乎？故仁果難言，聖人所以罕言仁也。惓惓與二三子語者，只是教以求仁之方而已。命非罕言，蓋聖人者以義為命者也。故凡言義者，即是命也。如云「見利思義」，即貧富之失得，命不必言矣；曰「見危授命」，即死生之禍福，命不必言矣。故凡違義者即是違命也，知命者只是知義也。知義則命不足言，而利又何足說乎？

「達巷党人」章

達巷黨人曰：「大哉孔子！博學而無所成名。」子聞之，謂門弟子曰：「吾何執？執御乎？執射乎？吾執御矣。」——

《論語・子罕第九》

黨人以「大哉」稱孔子，儘似知孔子以博學為大哉。却不知大哉無所成名，彷彿民無能名氣象。又有類於大哉，有似知孔子者。故孔子雖有笑其不相知，而亦詫其略相似，當之不可，斥之非是。因而謾應之，戲答之曰：「吾何執？執御乎？執射乎？」然則黨人之在當世，雖智未足以知聖人，比於東家之丘武叔之輩，其識見亦稍高矣。

「子絕四」章

子絕四：毋意，毋必，毋固，毋我。——《論語・子罕第九》

考《論語》約孔子之教旨科條而記之者有二：一曰「子以四教，文行忠信」；一曰「子絕四，毋意、毋必、毋固、毋我」。予淺陋，謬有測於《大學》之宗，因有契於《論語》之旨。默默看來，文行忠信，渾然是個止法，而修在其中。文行忠信，前已論之，修之意著矣。毋意必固我，如何叫做止法？愚嘗以立表取中喻之。測景立表，必擇天心之中。今汝寧有天中書院，正古人所測候處。偏東毫分不得，偏東毫分，即非中，即非止矣；偏西毫分不得，偏西毫分，即非中，即非止矣。偏南偏北皆然。東西南北固是毫髮不可偏，若無一定之表，如何取中？知止者，正如立表。意必固我四者俱要絕，就如東西南北不可偏。固必東西南北一毫無所偏，而後表為常止。然亦必止有定則，而後知東西南北之決不容於偏也，而後學者可用力也。有宋諸儒碩不謂之惟聖絕此四者，則亦為有一焉，與天地不相似。是直以為聖人之成德，而非學者之所可致力也。於「絕」字、「毋」字之義，固為難通。慈湖楊氏知為聖人之所以立教者矣。喫緊提撕，主張教旨，其見似矣。乃直從意上欲為坦然平鋪，只恐起滅紛飛婉轉，未有依據。故敢借以不明《大學》之宗，則斷不能盡識孔子之奧；不識孔子之奧，則斷無由徹《論語》之旨。象山先生曰：「《論語》之書，多有無頭話柄。」❶如開卷說「學」字，只「學」之一字蚤無下落。絕四之說，其為無頭尤甚。夫安得不指為聖人之極則，而為學者之不可幾及者乎？孟子嘗有言矣，曰：「學問之道無他，求其放心而已矣。」求放心何以異於絕四者？試問心如何有放？非放於意必，則放於固我。除却意必固我，心無有放矣。乃求放心，則以為學者之常然；絕意必固我，則以為聖人之高致。不知除却絕此四者，萬語千言，聖人亦無他以為教矣。僭嘗有言：聖人教人，豈是為人添得少的？只是為人除得多的。意必固我，總是空費了閑思量，而無補於事實者也，真所謂除其多者也。問者曰：然則絕四之為學問功夫也昭昭明矣，而子又以為隱隱是個止法。《大學》非空止，止者止於善也。不識《論語》之所為止者，將安止乎？曰：此易見也。《大學》《論語》，書之成有先後，而非出二手；求仁、止善，名之稱有互換，而學無兩端。試問至善是何物？知至善，即知仁矣。試問仁是何物？識得仁，識得善矣。仁與善，異名而非異體者也。故《論語》之所止者，止諸仁也。然則絕四，功之最著者矣。何《大學》只教人以知止，不教人以絕四？不幾於只教人以立表，而不復教以東西南北之不可偏者乎？曰：非然也。此亦易見也。試問心如何有不正？除却意必固我，別無不正。意如何有不誠？除却意必固我，別無不誠。知如何有不致？物如何有不格？除却意必固我，別無有不致不格。心意知物，是細析心之條理；致格誠正，是細析功之條理；意必固我，是細析病之條理。故《大學》只說格致誠正，而毋意必固我就在其中；《論語》只說毋意必固我，而格致誠正就在其中。無意必固我，固渾然一仁矣，常止矣；心正意誠知至物格，亦渾然一善矣，常止矣。此蓋聖學之宗傳，止修之定法，可意會而不可牽文，有異辭而無有異旨者也。況其理路昭昭，雖在千載之下，有可印據者乎？噫！後之欲明聖學者，其將何從？程伯子曰：「於今可見古人為學次第者，獨賴此篇之存。」❷又曰：「《大學》，孔氏遺書。須從此學，則不差。」❸真可為得其旨矣。允若茲如持左契以勘《語》《孟》、六籍以暨宋明諸儒之書，是是非非，一以貫之，無所遁其情矣。

❶語見《陸九淵集·卷三十四語錄上》：「《論語》中多有無頭柄底說話。如『知及之，仁不能守之』之類，不知所及、所守者何事？如『學而時習之』，不知時習者何事？非學有本領，未易讀也。苟學有本領，則知之所及者，及此也；仁之所守者，守此也；時習之，習此也；說者說此，樂者樂此，如高屋之上建瓴水矣。學苟知本，六經皆我注腳。」

❷❸可參見朱子《大學章句》。

「太宰問於子貢」章

大宰問於子貢曰：「夫子聖者與？何其多能也？」子貢曰：「固天縱之將聖，又多能也。」子聞之，曰：「大宰知我乎！吾少也賤，故多能鄙事。君子多乎哉？不多也。」——《論語・子罕第九》

知孔子之聖者非難，知孔子之所以聖者為難。知孔子之學，乃知孔子。知孔子之學而名其聖，乃真知孔子之所以聖矣。「夫子聖者與？何其多能也？」太宰之譽，固不免祗以伎倆相高。「天縱之將聖，又多能也。」子貢之答，亦不無幾以絕德示峻，無階可升，無德而踰，推尊誠至矣，而直示天下以不可學也，又烏在其為知孔子者乎？

「吾有知乎哉」章

子曰：「吾有知乎哉？無知也。有鄙夫問於我，空空如也，我叩其兩端而竭焉。」——《論語・子罕第九》

昔賢云：「洪鍾未嘗有聲，由扣乃有聲；聖人未嘗有知，由問乃有知。」❶《學記》亦曰：「善待問者如撞鐘，扣之以小者則小鳴，扣之以大者則大鳴。」此喻最善，宜察其理。謂聲不自鐘出，則分明與鐘為體。必欲執聲為鐘，隨扣隨鳴，聲亦與扣俱散。然則鐘雖自有聲，聲者必竟鐘之用矣。人心亦如此矣。謂知不是心有，則分明與心為體。必欲執知為心，則隨感隨應，知亦與感歸空。然則心雖自有知，知者亦竟心之用矣。鐘惟常止，故聲之應者，隨扣大小，各當其倫。使鐘常扣而不止，則聲將雜出而無章矣。人心亦如此矣。心惟常止，故知之應者，隨感大小，各當其情。使心常感而不止，則知亦將汩亂而無序矣。而世之學者，只要常知，只要以知為體，以知為宗，不亦異乎古之所以事心者乎？不亦異乎古之所以求知者乎？何者？古人之所以事心者，以止事心。以止事心，故本常立。古人之所以求知者，以無知求知。以無知求知，故其應不匱。孔子曰：「吾有知乎哉？無知也。」此豈謙謙之語？抑豈漫為之辭？蓋實體也，實功也。信其無知，則必諒其常止。不然，這無知何處得來？惟其無知，所以能無不知。「蓋有不知而作之者，我無是也。」孔子又以之自信也。不然，這鄙夫有問，兩端畢竭何處得來？「空空如也」，不是說鄙夫，正是說無知之狀。自夫子外，庶空者惟一顏子。後儒忌說空，謂恐近於禪寂。孔子不忌之矣，吾何避嫌之有？其寔空者正是止之景狀，止者即是空之功夫。無知則空，有知則不空矣。世之人果以無知者賢乎？有知者賢乎？若以有知為賢，則「憧憧往來，朋從爾思」者莫賢矣。必以無知為賢，則「吾有知乎哉？無知也」，真不識不知、緝熙敬止之家法也。吾方病其知之欲空而不得也，又何避嫌之有？

❶語見《張載集・正蒙・中正篇第八》。

「顏淵喟然嘆曰」章

顏淵喟然嘆曰：「仰之彌高，鑽之彌堅；瞻之在前，忽焉在後。夫子循循然善誘人，博我以文，約我以禮。欲罷不能，既竭吾才，如有所立卓爾。雖欲從之，末由也已。」——《論語・子罕第九》

經世出世之學，如粵南冀北，趨向不同塗，作用亦異調。反本還原，直從體上求者，雖是高手，然想像懸空，必竟無安立之處。蓋身在世中，既不能離事物，又不能宰事物。大經不能經綸，大本如何立站？高明之士大率偏見於此，直反之無臭無聲之中，索之有名有象之外，以謂必如是，足以盡道之體也。顏子初來之見，蓋亦由乎此也。故有「仰之彌高，鑽之彌堅，瞻之在前，忽焉在後」之象。道亦何名？豈有方所？執空成象，恍惚多端。知見愈玄，去道愈遠。不但措之人倫事物之間，紛然無所至止；就令反之幽閑靜閬之中，亦爾杳然未有依據。博文者何？即所謂格致誠正修齊治平是也。蓋家國天下、心意知物，原與身為體者也。與身為一體，如何離得？離之而別求道者，非也。約禮者何？即所謂本末始終就事物之中分別之而知所先後者是也。蓋此身原與事物相周旋者也。不就應事接物之中而別求至止者，非也。然則博文者彷彿便是修法，約禮者彷彿便是止法。實實落落以身頓在家國天下之中，實實落落以止貫在格致誠正、均平齊治之內。此身所處，不是家，便是國，不是國，便是天下。此身所修，不是齊，便是治，不是治，便是乎。無一步不是用功的地頭，無一步不是體道的光景。不必更作懸空之想，不復更有捉影捕風之難。易而易知，簡而易能。此夫子之所以善誘，顏子之所以嘆也夫！前此惟不知此身之與事物相為周旋也，此體之原與國家天下不相離異也，卜度懸空，故有間歇之處。今既知之矣，直令在家則便身乎家矣，在國則便身乎國矣，在天下則便身乎天下矣，雖欲罷之，其將何能？故子每以顏子前此的錯認恍惚是靜中一段光景也。如有所立卓爾，豈有道真呈象之理？若使道果呈象，又是想像之見矣。立者何？在《論語》中，即孔子之三十而立，在《大學》，即孔子所云之知止而定。至於「雖欲從之，末由也已」，又是自然之理矣。然後知道之果無方體形像，而不可以方體形像求也。果無窮盡，而不可以窮盡極也。仰鑽瞻忽，乃真悟其向之非矣。大率學未到手，聰明之士憑其意見之高，美大聖神若將一超可入。到得學有入路，如橫流泛濫，由地歸巢。虛知見，到此分毫着不得也；閑氣力，到此分毫用不着也。必竟止而定，定而靜，靜而安，安而慮，必竟志而立，立而不惑，不惑而知天命，而耳順從心。雖孔子天縱之聖，加以發憤忘食之勇，亦莫之能違也。故曰：「雖欲從之，末由也已。」蓋從前的妄想，到此不復上心頭矣。嗟乎！以孔子之聖為之師，以顏子之明為之弟子，其所為學亦只默默循循，由於坦夷平實之中，而不敢有新奇可喜之論，廣高淺空之想。而後之學者乃率憑其意見，索之人倫事物之外也，豈不謬哉？

子曰：「中庸其至矣乎！民鮮能久矣。」又曰：「中庸不可能也。」大率此道只見不平實，斷無有可以蹊泊之理。仰之彌高，是將見擡高了；鑽之彌堅，是將道看深了；瞻前忽後，是又求得奇了。此所以皆不近道，此顏子有創而云也。博我以文，無往而非修之地頭也；約我以禮，無往而非止之歸宿也。循循善誘中，有多少妙用！終日與言，無所不悅，可惜當時記錄不盡。如引小兒，既要教他長得知見，卻又怕他偏了嗜好，既要教他走得路程，卻又怕他昧了趨向。入戶升階，登堂造室，是有多少稱量，多少次第！舊有詩云：「埋頭更覺回頭晚，入手翻嫌放手遲。」聖人教人，其苦心用意，略亦類此。非顏子深潛縝密有可受之地，亦烏足以識夫子之循循善誘乎？欲罷不能，蓋宜見得此理平鋪放著，無有空缺處也。一事疏，即全體漏，無間可容息也。既竭吾才，乃見卓爾，蓋浮華蓋剝，真實乃見也。然後知雖欲從之，末由也已，而從前之高為意見，虛為揣摩者，一切妄矣。

「末由也已」，舊說謂為一間未達。豈有顏子而自名其一間未達之理？「發憤忘食，樂以忘憂，不知老之將至」，是孔子末由也已的光景也。小心昭事，望道未見，是文王未由也已的光景也。上天之載，無聲無臭。描畫揣摩，掠虛光而賈實得者，烏足以知此？

「子在川上曰」章

子在川上，曰：「逝者如斯夫！不舍晝夜。」——《論語·子罕第九》

川逝乎？道逝乎？川與道俱乎？川逝道乎？道逝川乎？其遞相為逝而莫知其主乎？「逝者如斯夫」，見川乎？抑見道乎？其見川即見道乎？所指為逝者指川乎？抑指道乎？其指川以興道乎？抑見者在川而所指者乃專在於道乎？夫子他日常有言矣，曰：「人莫不飲食也，鮮能知味。」又曰：「誰能出不由戶？何莫由斯道也？」大率道理皆是眼前錯過，而世之學者務欲於僻地搜尋。故孔子之所嘆者雖在於川，而所感者不在於川也。所感者雖若在於道，而所以感者又不專在於道也。蓋感人之見川不見道也。孰為川？川其逝之最著者也。身，一川也。目之視，耳之聽，心之思，舍晝夜乎？有停機乎？不寧維是，爪之生，髮之長，筋之轉，脉之搖，舍晝夜乎？有停機乎？蓋與川俱逝，長往而不還，而特不得其朕者也。然則逝者獨川乎？必見川乃見逝乎？莊子曰：「天其運乎？地其處乎？日月其爭於所乎？孰主張是？孰隆施是？孰居無事推而行是？」其言最可味，與孔意有相發者。又曰：「雲者為雨乎？雨者為雲乎？」❶則其理益精，其詞益巧，其機括益大洩露矣。知雲之不能為雨也，雨之不能為雲也，則所謂隆施主張、居無事而推行之者，雲與雨俱不得而與也。知為雲者即為雨者，為雨者即為雲者，則所以隆施主張、居無事而推行之者，雲與雨俱，不得而與，則耳之不能為目也，目之不能為心也，九竅百骸之不能遍相為隆施主張也，均也。知隆施主張、居無事而推行者，雲與雨俱也。知隆施主張，雲與雨俱也，則為耳者之即所以為目也，為目者之即所以為心也，為耳目心知者之即所以為九竅百骸也，其同一隆施、同一主張、同一居無事而為其所推行者，亦均也。「維天之命，於穆不已」，蓋曰天之所以為天也。於穆者不已，故時行生物，如是其逝而不舍晝夜也。「小德川流，大德敦化」，此天地之所以為大也。故物之並育也，道之並行也，如是其不害不悖，逝而不舍晝夜也。然則吾人之所體認，其將何從？吾人之所歸宿，其將何據？有所以為天者，亦有所以為人者。有天地之所以為大者，亦有人之所以為大者。知時行物生之非所以為天，則知心知耳目、九竅百骸之非所以為人。知並育並行、不害不悖非天地之所以為大，則知知覺運動、變化云為之並行並用、不害不悖者之非人之所以為大也。知人之有所以為人者，而其故可求；知人之有所以為大者，而其端可識矣。

❶ 語見《莊子·天運》。

《鄉党》全篇

聖人有能自知者，有不能自知者。學者則有能名聖人者，有不能名聖人者。由志學而進於立，進於不惑，進於知命、耳順、從心，則聖人之所能自知者也。時而恂恂，時而便便，時而誾誾，時而侃侃，時而色勃，時而足躩，時而踧踖，時而愉愉，則聖人之不能自知者也。三千七十，雖日游於聖人之門，其能知聖人之深者，顏曾而外不多有矣。觀夫子既沒之後，有欲以事夫子者事有若，則其見蓋可知矣。然則所謂江漢、秋陽、皜皜乎不可尚者，則門人之所不能名聖人者也。然其尊信聖人之意也，則甚深矣；體察聖人之言動也，其事亦殊悉矣。故《鄉黨》一篇，大率事使之交承、服食起居之節度。或質或文，或多或寡，隨時處中，在聖人身上，固有可據之迹，隨事觀法，在學者分上，亦謂有可考之端，則門人之所能名聖人者也。故謂《鄉黨》一篇為不足以知聖人，固不可；謂《鄉黨》一篇足以盡知聖人，亦未可。謂孔子之聖不在於動容辭氣之間，固不可；謂動容辭氣之間即足以盡孔子，亦未可。三千三百，何以稱優優？則道之貫乎經曲，不為虛器。盛德之至，何以稱其動容周旋中禮？則聲律身度，任天之便，從所欲而不踰。愚故曰：聖人有能自知者，有不能自知者；學者有能名聖人者，有不能名聖人者。故敢僭為《鄉黨》一篇，自門人知之則可，孔子知之則不可，自門人名之則可，孔子自名之則不可。知孔子之到此不容於自知，而本可識；知門人之記此，亦彷彿乎聖人氣象言行之似，而願學者當知所從事矣。

「顏淵死子哭之慟」章

顏淵死，子哭之慟。從者曰：「子慟矣。」曰：「有慟乎？非夫人之為慟而誰為！」——《論語·先進第十一》

有談致知之學者曰：「這良知本自無所不知，無所不照。吾之所以致此知者，亦必使其無有不知，無有不照。二字昔賢以為聖學之正法眼藏也，不可易也。」予曰：「果若君言，《大學》何以將致知列於八目，而挈知本為歸宗，知止為入竅？竊謂：學問豈能廢知？至歸宿則有分別。應事接物，夫豈無知？至作用則有毫釐千里。『不識不知，順帝之則』，是從致知得來，從知止得來。『吾有知乎哉？無知也。有鄙夫問於我，空空如也。我叩其兩端而竭焉。』是致知的消息，是知止的消息。知之良者，必得於不慮；則之順者，必由於不識；無知而無不知者，必自於知止。」其友見守制。因問之曰：「君至孝矣。疏食外居，末習難行之事，君行之矣。於親之喪，豈有毫分復不自盡？即今一日之間，視聽言動，君必以為歷歷分明，一一管照。予亦姑許君之歷歷分明、一一照管，果然良知做得主張，無有不知，無有不照。只君母死初哀，一慟至絕。君於此時，豈得一一加減稱量，亦有管照？曾子曰：『人未有自致者也，必也親喪乎？』蓋凡人之情，到此初哀，未有不能自致。此雖不能照管，寔則是個真哀，真哀者即真孝。後來雖能照管，加以稱量，其實便非真哀。既非真哀，便非真孝。君誠此時尚能照管有個加減，則是為學所累，愛親之念反不逮於恒人。果亦照依常情，不能照管，則此一時，良知又似不做主張，學問工夫便為空缺矣。」其友茫然無以復應，且蹙然無以自安。予曰：「君勿異此。豈獨君如此？凡為人子者如此，雖聖人之情亦如此矣。惟一切如此，此真所謂『不識不知，順帝之則』也。倘君未信斯言，更指一事為證。只如顏淵死，子哭之慟。從者曰：『子慟矣！』曰：『有慟乎？非夫人之為慟而誰為？』予每以謂『有慟乎』以前一段，為宛然一個『不識不知』；『非夫人之為慟而誰為』以後一段，又宛然一個『順帝之則』。然夫子亦不自知其則也，因人喚醒，恰好回頭照出自中之則。故吾人之學，必向本上歸宗，知地不可安腳；必從止竅入微，致極轉成漫散。『穆穆文王，於緝熙敬止』，常止也，宛然『不識不知』也；止仁、止敬、止孝、止慈、止信，常修也，宛然『順帝之則』也。却亦常照點『止』字。妙矣！妙矣！可見文王作用到底是『不識不知』也，此其所以為聖也。欲明聖學者，必有以辨此矣。」

「季路問事鬼神」章

季路問事鬼神。子曰：「未能事人，焉能事鬼？」敢問死。曰：「未知生，焉知死？」——《論語·先進第十一》

孔子之學，只以修身為本。無論鬼神死生之理，皆於此處取到。此處看得徹，即隱顯精粗一切皆徹；此處信得及，即幽明上下一切感應皆通。原來只是此理，生者此也，死者此也，事人者此也，事神者亦此也。只為儒者之道不明，故使知本之學不著，於知生外別求知死，於事人外別求事神。孟子所謂「天不言，以行與事示之而已矣」，最是見得此意。「却憐夜半虛前席，不問蒼生問鬼神。」即令徹見鬼神，明德惟馨，只恐陳信有愧。談死者，無過釋氏矣。棄君臣，背父子，削髮披緇，以自畔於名教，生事不知，却愁無常到速，何其理之舛也！恐孔子所謂朝聞夕死者，理不如此也。此其為見之病者，不但一子路也。大率世之有志於學問而不明本者，類騖虛高，急知鬼，不急知人，未知生，先急知死。養而無害，則塞乎天地之間；行有不慊，則飲然而餒：蓋理自如此也。高虛者，亦秖見其為空托矣。

「回也其庶乎屢空」章

子曰：「回也其庶乎，屢空。賜不受命，而貨殖焉，億則屢中。」——《論語·先進第十一》

孔子平生，不曾以樂構人，只稱一顏子；不曾以時許人，只許一顏子；不曾以空稱人也，只稱一顏子；好學最所自許也，只許一顏子。想見顏子固是天分之高，語之不惰，請事斯語，無所不說，既竭吾才，其勇猛精進之功，直是一日千里。故未能三十，其造詣地分彷彿趕到聖人。故其自言也亦曰：「夫子步亦步，趨亦趨，至於絕塵而奔，則回瞠乎其後矣。」❶樂同孔子，時同孔子，好學同孔子，不知絕塵而奔一步是何光景？真所謂聖而不可知之神也。顏子且不能及，況餘人乎？然此一步亦惟顏子能知得，故亦惟顏子能道得。言行氣象之彷彿皮面者，豈足觀其深乎？賜不受命，正與顏子之樂相反。億則屢中，正與顏子之空相反。大率學就本上歸宿者，則轉好轉見其空；從知上立家者，則轉好轉見其實。龐居士所謂：「但願空諸所有，慎勿實諸所無。」❷若顔子者，豈真如彼之空其本有，但不實其所本無者耳！所謂四者有一，與天不似。

❶語見《莊子・田方子》：「顔淵問於仲尼曰：『夫子步亦步，夫子趨亦趨，夫子馳亦馳；夫子奔逸絶塵，而回瞠若乎後矣！』」

❷龐居士：龐藴，字道玄，生卒年不詳，人稱龐居士，唐衡陽郡（今湖南省衡陽市）人。龐藴與馬祖道一、石頭希遷、丹霞天然、普濟、松山、大梅等人皆有交往。「但願空諸所有，慎勿實諸所無。」顯示其禪學之有無雙遣、蕩相遣執、空空無相、無為無我的風格。

「子畏於匡顔淵後」章

子畏於匡，顔淵後。子曰：「吾以女為死矣。」曰：「子在，回何敢死？」——《論語・先進第十一》

昔夫子獨薦顔淵為好學，後儒因為邦之問又許以謂有王佐之才。陋巷簞瓢，毫髮未徵世用，四代禮樂非回設施，何取而稱王佐？獨《家語》所記孔子曰「自吾得顔回，而門人益親」，其所作用略可彷彿，猶未為盡。及讀《論語》，至子畏於匡，顔淵後。子曰：「吾以女為死矣。」聖人此言，亦有若喜若驚之意。蓋倉皇避亂，彼此相失，存亡兩不相知，一旦相見，不覺其驚喜之交集，故如此也。試看顔子如何對答？神閑氣定，不疾不徐，執義甚高，致詞甚壯，曰：「子在，回何敢死？」顔子此言，蓋非見夫子而後知其必在，故不待見夫子而後不屑為徒死。他章記夫子之自言也曰：「天之將喪斯文也，後死者不得與於斯文也。天之未喪斯文也，匡人其如予何？」是夫子蓋有以信己之必生，而不能保顔子之不死。顔子則有以諒斯文之未喪，而决孔子之必生。胡氏所云捐生赴鬭、請討復讐，自是師弟常綱，豈知夫天既决無遽喪斯文之理，則孔子又烏有遽罹凶難之事？於此信得命及，乃為知天；於此透得關來，乃為有本。「不容何病？不容然後見君子。」此顔子所以必竟真知孔子也。捐生請討之論，去此識見胸襟何啻天壤！古稱大舜烈風雷雨弗迷，正是此等意思。此所以垂裳、恭己、不動聲色，而措天下於泰山之安也。佐王之學，際時行道，直致虞唐。蹐民仁壽若顔子者，直優為之矣。偶記先襄敏為郎時，以忤權逮獄。東涯翁公方游泰山，報至，愕然。一友曰：

「可惜！克齋為貴溪一棍打倒。」翁公奮曰：「不然。貴溪豈能一棍打倒克齋？克齋豪傑士，天下大事還等他來。即名位亦不止此。」先襄敏雖非夫子之比，而翁公此論亦真可為能知人且信命矣。

「季子然問仲由冉求」章

季子然問：「仲由、冉求可謂大臣與？」子曰：「吾以子為異之問，曾由與求之問。所謂大臣者：以道事君，不可則止。今由與求也，可謂具臣矣。」曰：「然則從之者與？」子曰：「弒父與君，亦不從也。」——《論語·先進第十一》

愚嘗看孔子最渾厚，却最激烈。其言語最和平，亦最峻厲。如答王孫賈媚竈之問曰「獲罪於天，無所禱也」，答季子然由、求之問曰「弒父與君，亦不從也」，皆凜然冰霜，森然斧鉞，剗根折萌，震動肝膽。其判道理處，若「自古皆有死，民無信不立」，亦斬然斷蛟剸兕，刃不濡血。後世每頌伊川「餓死事極小，失節事極大」之語，以謂有裨風化，不知其骨胎蓋脫自夫子也。夫子到義所當斷處，峻切亦豈減於伊川？此其所以可止則止，可速則速，至於接淅[一]不脫冕，灑然瀟然，無毫髮濡情也。江漢秋陽，愚每要於此等處看。此等處判不清，別無秋陽江漢。

「子路使子羔為費宰」章

子路使子羔為費宰。子曰：「賊夫人之子。」子路曰：「有民人焉，有社稷焉。何必讀書，然後為學？」子曰：「是故惡夫佞者。」——《論語·先進第十一》

[一]「淅」，底本作「浙」，應作「淅」。語見《孟子·萬章下》：「孔子去齊，接淅而行。」

先儒謂孔門弟子能不辱於大夫之家者，閔子、曾子數人而已。此不但足表數子之高，不知其必如此乃足愜孔子之願。孔子之志，上則欲行周公之道而興東周，次則欲杜私門之僭而張公室，其不樂才賢之為隸於私家以助成其僭逆者，此孔子志也。由、求之仕，已非其心，乃復欲使子羔為之宰焉。質美未學，恐非夫子深憂。「賊夫人之子」，端為季氏發也，但以季方柄國，二子者復仕其家，有難以顯言者耳。「有民人焉，有社稷焉，何必讀書，然後為學？」子路之言，其不達夫子之意也甚矣。夫子到此，亦且奈之何哉？直付之太息曰「是故惡夫佞者」而已。惡佞亂義，正是此等分明不是義，却被他佞口說來有近道理，此其所以能害義也。然隱而未發，夫子之意，想到底有未明白者矣。

「子路曾皙冉有公西華侍坐」章

子路、曾皙、冉有、公西華侍坐。子曰：「以吾一日長乎爾，毋吾以也。居則曰：『不吾知也！』如或知爾，則何以哉？」子路率爾而對曰：「千乘之國，攝乎大國之間，加之以師旅，因之以饑饉；由也為之，比及三年，可使有勇，且知方也。」夫子哂之。「求！爾何如？」對曰：「方六七十，如五六十，求也為之，比及三年，可使足民。如其禮樂，以俟君子。」「赤！爾何如？」對曰：「非曰能之，願學焉。宗廟之事，如會同，端章甫，願為小相焉。」「點！爾何如？」鼓瑟希，鏗爾，舍瑟而作。對曰：「異乎三子者之撰。」子曰：「何傷乎？亦各言其志也。」曰：「莫春者，春服既成。冠者五六人，童子六七人，浴乎沂，風乎舞雩，詠而歸。」夫子喟然歎曰：「吾與點也！」三子者出，曾皙後。曾皙曰：「夫三子者之言何如？」子曰：「亦各言其志也已矣。」曰：「夫子何哂由也？」曰：「為國以禮，其言不讓，是故哂之。」「唯求則非邦也與？」「安見方六七十如五六十而非邦也者？」「唯赤則非邦也與？」「宗廟會同，非諸侯而何？赤也為之小，孰能為之大？」——《論語・先進第十一》

古人樸實。不但師有知弟子之明，為弟子者有自知之明。而師亦决不踰實以譽弟子，弟子亦决不籠罩踰本實以自譽。夫子之稱由求與赤也，其可用之才固如此；由求與赤之自言其志也，其可期之効亦如此。率爾而對，固是實擔；如其禮樂以俟君子，亦是實讓。此所以言行相顧樸實頭，皆可用之才也。吾輩姑未妄肆雌黄，有不滿於三子。只此一段氣象心胸，末世師友之間曾見之否？此吾所以每以洙泗之師友與唐虞之君臣相比隆也。由孔子而上，性學雖徹尚未徹，地分之所造者或高，分量之所見者終小。豈獨荷蕢、晨門、長沮、桀溺，即務光、許由、嚙缺、披衣之輩，見亦止此。此孔子所以謂「果哉，末之難也」。豁然獨見性分之全，曠焉自同天地之大，不階一命，樂得英才，直於洙泗之間講明堯舜之學，真自開闢以來，賢傑烝烝，未曾開此眼也。一時從游之士，慕孔子之道雖甚高，尊孔子之意雖甚至，到此一關，未必看之便透，必竟淘洗脱化尚未潔淨，不免以性分、勢分互相為低昂也。故曰：「用之則行，舍之則藏，惟我與爾有是夫！」誰人行不由於用？誰人藏不用語舍？只坦然若晝夜之代乎前，熙然見分量之常滿乎己，行藏用舍兩無有低昂者，則真只有孔子與顏子一個也。喜聞曾點獨發此機，浴沂風雩，彷彿素位安常，童冠與偕，庶幾老安少懷之意。真自顏子而外，僅聞斯語也，僅見此一段光景也，故不覺喟然形諸贊嘆。蓋必如是，而後夫子之學旨為有明也；必如是，而後夫子之道為有賴以傳也。不然，待千乘，千乘之權任有失得矣。待五十、六十，待宗廟，待會同，民社禮樂之寄任有去來矣。是從未遇之前、丘壑之際，直空閑過了一段光景也。志大言大，可病其狂；意見胸襟，果然超脱。必竟洙泗之脉屬在曾參，雖云孔子造就，其家庭之所開發，想見得力多也。

「顏淵問仁」章

顏淵問仁。子曰：「克己復禮為仁。一日克己復禮，天下歸仁焉。為仁由己，而由人乎哉？」顏淵曰：「請問其目。」子曰：「非禮勿視，非禮勿聽，非禮勿言，非禮勿動。」顏淵曰：「回雖不敏，請事斯語矣。」——《論語·顏淵第十二》

顏淵所問者仁，孔子所答者禮。仁外無禮，禮外無仁，自不待說，必竟如何又要說個禮？須知仁者渾言之，禮則自其渾然之中自然之條理言之也。譬之投核於地，從此而芽而幹，而枝而葉，以至於萬葉千枝，不可勝計，而縷析條分，一毫無容紊亂，是即所謂禮也。然非既芽之後，方有此禮，即一核之中而萬葉千枝不可勝計者，已渾然含具於此矣。核之生意少有虧損，則萬葉千枝固為無本而出。然只一葉一枝少有剝落彫零，是即全核之生意原有虧欠，不但枝葉病也。故務枝葉之暢茂而不思厚其所從出者，固為學不知本；知本根之當固而不思慎其所發者，亦為道未該全。《中庸》曰：「修身以道，修道以仁。」却又曰：「親親之殺，尊賢之等，禮所生也。」豈是仁外又別有禮？正合此意。故就歸宿上提挈，必以求仁為宗；而就應務上著功，必以復禮為要。復得禮，恰好全得仁，而徹內徹外、巨細精粗，無一不管歸於天則矣。此其所以為經世之學，而有異於空寂之談。「天下歸仁」，實實落落家於此齊，國於此治，天下於此平，而一毫功力無所待於外假。「為仁由己，由人乎哉」，朴朴實實一味歸本，不復作家想，不復作國想，不復作天下想，修其身而能事畢，而半點精神不以之流向末上去矣。嗚呼，盡矣！故顏子亦不復別有問，而直請其目；夫子亦不暇別有談，而直數其目。目者何？即所謂曰視曰聽曰動曰言者是也。漏洩無他，只在應感動用之際。「勿」之一字，有似禁止之詞；「復」之一言，寔為歸宿之竅。「克」之一字，若為着力之功；而「復」之為詞，兼有優游之意。條目似多，總非本外求討；用名各異，寔在一處着功。真所謂：「為仁由己，由人乎哉？」直透執中，上契精一而允，為《大學》宗教立張本也。

「仲弓問仁」章

仲弓問仁。子曰：「出門如見大賓，使民如承大祭。己所不欲，勿施於人。在邦無怨，在家無怨。」仲弓曰：「雍雖不敏，請事斯語矣。」——《論語・顏淵第十二》

止修兩法，偕謂挈出孔門心要。然尚以為《大學》一經如此，他未必然。徐印之，則諸經作法，無有不然，特布置提掇未若《大學》之有倫有序、明且切耳。如《書》之所謂「惟精惟一」、「安而止，惟幾惟康」、「勑天之命，惟時惟幾」，《易》之所謂「敬以直內，義以方外」，皆是物也。「出門如見大賓，使民如承大祭」，舊說以謂主敬，敬尚是表德。如見如承，儼若有思，此直直是主在仁也，渾然是個止法。「己所不欲，勿施於人」，合己合人，了無間隔，此徹内徹外無非仁也，渾然是個修法。克復之用，亦是如此。他日告子張曰「言忠信，行篤敬，雖蠻貊之邦行矣」，却又曰「立則見於前也，在輿則見其倚於衡也，夫然後行」，亦是此意。至於家邦無怨，天下歸仁，夫然後行，則經世之學分量自是如此。必竟到身修、家齊、國治而天下平，然後為無欠缺也。後之言學者，何其與此異哉？

「司馬牛問仁」章

司馬牛問仁。子曰：「仁者其言也訒。」曰：「其言也訒，斯謂之仁已乎？」子曰：「為之難，言之得無訒乎？」——《論語・顏淵第十二》

昔劉器之問學於温公，温公教以立誠。器之請其目。曰：「自不妄語始。」初頗易之。已察之，則一日之間，自朝至暮，無非妄者。乃信公言不我欺也。司馬牛問仁，夫子告以「其言也訒」，亦是此意。因其不足，更着一鞭，曰：「為之難，言之得無訒乎？」此非有所加，特就於上面點出難處，使知訒言之初非易事，非如臨如履，翼翼小心，一段精神常在本領歸宿者，不知不覺便放易其言而不能自察矣。只「為之難」一句，默默又似點出一個止法。

「子貢問政子曰足食足兵」章

子貢問政。子曰：「足食足兵，民信之矣。」子貢曰：「必不得已而去，於斯三者何先？」曰：「去兵。」子貢曰：「必不得已而去，於斯二者何先？」曰：「去食。自古皆有死，民無信不立。」——《論語・顏淵第十二》

兵食信，蓋是經國常規。不但堯舜禹湯有之，即管晏桓文，伯者之所以治其國，道亦必具此也。子貢既是個通達國體之人，又與聞性與天道之奥，因而作疑曰：如此，則帝道王猷儒者作用與伯功何以别乎？故特設為必不得已之問。知夫子之必先去兵也，又曰必不得已而去。知夫子之必歸重於信也，恰好討出夫子命脉。一不得已，寧可去兵，再不得已，寧可去食，斷之曰「自古皆有死，民無信不立」。則天命人心之去留，與死生存亡之判决，一語歸宿，超然在功利之外矣。確然非富國强兵、計功謀利之可得而比矣。後來伊川先生亦達此意。有問：「孀婦無子而家貧者，或可去否？」伊川曰：「只為後人怕餓死。其寔餓死事極小，失節事極大。」只此一語，斷絶了多少解脱門户，扶正了多少大倫綱紀！此宋儒議論所以法度森嚴，於世道為有裨益也。

「季康子問政、子曰政者正也」等章

季康子問政於孔子。孔子對曰：「政者，正也。子帥以正，孰敢不正？」——《論語·顔淵第十二》

季康子患盜，問於孔子。孔子對曰：「苟子之不欲，雖賞之不竊。」

季康子問政於孔子曰：「如殺無道以就有道，何如？」孔子對曰：「子為政，焉用殺？子欲善而民善矣。君子之德風，小人之德草，草上之風必偃。」

經世之學，必以修身為本。《論語》一書，雖云未經揭出，然隨事隨人，矢口敷宣，無不是此家法。如季康子問政，孔子對曰：「政者，正也。子率以正，孰敢不正？」固是修身為本。及患盜，却又曰：「苟子之不欲，雖賞之不竊。」及欲殺，則又曰：「子為政，焉用殺？子欲善而民善矣。」問使民敬忠以勸，則曰：「臨之以莊則敬，孝慈則忠，舉善而教不能則勸。」千説萬説，無非只是此個主意。他如哀公之問政，告以「為政在人，取人以身」；子路之問政，告以「先之勞之」；子張之問政，告以「居之無倦，行之以忠」；至於「其身正，不令而行」、「苟正其身矣，於從政乎何有」，一切無他奇論，蓋恭己而理，垂拱而治，帝王相傳經世之學，必於此乎歸宗，不能易也。克明峻德，以之親九族，則睦；以之平章百姓，則昭明；以之協和萬邦，則於變時雍，玄德升聞；以之慎徽五典，則克從；以之納於百揆，則時敘；以之賓於四門，則穆穆；以之納於大麓，則烈風雷雨弗迷。雖天地不能違之，而況於人乎？此「自天子以至於庶人，一是皆以修身為本」，孔子晚成《大學》之所以首提而確主也。

「子張問士何如斯可謂之達矣」章

子張問：「士何如斯可謂之達矣？」子曰：「何哉，爾所謂達者？」子張對曰：「在邦必聞，在家必聞。」子曰：「是聞也，非達也。夫達也者，質直而好義，察言而觀色，慮以下人。在邦必達，在家必達。夫聞也者，色取仁而行違，居之不疑。在邦必聞，在家必聞。」——《論語·顏淵第十二》

聖門學問緊要界頭，在人己本末之辨。如答樊遲：「先事後得，非崇德與？攻其惡，無攻人之惡，非修慝與？一朝之忿，忘其身，以及其親，非惑與？」真是句句貼就本上，豈肯將半毫精神流向末去？獨於子張問達，乃有「察言而觀色，慮以下人」之說。曾子嘗曰：「堂堂乎張也！難與並為仁矣。」夫子亦曰：「師也辟。」說者以其習於容止，少誠實也。又曰：「師也過。」說者謂其才高意廣，好為苟難也。想見子張原是高才之人，必有輕世玩物之意。其氣象顒昂，言詞誇大，亦可略見者。故教之以「質直而好義，察言而觀色，慮以下人」，蓋一切與他之氣質病痛相為反也。察言者，不是察他人之言，正所謂「仁者其言也訒」，《易》之所謂言必有物，「易其心而後語」是也。觀色者，不是觀他人之色，正所謂不欲以色取仁，《書》之所戒令色孔壬、象恭滔天者是也。如此，則家邦無怨，蠻貊可行，夫何憂於不達？不然，則所謂言不忠信，行不篤敬，州里之間將無以信而取徵矣，又安望於達乎？聞達毫分之間，相似而實不同，處學者更須反己自看。

「衛君待[一]子而為政」章

子路曰：「衛君待子而為政，子將奚先？」子曰：「必也正名乎！」子路曰：「有是哉，子之迂也！奚其正？」子曰：「野哉由也！君子於其所不知，蓋闕如也。名不正，則言不順；言不順，則事不成；事不成，則禮樂不興；禮樂不興，則刑罰不中；刑罰不中，則民無所措手足。故君子名之必可言也，言之必可行也。君子於其言，無所苟而已矣。」——《論語·子路第十三》

正名頗難說，故及門之士亦未曉。蓋於其時，夫子已應衛君之招矣。故「為衛君乎」，冉有亦疑之，豈非以其拒父無可仕之理而又有介於夫子之已應其招也乎？子路則已仕者也，故不復疑其非義，而直請曰：「衛君待子而為政，子將奚先？」夫子則告之曰：「必也正名乎！」此則夫子既顯然說出義理之正，而又隱然含著轉移之權，而子路不知也。不但子路不知，後來宋儒之論亦不達此，謂孔子必竟正名，上告天子，下告方伯，廢輒而立郢。人情事理，夫豈可通？惟先襄敏之論不然，曰：「此無他，夫子必竟只是個不仕於衛而已。必也正名，蓋明示之以必不可行，而即寓見夫已之必不可屈也。應聘者，意其機括之或可轉移；正名者，示以義命之不可苟就。時行時止，不磷不淄，蓋凜然仕止之家法也。故曰：夫子之心必竟只是個不仕而已。」此最得孔子之旨。所謂「名不正則言不順，言不順則事不成，事不成則禮樂不興，禮樂不興則刑罰不中，刑罰不中則民無所措手足矣」，而尚可仕者乎？

「樊遲請學稼」章

樊遲請學稼，子曰：「吾不如老農。」請學為圃。曰：「吾不如老圃。」樊遲出。子曰：「小人哉，樊須也！上好禮，

［一］「待」，底本作「侍」，據《論語》本文改。

則民莫敢不敬；上好義，則民莫敢不服；上好信，則民莫敢不用情。夫如是，則四方之民襁負其子而至矣，焉用稼？」——《論語・子路第十三》

樊遲之意果誠欲學稼圃，直可問之老農老圃，何為而問孔子？孔子之答亦祇合教之問於老農老圃，「四方之民襁負其子而至」胡為而云乎？並耕而治，饔飧而食，有倉廩府庫，則是厲民而以自養也，許行言之矣。强本力穡，食土簋，啜土硎，糲飯藜羹，勞苦以蒞天下之治，墨氏倡之矣。學稼學圃，正所謂並耕而治，許墨之詖說，於其時所祖神農、神禹之言者是也。蓋是以學術問，故夫子以學術闢。所謂「小人哉，樊須也」，正孟子所謂「有大人之事、小人之事，勞力者治於人」是也。君子務知大者遠者。好禮則莫敢不敬矣，好義則莫敢不服矣，好信則莫敢不用情矣，恭己而理，無為而治，不動聲色而可措天下於泰山之安也，焉用稼乎？遐想周末，處士橫議，方術多岐，人矜私智，家煽私宗，蓋不知其幾千百種。微夫子，堯舜禹湯文武之道，何自而傳乎？

「苟有用我者」章

子曰：「苟有用我者，期月而已可也，三年有成。」——《論語・子路第十三》

孔子曰：「如有王者，必世而後仁。」却又說：「苟有用我者，朞月而已可也，三年有成。」何其為效之近，而轉移之機速也？昔儒謂：五年七年，皆當忠其作為如何。此等近遠之間，孔子權度斷然不差，期會斷然無爽。只不知如何叫做可，如何叫做成，朞月三年為時何以較速，王者之作却又何以必世，乃能及仁。

「子貢問曰何如斯可為之士矣」章

子貢問曰：「何如斯可謂之士矣？」子曰：「行己有恥，使於四方，不辱君命，可謂士矣。」曰：「敢問其次。」曰：

「宗族稱孝焉，鄉党稱弟焉。」曰：「敢問其次。」曰：「言必信，行必果，硜硜然小人哉！抑亦可以為次矣。」曰：「今之從政者何如？」子曰：「噫！斗筲之人，何足算也。」——《論語・子路第十三》

孔子最和平，然詞氣之間却又最斷決。如曰「斗筲之人，何足算也」，何其鄙之深也！大率時到周末，士氣卑甚，掛名衣冠者率計功謀利之儔，絕無有矜名狥節之意。士品三等，不必盡滿分量。要自行己有耻，孝友忠信，無忝於名教，可方於君子，而非計功謀利，屑屑於斗筲銖兩之計算也，决矣。此夫子傷時之深，以振士綱，固學者所宜深省也。

「子貢問曰鄉人皆好之何如」章

子貢問曰：「鄉人皆好之，何如？」子曰：「未可也。」「鄉人皆惡之，何如？」子曰：「未可也。不如鄉人之善者好之，其不善者惡之。」——《論語・子路第十三》

歐陽公《朋黨論》謂：皋、夔、稷、契元愷諸賢，共為一大朋，更相稱譽；㶇沌、窮奇、杌檮、饕餮四凶諸人，亦共為一大朋，互相比周。諸賢必惡四凶，好元愷；諸人者必惡元愷，好四凶。以迹觀之，則元愷諸賢，豈能盡人皆好？卒於賢否不致混淆，百揆終敘而天下稱理者，則大舜能別其賢否之類，而不狥於偏聽之明也。此鄉人皆好，孔子未可；鄉人皆惡，孔子亦未可；而必曰：「鄉人之善者好之，其不善者惡之。」孔子只坦坦平平，無意道出，便為萬世觀人底案。昔人謂：人非堯舜，安能每事盡善？就令盡善，冰炭薰蕕，亦豈能快心於異趣之口乎？衆好必察，衆惡必察，固是察其人之行事，亦併察其好之惡之者，賢否之類趣如何耳。

「子曰剛毅木訥近仁」章

子曰：「剛毅木訥，近仁。」——《論語・子路第十三》

剛足勝私，毅足持久，木則情竇寡開，訥則機緘少泄，未必中和，然以較之柔懦狡佞，則此猶為近仁也。世情所取者大率多愛善柔，所矜者多取便佞。而孔子之所取為仁者，反在此而不在彼也。大率仁之為物，未嘗不發為聰明，而小近發露，則傷於薄；未嘗不發為敏捷，而小涉利巧，則傷於浮。與盎然渾然氣象之淺深厚薄，迥不相為侔也。剛毅木訥則近仁，巧言令色則鮮仁。有志於仁者，須味須味！

「克伐怨欲不行焉」章

「克伐怨欲不行焉，可以為仁矣？」子曰：「可以為難矣，仁則吾不知也。」——《論語·憲問第十四》

存天理，去人欲，説者以為求仁之大方。克伐怨慾不行，豈不是去欲之法？如何尚曰「仁則吾不知也」？不知除却去欲，更有何法可以存仁？微矣！微矣！却又點個「難」字曰：「可以為難矣，仁則吾不知也。」自其着力處，固叫做難；自其喫力處，亦叫做難。如何叫做着力？原憲蓋刻苦做人者。克伐怨欲，一切剛制，回既倒之瀾，障而東之，使不得行。難矣！難矣！故曰：自其着力處，固叫做難。尚有一説，古稱涓涓不息，流為江河，綿綿不絕，將尋斧柯。解牛者刃游虚空，破竹者無煩着手。難易迥然，理可概見。子夏之交戰而至癯病，亦坐此也。難矣！難矣！故曰：自其喫力處，亦叫做難。由前之難，其所著力處，即是其得力處，原憲之所為可許也。由後之難，其所喫力處，即是其受病處，原憲之所為未可與仁也。知克伐怨慾不行者之為喫力，而所以求仁者，可以照知其用力之方矣。

「為命裨諶草創之」章

子曰：「為命：裨諶草創之，世叔討論之，行人子羽修飾之，東里子產潤色之。」——《論語·憲問第十四》

人只共了一個利害，便同了一條心膽。古云：「同舟遇風，胡越相救。」求生之心既同，救死之力自協。不知不覺，天涯海角之人便打併了做一家也。《傳燈錄》所記：夾山之訪船子，一語不偕，盡弃平生所有；黄龍之師石霜，惟道是同，便與泐潭好絶。此無他，只為他實心求法之故。不但禪門，子厚❶之勇撤皋比，且盡屬其徒往從二程聽講；西樵❷之折節陽明，直以署官之長不耻下於末寮。此無他，亦惟其學之取是而已。吾求學問，無異饑之求食、渴之求飲。饑渴是憂，何復較其食飲之所自出？不惟其理路之是，而惟較其彼己之分，大率非真有學聖之心，徒以意見之私，相角為勝負而已。試看為命一節，只為利害之同，欲求辭命之善。草創、討論、修飾、潤色，裨諶、世叔、子羽、子產四人，各司其一。草創者不嫌為人起草，討論者不耻為人掌故。修飾之，未免有所刪削，而裨諶、世叔坦然無所介心；潤色之，未免更加黜擴，而子羽忻然無所愧色。故吾每譬之論學一事，正有類於為命之理。蓋同一學聖之心，必求同一學聖之法。自我也，不必矜長；在人也，無取護短。如此而後，有貴於論學，而負於志學之初心矣。比於秀才考試，事體不同。蓋秀才考試，徒欲矜伎倆之高，原不較事理之實。論學之道，豈可如此？必竟是求法之誠反不及於禪者，希聖之志原與先輩之發心不等也。

❶ 張載（1020—1077），字子厚，人稱横渠先生，其學稱為「關學」。張載為二程（程顥、程頤）表叔。張載能讓其弟子問學於二程，則無門戶之見，而有求道之篤。

❷ 方獻夫（1485—1544），字叔賢，號西樵，廣東南海縣人。弘治十八年進士，曾任光禄大夫、柱國少保、太子太保、吏部尚書、武英殿大學士等。據《王陽明年譜》記載：正德六年辛未（1511），「獻夫時為吏部郎中，位在先生上，比聞論學，深自感悔，遂執贄事以師禮」。

「子路問成人」章

子路問成人。子曰：「若臧武仲之知，公綽之不欲，卞莊子之勇，冉求之藝，文之以禮樂，亦可以為成人矣。」曰：

「今之成人者何必然？見利思義，見危授命，久要不忘平生之言，亦可以為成人矣。」——《論語・憲問第十四》

他日，夫子曰：「柴也愚，參也魯，師也辟，由也喭。」大率非中和之稟。依歸仁聖，陶鎔於禮樂之區，已而各化其質，各成其品，蔚然為洙泗名賢，則昭然學之力也。武仲之智，公綽之不欲，卞莊子之勇，冉求之藝，則又其才之美者也。只為不學之故，終其身只以氣質用事。公綽僅免於過，武仲要君，求也聚斂，而卞莊子者則又不足道也。此所謂自喪其才之美者也。故因數路之問成人也，若曰：世間美質非少，只學之，則進於中和而稱為成人，不學之，則倚其偏長而終於氣質。以謂必兼四子之長，而後為才全德備者，過矣。

「子路曰桓公殺公子糾」章

子路曰：「桓公殺公子糾，召忽死之，管仲不死。」曰：「未仁乎？」子曰：「桓公九合諸侯，不以兵車，管仲之力也。如其仁！如其仁！」——《論語・憲問第十四》

孔子之仁管仲也，固以一匡九合、有攘夷安夏之功，亦以糾幼而小白長，爭國非宜，桓公有可事之道。所云「豈若匹夫匹婦之為諒也，自經於溝瀆而莫之知也」，此非斥召忽也。正以管仲之處糾在可以死、可以無死之間，其功又大不取必於一死若匹夫匹婦之為諒者耳。至於召忽之死，孔門之論原自取之。觀由賜之問，特有責乎管仲之不死，則知孔子之意非有斥於召忽之不生矣。

「子曰莫我知也夫」章

子曰：「莫我知也夫！」子貢曰：「何為其莫知子也？」子曰：「不怨天，不尤人。下學而上達。知我者其天乎！」——《論語・憲問第十四》

孔門自顏回外，資稟高者莫有過於子貢，故夫子鍛煉啓迪，注意尤倍。子貢晚而有悟，乃知夫子之深注望於彼也，終日與之言性與天道而不及知也，故感之尤深，哀之尤至，反場築室，獨居三年。真象山所謂此子貢之所以報夫子也。如曰：「不怨天，不尤人，下學而上達，知我者其天乎！」此分明是言性與天道也。子貢之不聞一矣。「賜也，汝以予為多學而識之者與？非也。予一以貫之。」此又分明是言性與天道也。子貢之不聞二矣。「子而不言，小子何述？」子曰：「天何言哉？四時行焉，百物生焉。天何言哉？」此又分明是言性與天道也。子貢之不聞三矣。大率天道至教，聖人至德，無行不與。啓口容聲，便同時雨之霈，隨分沾濡，而天意聖心，初無淺深加損之量。無所不悅，欲罷不能，聖人豈有私厚？亦惟顏子之自受如此耳。幸哉，子貢末路有聞！不然，則雖聖人竭盡肝膽，苦口苦心，亦終視之為文章之末，而性與天道到底未有聞矣。

「志士仁人」章

子曰：「志士仁人，無求生以害仁，有殺身以成仁。」——《論語·衛靈公第十五》

仁為生理，好生而惡死者人之情也。置生死兩途，而使之自擇，則必之乎生，不之乎死矣。求生者何以反害仁？善體之！善體之！悟此，則知《論語》之必以求仁為宗也。孟子曰：「所欲有甚於生者，故不為苟得也；所惡有甚於死者，故可以辟患而有不為也。」民胞物與，殘疾疲癃關情休戚，獨忍棄其生而不恤，而反以為仁也，不識如何叫做成仁？却又如何求生反為害仁？須思其故。

「顏淵問為邦」章

顏淵問為邦。子曰：「行夏之時，乘殷之輅，服周之冕，樂則韶舞。放鄭聲，遠佞人。鄭聲淫，佞人殆。」——《論語·衛靈公第十五》

後儒因顏子問為邦，孔子酌四代禮樂以告之，因以為有王佐之才。有天德，便可語王道。顏子之無忝王佐明矣。然此特夫子之論，而非顏子之見諸施設也。昔人謂：南面而莅天下，所與共理者，將與相耳。相為天子得人於朝廷，將為天子得文武士於幕下，求天下無治不可得也。堯憂舜，舜憂禹，為學求人，汲汲皇皇，孔孟之心，千載如見。蓋除却孕靈毓秀，為世生傑，雖天地亦無別有經綸以維持世界也。《家語》記孔子曰：「自吾得顏回，而門人益親。」只門人親處，是有多少作用！此顏淵死，所以子哭之慟也。蓋佐夫子之行道者，顏子也。窮居則佐其師以求友，達處則必能佐其君以求賢。李克所謂：「窮視其所與，達視其所舉。」所與者如此，則所舉者可知矣。此則真所謂佐王之才也。又子畏於匡，顏淵後。子曰：「吾以爾為死矣。」曰：「子在，回何敢死？」只「子在」兩字，是有多大胸襟，多大識見！「天之未喪斯文也，匡人其如予何？」夫子之主見，蓋恰好與顏子一般也。何必說到上告天子，下告方伯？審如是，其所見者亦淺矣，其所自衛者亦疏矣。「回何敢死」一句，却又何等擔當！何等婉曲！此又所謂佐王之才也。終日如愚，到此倉皇急迫之中，神閑氣定，萬兩千斤，道出一句來，真見力量。

「君子義以為質」章

子曰：「君子義以為質，禮以行之，孫以出之，信以成之。君子哉！」——《論語·衛靈公第十五》

《論語》原是答問之書，門弟子輩隨時記錄之語。大宗大旨，師弟之間講之素明著。在答問者，多其條貫節目之詳，使學者知所用力，而大宗大旨未嘗不貫通含蓄於其間也。俞玉吾論文公註《參同契》謂：「文公豈不聰明？只欠却教外別傳一句耳。」故予舊亦有云：「讀《丹經》者，必須傳了後讀。不然，則所云夫婦陰陽、乾坤爐鼎、白虎青龍、嬰兒姹女，不勝其名目之多，不勝其變態之至，何處討個歸宿？」豈獨《丹經》？即《論語》一書，苟不明得宗旨，只就條貫眼目上摸索，則如此章之所謂義禮孫信者，亦何處討下落乎？象山亦曰：「《論語》之書，多有無頭話柄。」蓋亦有見於此義之外又去尋個禮，禮之外又去討個孫信，不勝其紛紛矣。至見以為處事之法，而不知其為精義之功，何其謬之甚乎？精義之功即是求仁之功，亦是隨時換了字面。又不可於求仁之外，別求所以為精義之功也。曰：如此，則何故到這裡又要說個義？善哉！孟子之言曰：「仁，人心也；義，人路也。」只是一個仁，存着為體者便叫做仁，行着為用者便叫做義，此所以仁外無義也。大率義以為質，却是就其用說。禮非他也，既義之自然之節文也。義雖當，而條貫一有不詳，義不精矣。孫非他也，義之自然之和氣也。義雖當，而心氣少不和平，義不精矣。信非他也，即義之貫徹之誠意也。義雖當，而誠意少有間隔，義不精矣。恰好四者俱到渾然一仁而修身為本之學。悟此，真可謂知之至矣。

「知及之」章

子曰：「知及之，仁不能守之；雖得之，必失之。知及之，仁能守之。不莊以涖之，則民不敬。知及之，仁能守之，莊以涖之。動之不以禮，未善也。」——《論語・衛靈公第十五》

象山先生曰：「《論語》之書，多有無頭話柄。只劈頭一個『學』字，悟不得，則竟不識學為何物矣，却如何習？如何悅？『知及』一章，五個『之』字亦有指。若不悟得，則知之所及者及何事？仁之所守者守何事？亦只成空頭語矣。」舊有友人致辨，亦曾援及於此，謂：「聖人之以知誨人也，此無他，只為他不明得『之』字之故，反將本領的消息看得輕，工夫的字眼看得重。」乙亥龍光之會，曾因自湖吳丈舉「博學之」一節，謂：「學問只要照此下功，無他奇說」。借答之曰：「誠然！誠然！」曾記文公解「踐其位」節，將五個「其」字下一註腳曰：「其，指先王也。」若不識得「其」字則竟不知所踐者何人之位，所奏者何人之樂。「博學」一條，五個「之」字，義亦同此。若不識得，則博學者學何事？審問者問何事？慎思明辨者思辨何事？口說學問思辨，亦終為徒托之空言而已。認得此字明白，方是明得學問。如此「知及」一章，借每挈出，謂最好提掇。學者用功，知及仁守，莊涖動善，豈是四個時節？蓋徹內徹外，徹粗徹精，四者自然一時俱到。邇來學者習於高虛，類有頓超淩躐之意，謂只要明得學問，牽纏瑣屑適足以累於心。不知只纖毫動不以禮，即舉其知及仁守莊涖者併棄之矣，又寧有學問之懸釜而獨存者乎？查了知及，又查仁守，又查莊涖，又查動之以禮，何等警策！何等好做工夫！民即人也，不專就上位者說。

「子曰君子有三戒」等章

孔子曰：「益者三友，損者三友。友直、友諒、友多聞，益矣；友便辟、友善柔、友便佞，損矣。」——《论语·季氏第十六》

孔子曰：「益者三樂，損者三樂。樂節禮樂、樂道人之善、樂多賢友，益矣；樂驕樂、樂佚游、樂宴樂，損矣。」——《论语·季氏第十六》

孔子曰：「侍於君子有三愆：言未及之而言謂之躁，言及之而不言謂之隱，未見顏色而言謂之瞽。」——《论语·季氏第十六》

孔子曰：「君子有三戒：少之時，血氣未定，戒之在色；及其壯也，血氣方剛，戒之在鬥；及其老也，血氣既衰，戒之在得。」——《论语·季氏第十六》

孔子曰：「君子有三畏：畏天命，畏大人，畏聖人之言。小人不知天命而不畏也，狎大人，侮聖人之言。」——《论语·季氏第十六》

孔子曰：「君子有九思：視思明，聽思聰，色思溫，貌思恭，言思忠，事思敬，疑思問，忿思難，見得思義。」——《论语·季氏第十六》

愚每謂：罄南山之竹，寫修身為本之條目不盡。如三戒、三愆、三畏、三益、三樂、九思，隨事而立防。條貫不同，無非為修身為本寫條件也。更須知三畏只是一畏，九思只是一思。思聰思明，不過隨事而點其則；天命大人，不過就重而揭其名。非紛然而用畏，雜然而用思，隨事而為之安排布置也，一切從瑣碎處分散了精神也。知此，則無適非修，無適非止。身常修，本常立，而仁在其中矣。

「公山弗擾以費畔」章

公山弗擾以費畔，召，子欲往。子路不說，曰：「末之也已，何必公山氏之之也。」子曰：「夫召我者而豈徒哉？如有用我者，吾其為東周乎？」——《论语·陽貨第十七》

孔子豈從畔之人？公山雖畔人，亦决知孔子非從畔之輩，何為召孔子？子欲往，示之以不疑也。卒不往，夫子初未有往意也。以為汲汲於行道，有召必應，豈有從畔人而可以興東周之理？故曰「夫召我者而豈徒哉？如有用我者，吾其為東周乎？」公山果欲為畔謀，必不召孔子；召孔子，必非與之為畔謀。雖然，亦必竟無可往之理耳。此孔子之所以示欲往，竟不往也。吾豈匏瓜，繫而不食？真可謂能相事之機，量人之情，圓神不滯，善應之，不可為方所耳。此固子路之所疑而不能識也。「不曰堅乎？磨而不磷。不曰白乎，涅而不緇。」江漢秋陽，直是峻潔，何須道到「親於其身為不善者，君子不入」乎？子路之知夫子也，亦良淺矣。

「子謂伯魚曰女為周南召南」章

子謂伯魚曰：「女為周南召南矣乎？人而不為周南召南，其猶正牆面而立也與？」——《论语·陽貨第十七》

古人書不虛讀。後世童蒙之子，便誦却汝為《周南》《召南》，白首窮經，必竟身心不曾受半毫之益。孔子言《詩》為益多矣。可興可觀，可群可怨，邇之可以事父，遠之可以事君；授之以政必達，使於四方，則能專對，而不辱其君命。蓋學《詩》之為益如此。後之學者，只為科舉之累，故競以增聞見之知，角技能之巧，而竟無補於身心之實也。「汝為《周南》《召南》」，豈徒誦哉？言有物，而行有常。蓋實在以此體於身心，刑於閨閫，而家邦之道從此達矣。置之而可塞乎天地，溥之而可横乎四海。造端發軔，便不曾着了絲毫障礙，道可行矣。《大學》所謂：「宜其家人，而後可以教國人。」其家不可教，而能教人者，無之。真發蹤處，便觸了牆壁，一步不可行也。汝漬江沱，兔罝中林，四遐之極，無不從而化者，文王豈有所强之哉？其端甚微，其機甚速。只合下便自閨門之風教謹其始也。必如此，乃不為徒讀。不然，真所謂「誦詩三百，雖多，亦奚以為」。

「子曰予欲無言」章

子曰：「予欲無言。」子貢曰：「子如不言，則小子何述焉？」子曰：「天何言哉？四時行焉，百物生焉，天何言哉？」——《论语·陽貨第十七》

「上天之載，無聲無臭。」天竟不言，世未有不知天者。予欲無言，小子何述。聖一不言，即未有知聖者。故曰：「夫子之文章可得而聞也，夫子之言性與天道不可得而聞也。」以有言言，此文章之所以可得而聞也；以無言言，此性與天道之所以不可得而聞也。耳聞者，其所受者淺；意喻者，其所述者深。予欲無言，蓋夫子所以示子貢者深矣深矣！繼之曰：「天何言哉？四時行焉，百物生焉。天何言哉？」則併與其所謂無言者和盤托出矣。若非末路有聞，豈不竟為辜負？

崧台講義

「天命」章释义

高州府學講

「天命之謂性」，言性即命也；「率性之謂道」，言道即性也；「修道之謂教」，言教即道也：一物也。此其所以不可須臾離，可離非道也。然世人類說修道，卒不近者，何故？則以認不真，在睹聞形氣上着工夫也。不睹不聞，是畫出個天命的樣子也，戒慎恐懼要於此着力。何也？以一切睹聞者，皆從是出也。至隱矣，至微矣，而寔則莫見莫顯也。此君子之所以必戒慎恐懼而致謹於斯也。獨者何？所謂與物無對者是也。蓋本無聲臭也，亦是畫出個天命的樣子也。雖然，亦必竟非冥漠，不遠於性情之間者也。有喜怒，必有所以為喜怒；有哀樂，必有所以為哀樂。則未發者為之也，天命也。故未發非時也，本無睹聞，本自未發也。中者，亦不得已而名之也。循是而發之，未有不中其節者，即渾然一天命。用事也，發而未發也，所謂率性者也。此其所以為達道也。然又非有我之所私也。致中和，則天地以位焉，萬物以育焉，蓋本同一體者也。實理實事，言大而不為誇。此正所謂真性命作用，非用爾手勞腳攘也。篤恭而平，垂衣而治，正是此消息。屑屑於事為，以為位育之作用者，亦淺之乎言位育，淺之乎知性命矣。

「仕學」章釋義

陽江縣學講

學問原不分於出處，只要得此意真實圓滿，流通於事事物物之間，即僻處深山，一主一僮，分量不為少；廣土衆民，志得道行，分量不為增，何者？以心量本自圓滿，位育参赞，斡旋樞紐，總不逹方寸間也。木石與居，鹿豕與游，寂然無以異於野人，而胸次中沛決江河，便廓然與天同量，神感神應，萬物常相流通。施於有政，是亦為政，隱居行義，豈必再改塗轍。故曰：「仕而優則學，學而優則仕。」言仕之優處即學，學之優處即仕，初非有二道也。今世之學者，既志存達用，以隱處為不足仕者，又心煩機務，以幹理為妨功，是皆不見得真性命頭面。意不圓滿而尚拘於所秉所遇之時局也。如或知爾則何以哉？孔子明明是卜諸子經世之用，而曾點對以浴沂風雩與童冠共其詠歌。子使漆雕開仕，乃曰：「吾斯之未能信。」夫子皆取之。夫曾點豈不知游戲之務於政理無當，而漆雕開亦豈以彼從仕尚為未足哉？吾斯果信已與萬物流通，何必更云出仕。童冠偕樂，直與上下同流，即位育。道已在我，此所以仕，不妨功處，不希世，而性分中常無有虧缺處也。

「憤悱」章釋義

德慶州學講

夫子發憤忘食，終夜不寢以思。而周公思兼三王，至於夜以繼日，從古聖賢未有不由心求通而成聖者。吾道一以貫之，未嘗背門人而私曾子，然一則悟、一則疑，終日與言，即陳亢之輩蔑不聞而顏子獨足以發，則以顏曾憤悱，諸子未必憤悱也，故啓與發與復非緣外入也。自憤自悱，自反亦自啓，自發自復，從古及今，未有不憤而能啓，不悱而能發，不自反而能復者，故曰：「自行束修以上，未嘗無誨。」然終日與言，無行不與，必竟又存乎人之自悟也。若曰待憤而後啓之，待悱而後發之，是聖人亦有不誨而所云。有教無類，無行不與者，夫子之意荒矣。

「豪傑」章釋義

雷州府學講

孟子曰：「人皆可為堯舜。」又曰：「舜，何人也；予，何人也，有為者亦若是。」從上經書未聞有謂聖人為絕德者，曰：十室之邑必有忠信，不如丘之好學。亦未聞有謂聖人非由學以成者。惠迪則吉，從逆則凶，克念作聖，罔念則狂，真只在反覆手之間耳。而世之解者類以氣稟庸劣者為凡民，性資超邁者為豪傑。是豪傑信天生而凡民若真有限局之者，豈天壤間信有一等生就了的豪傑，有斷不可以企望豪傑之凡民乎？不知有待而興即凡民，凡民固非天生；無待而興者即豪傑，豪傑寔由人作。待者，何等待也，只一個待字，真是斷送了多少人。禹孜孜、文翼翼，是禹文固學成，非天生也；堯兢兢、舜業業，即堯舜亦學成，非天生也。此所以人皆可以為堯舜而謂吾身不能居仁由義者，信哉。其自棄也。

「盡心」章釋義

恩平縣學講

學問之道只有立志用工，名曰兩事，其寔非有真志者不可言用工，非用真工者不可言立志。亦初非有二事也，雖云非有二事，從上聖賢但說工夫者則必斷以立志，此無他，蓋欲學者從最初發念處便徹底作分別也，一真則一切俱真，一偽則一切俱偽，未聞有發念不真而能以用真工者。明道先生曰：吾年十六七好畋獵，既見茂叔，謂無此好矣。一日復見獵者，不覺有喜心，乃知果未也，乃盡悔其從前作過，蓋所謂偽者豈必顯顯，忿欲只一絲毫黏帶，世情僅如喜獵相似，便於性命了無蒙涉，便可驗得種種根苗盡只潛伏，不曾徹底。既念頭不到徹底，即儘力用工，渾然世情，天性何由出現？天性既未出現，即日用間何處着工，總是皮毛，俱非覿體矣。此立志用工所以雖非二事，而從事於斯者要於志願處蚤判決得清楚也。故《中庸》論思誠既曰「博學之、審問之、慎思之、明辨之、篤行之」矣，必繼以「有弗學，學之弗能弗措」至於「人一己百人十己千」斷以必要其成。孟子論事天既曰：「存其心，養其性，所以事天」矣，必繼以「殀壽不貳，修身以俟之，所以立命也」要以雖死不貳。夫學問思辨行者，工也必要其成者則志也，而以為有困勉之分別者，非也。存心養性者，工也；殀壽不貳，修身以俟之者則志也。而以為智仁之各造其極，亦非也。曰：然則，首章所云盡心知性而知天，其義安所取乎？曰：此正以言心性天之原，非有二物也。但人不能下存心養性的工夫，故其心有所未盡而猶與天為二，雖下存養之工而非實立定殀壽不貳的志願，則其意尚存二三，而卒與天為有間，故必就頭判決，直於死生壽殀徹底一關，矢志無二，夫然後極世間凡可避懼貪求之事舉，不足為心累。而立命之志氣乃斷然決絕矣。夫然後存者真存，養者真養。存者真養，存是心，養者是性。出往游衍，無一不在天者，志日以純，工日以熟，無有毫髮己私能為心累，而知性知天皆其分內事矣。而以為造其理及生知安行之事者，亦非也。故志之於學也，如樹之根也，如苗之種也，如水之源也。源不潔流斷不清，種不直華者斷不茂。殀壽不貳，特舉世間所最難決捨者作例耳。古人由善信積之終致美大聖神，由致曲積之卒於形著動變，由十五志學積之至於七十從心。寸累階升，計時而效，直有如苗之秀秀之實，投種於地，時異而月不同者，此無他，則以其最初發念，無有虛假，布得種子來，原是真實耳。今人豈不學問？豈不號稱用工？卒於齒豁頭童，依然故物甚則、並與其嚮慕之初機尚失之者。其咎端亦良可想矣！

「好仁」章釋義

黿白縣學講

孔門之學只是求仁，故諸子之問者問此仁，聖人之教者教此仁，別無他說也。忠清果藝聖人，概以與人獨至於仁，未嘗蒙印可者，何者？以只一絲毫粘帶便與道不相當頁。故曰：我未見好仁者惡不仁者，此夫子實語也。果若好仁則無復有尚仁者。世人些小毀譽，渾身動了，富貴淫、貧賤移、威武屈。是事事尚得仁，何曾好仁？果若惡不仁即不仁，斷不以加於身，今人起居動靜念慮精神多少不在於道，無限不仁，盡以加諸身，何曾惡不仁？只以此等細從身心檢察，真滿世中未見有好仁者惡不仁者，非虛言也。雖然，克念聖，罔念狂□仁斯至，為之在我一念轉移，又原非外至之物也。有能一日用力則吾又未見有力不足者。世豈有欲孝親而力不足以孝，欲敬兄、欲忠君而力不足以敬兄忠君者乎？領惡全好其機括，又只在反覆手間耳。雖然，以天下志仁者不少矣，可謂其概未用力，其亦容有欲好仁而力不足於好欲，惡不仁而力不足於惡者乎？然此蓋必無之事也。必竟是不曾實用其力也。故又曰：蓋有之矣，我未之見也。反覆激勵，聖人之言渾厚和平，未有如此章之最深切者，學者種種病痛，只以此意默默□點，不必更問於人，是仁非仁毫髮不容瞞昧，真是無一物不可尚仁，亦無一件不仁。不以安頓在身子裹也。豈獨未能好仁，正爾躭著世情種種，不肯放合，豈獨少有加身，正爾護惜包藏，將一切恣情狗慾之事，惟恐一日之或去乎身也。而乃矢口談仁，要得與天相似。只恐天載無臭無聲與此不相倫比。

「若圣」章釋義

潮陽縣學講

若聖與仁，則吾豈敢，非謙也。蓋夫子寔不知其仁與聖也，若知其仁與聖，亦不可以言。夫子也知其實仁與聖而又繆為是云云者，則亦不可以言矣。子也發憤忘食終夜不寢是有多少苦處。夫子之所獨覺而人不及知也，此其所以為之不容倦也。與人共為之，不容厭也，此正夫子所用力處也。故實在自信也，若曰吾已聖矣、吾已仁矣，則從古及今未有仁聖之人如此者也，堯兢兢，舜業業，堯舜亦不自知其聖也。檢身不及，小心翼翼，湯文亦不自知其聖也。有自聖之心即滿矣，滿則倦矣、則厭矣！惟不滿，故不倦厭。此正所謂至誠則無息也。又全是仁聖之體段也。此其所以卒為仁聖而非世人之所能及也。故曰正惟弟子不能學也，必若所謂謙己誨人云云者是仁聖果天成，有無待待於學而能者，且非復人所可學也，殆不然矣！

「大孝」章釋義

化州縣學講

《詩》曰：「永言配命，自求多福。」「大孝」一章正是即舜之集福以教天下之自求多福也，非為頌舜發也。祿位名壽，世之之福備矣！然皆有大德自致之理，何也？以天道原如此也。栽培□□，人修之，天篤之，天何心之有哉！《詩》有云「嘉樂君子，顯顯令德，宜民宜人」，則「受祿於天，保佑命之，自天申之」者正為此也。此大德，所以必受命也。何獨舜也，世之人不汲汲於修德，乃日希望於非覬之福亦過矣！

附録

刻大學古義序

《大學古義》者何，見羅先生因《大學》古本而釋其義以告門人者也。先生之學在於明宗，而揭知本一言以爲宗旨，此《古義》之所由作也。或有問於予曰：「游於聖人之門者多矣，乃稱曾氏之傳獨得其宗，宗之云者，猶之宗以統族，祖父子孫一脉而相承者也。道統之傳，肇自唐虞，至吾夫子集其大成，而《大學》一書則孔、曾相傳之心印也。虞廷授受『精一執中』，先生則以求仁爲孔門之學，而『修身爲本』一句則是求仁之方法也。聖學若是已乎，其義何居？」曰：「此正先生之學之大也。蓋以吾之一身與天下國家渾然一體，少有未仁，則私意間隔，形骸便分疾痛痾養，藐不關涉，卽軀殼之外，妻子不保，而況天下國家乎？故修其身爲止至善之身，則無弗仁矣！公己公人，俱立俱達，精神氣脉，流通貫徹，八荒我闥，上下同流，此真『時雍風動綏來動和』之風範矣！故仁外無身，身外無本，本外無學，更不分帝王韋布，完結此身，卽以編氓可比隆崇品，故曰先生之學之大也。」蓋先生天資高明廣大，論仁似明道，論學似《西銘》，其以知本爲宗，而以《大學》爲仁書，有以也。今取其書觀之，明白透徹，洞然無可疑者，則次第用工以修此本者，正今日之所當講也。顧以予之不敏，實隘且陋，固守舊聞，頃嘗與先生論「愼獨」二字，蓋以爲自危微精一之傳，而一言蔽之，隱見微顯之間，發與未發之際，人心道心，於此判決，惟危惟微，於焉貞勝，此千古之學脉、孔門之心傳也。愼獨，誠意而已矣。誠意，研幾而已矣。而功自格致始，意誠心正而身修，則至善止，而皇極建矣，允執厥中者也，於天下國家乎何有！嗟乎！「天生蒸民，有物有則。」學求諸心則何内非外，何外非内；遺物以爲知者，則虚寂佛老而已矣；逐物以爲知者，則支離俗儒而已矣！曰：「致知在格物。」正以見吾儒異端之辯，不入虛無，不落聞見，是謂真知，幾希之間而已者也！物不格則不至，不至則不止，雖曰誠也、正也、修也，而至善奚由止耶？如適遠者發軔之初，認定歸宿，目視足行，一齊俱到，此知行並進之功也。是道也，曾子、子思、孟子以之相授受者也。子思之言思誠也，始於學問思辯，而終之以篤行；孟子之言幾希也，由明物察倫，而繼之以行仁義。今先生知本之學，似已大行於時，則精察敦行，以完此身之分量，誠有望於同志者也。兹因崧臺門人彙輯先生《古義》，而重梓之以廣其傳，借爲之序，兼以就正於先生云耳。

古岡散人陳吾德

刻道性善編序

見羅先生曰：「學不急於辯體，要在明宗。」故道性善者，孟子宗旨也。世徒知其答世子、辯告子，以為道性善，而不知其全書之旨，皆所以道性善也。先生發以示人，復摘其最精要者二十四條條析之，情才知能，指其為用之發，而所以善者，則性之本體所自來也。當戰國時，人心陷溺，牿於刑名，矜於詐力，流湎於貨利聲色，敝斯為極！揆厥所由，則任情之流弊，而不知所以自反也。一時倡道之士知其敝，不復揣其原，如告子、荀卿輩者，或直以為性惡，或直以為性之無分於善不善也，而性學遂致淪晦。孟軻氏有憂之，作七篇，諄諄然道性善以挽之，然以其無端倪名狀之可即也，故就其發機之順動者，表而明之，而其意則以道其體，非道其用也。故其教人也以復其性，非牿其情也，而世顧昧之欲，守其乍見之怵惕惻隱為充擴，追其孩提之愛敬為本源。譬如指日之光以示人，善悟者當因指以信日；指枝葉之暢茂以示人，善悟者必循枝葉以歸根。乃直執光之照、枝葉之暢茂者，據而守之，曰此本體之所在也，可乎，不可乎？沿流逐末，勢所必由；恣慾狥情，弊將必至。始之濫觴者，卒之以瀾□，則學不明宗之過也。見羅先生有憂之，既揭修身為本教學者，以復性之竅，復為是編，指出性善之旨，以明孟學之宗，曰：「孟氏之所道善者，性也，非情也。即《大學》之所謂止於至善者也。」先生又嘗有言曰：「知本修身，而不知知修身為本，即是止於至善，猶為見之次也。」故修身為本之揭，與道性善之編，言殊而旨一也。嗟乎！孔、曾之學晦，先生揭修身為本以明之；七篇之旨未明，先生輯《道性善編》以表之。世之學者，苟無志於明聖人之學則已矣，苟有志於聖人之學，平氣虛心，取先生之書復而熟，有不渙然冰釋、犂然理解者乎？先生是編，功蓋不在孟氏之下，明者覩之。老夫耄矣，無能為佞也。先生初不欲以示人，予從其高第弟子陸廷獻輩得而讀之，以為此尤近時對證劑也，亟相與訂之，付梓以傳，仍僭為是言弁諸首。

萬曆庚辰孟夏後學清江龔一鵬拜手書

刻道性善編跋

《孟子道性善編》旨哉，有味乎其編之也。夫軻之書昭昭也，其旨亦昭昭也。晚近世之儒，習而讀之，徒沿章句，而不知其指歸，皆本於性善，即有起而維之者，亦祇對症投劑而和者，遂至按方治病，愈傳愈遠，愈失其眞，而此學晦矣！天啓先生妙悟孔曾宗旨，提挈示人，具載稿刻，廼復有是編，命不肖訂之，受讀六七匝，始若平時讀軻書。然繼而躍然，有所悟，終則恍然，如有所得矣。先生反之自性而信軻氏道性善之旨，不肖亦反之自性而信先生《道性善》之編。信乎知能者，才也；未可以挈宗也，學者亦可以自信也。先儒曰：聖人本天，此性善之旨也，亦知本之論也。敢僭跋之末簡。

萬曆庚辰孟夏吉門人陸策頓首書於蓮槎深處

讀道性善編跋語

大學之道，在明明德、親民、止至善，而歸本於修身，此曾氏獨得夫子之宗矣。然孟子七篇，其指歸皆所以道性善，而又曰「萬物皆備於我，反身而誠，樂莫大焉」，則聖門相傳，皆此宗法也，豈有他謬巧哉？自功利、佛老溺人心術，而訓詁辭章又以甚支離決裂之弊，即有以明道之責自任者，亦皆認寒热為水火，每別求蹊徑，特立門戶，以起人之駭異而崇信之，蓋將二千餘年於玆矣！孰有明性善知本之宗旨，而示人以簡易眞切之學哉？斯道之炳若日星者幾於晝晦矣！天啓我先生以身任斯道，既首揭修身為本，以示求仁之方，又著是編，以究止修之原，蓋謂萬物一身也，亦一性也。知性善而盡之則修身，而知本即止矣，即知之至矣。深見孟氏之學，學與孔曾，相為發明，此先生道性善編之本意也。譬之窮萬水之源以得其底，止持此以教舟人，雖不善操舟者，亦可遡流尋源而不患瀾之狂、溪之曲也。其維世立教之心，抑何其明且切哉！夫道不宗孔、孟，異道也；學不悟自性，末學也。讀是編而日用學問之功，誠不出此性、此身之外矣。然又曰：「强恕而行，求仁莫近焉。」蓋為反身不誠者語也。吾儒於盡性修身之學有未至，而本止有未知者，舍强恕又豈有他術哉？不肖韓讀有一得以請益於先生，并自勗云，非敢曰能赞一辭也。

萬曆庚辰仲秋之吉門人羅繼韓頓首書

李見羅先生論語大意序

予自讀《論語》書，蓋嘗有志於聖賢之學，而繹其旨矣。曰：聖門只是求仁，故孔子所與諸弟子答問詳哉，其言之也，曷為以一貫授曾子，蓋可與傳也。然則所傳非所教乎？曰：曾子仁以為己任者也。及考曾子平生學問，則所省在交謀傳習，而所貴在容貌色辭，用是戰兢終其身，似又於仁無當者，得無所學非所傳乎？而曰曾氏獨得其宗，此何以解焉？求之而不得，牽合之而不可，反覆於斯者蓋十有餘年，至歲乙亥見羅李先生得告歸，登日侍教於其側，乃就所疑質焉。先生曰：爾不聞大學之教乎？自天子至於庶人，壹是皆以修身為本，此求仁之竅也，此一貫之旨也。於是始豁然寤、躍然起，曰：一哉！聖人之學乎！語仁、語一貫而非精也，語言動、語交際而非粗也。《大学》，其仁之燦然者也；《论语》，其本之渾然者也。三千七十夫，誰不曰求仁，而一貫宗傳乃於省身之曾子獨得焉，意可想已。他日論「顏淵問仁」一條，先生謂一部《大學》皆具，豈非以語仁極於天下歸，而為之則由己哉！世之學者，與之語聖門在求仁則信，與之語聖道在一貫則信，與之語仁與一貫在修身為本則不皆信，彼蓋淺之乎？言修身而於所謂仁、所謂一，竟莫知何從歸着也，則將併與之語仁與一貫，而不信矣。此先生之所以憂也，此《论语大意》之所以作也。嗟夫！仁也、本也，一也。《论语》也、《大学》也，亦一也。善學者必究心《论语》求仁之旨，而後能信《大学》之言。必深信《大学》知本之言，而後得《论语》之旨。必《论语》《大学》有渾融合一之見，而後能明聖學之宗傳。謹序。

萬曆十年壬午春正月吉門人徐即登拜手書於高原精舍

南皋鄒先生語義合編

〔明〕鄒元標 撰

說清者便不清，言躬行者必未[一]躬行，言知性命便未知性命，終日說一便是不一，終日說合便是不合，但有心求，求不着便着。人只說要收斂，須是有個頭腦，終日說話，終日幹事，是真收斂。不然，終日兀坐，絕人逃世，外面是個寶，裏面是包草。

横逆之來，愚者以爲遭辱，智者以爲拜賜；毁言之集，不肖以爲罪府，賢者以爲福地。小人相處，矜己者以爲荊棘，取人者以爲砥礪。滿界黄金。

浪子揮百金爲草芥，富人護粒米如性命，饑者得一糗若粱肉，貴家以海錯當常餐。嗟嗟！物之不得其平如此！

天生賢者，所以教愚者。賢者而自私其善，子孫必愚昧更甚。天與富者，所以周貧者，富者而自私其財，子孫必饑餓而死。予遍觀世界，往往在覩，賢且富者可思思。

十分縱談時，不盡十分縱談話。十分順意時，不作十分順意想。十分得爲時，不幹十分得爲事，此是大福氣的人、大德量的人。

爲祖宗養窮人，爲祖宗教愚人，爲祖宗化惡人，爲祖宗容横人，爲祖宗培善人。自家而外皆若是，天地是我大祖宗，天下人是我一家大衆子弟。此是何等心腸，乃見真學問。

目無青白則目明，耳無邪正則耳聰，心無愛憎則心正。置身天地間，平平鋪鋪，不見崖異，方真是爲己之學。

世學者好說嚴毅方正，予思與造物者游。春風習習，猶恐物之與我拂也，忍襲嚴毅方正之迹哉？苟未有嚴毅方正之實，而徒襲其迹，與人隔絶，何啻胡越。

未知學，人却要知學；既知學，人却要不知有學。未修行，人却要修行；既修行，人却要不知有修。予見世之稍學修者，嘵嘵自別於人，其病與不知學修者一般，有甚差別。[二]

[一]「必未」，《明儒學案》作「未必」。

[二]《明儒學案》該段標點小異，文亦小異。茲附録如下：「未知學人，却要知學，既知學人，却要不知有學；未修行人，却要修行，既修行人，却要不知有修。予見世之稍學修者，嘵嘵自別於人，其病與不知學修者，有甚差別。」

予閒居別無得力處，覺得本分二字親切，做本分人，說本分話，行本分事。本分外不得加減毫末，識得本分，更有何事！

道無揀擇，學無精粗。

下學便是上達，非是下學纔才上達，若下學後上達，是作兩層事了。

予觀世上人受用長遠者，未有不是心田寬平。有一分心田，自有一分受用，如鼓應桴不爽。

爲病而設方者，病已方可除，執方而病增矣！爲津而設筏者，津渡筏可舍，執筏而津迷矣！聖賢之言教人類如是。

四鄰日日見，有死者，常於此儆省，自無歇手處耳。

人生世間如草上露，有若多光景。善謀生者萬古流芳。一日不善謀生者，一日遺臭千載。

今世所謂高明者，發揚莽蕩而已；所謂沉潛者，包瞞柔媚而已。發揚莽蕩者，一收拾便可回頭入道；若包瞞柔媚者，其骨髓率難抽，故聖人取狂取陽。

學問原是家常茶飯，醲釅不得，有一毫醲釅，與學爭遠。

氣勿浮，浮者如萍之浮漫無根；勿露，露者如根之暴露難成；勿揚，揚者如塵之飛揚無止。君子欲沉、欲深、欲渾、欲密、欲邃、欲斂、欲定。

人苟能改過遷善，昨日地獄，今日天堂；昨日屠估，今日佛子，故曰：「雖有惡人，可祀上帝。」吾輩不可以舊惡棄人，夫人不可以舊過自棄。

衣煖而不慼寒者，文綉而土木也。食飽而不念飢者，禽畜而嘬啄也。天與人五官五常，土木耶？禽畜耶？

道無對待，有對待者，非道也。學無等待，有等待者，非學也。

今之大老動云後生浮慄，無前輩風範，不知前輩老者作事可觀，立朝有法，居鄉有度，見後輩，多少接引誘掖心腸，今却不免忌嫉心在，挾長挾貴，要後進依附爲用。有志之士寧甘疏遠之嫌，恥作趍炎之態，正好自責，未可歸後輩罪也。

康五峰老而聾，請曰：不得聞先生教，奈何？先生啓手曰：不聞亦式。

學人最患無志，猶最患無知。與無志人言難，與無知人言猶難之難。無志人一旦發念，如槁木得雨，發生有自；無知人終身自是臃腫朽木，雨露之潤，不得成材。

吾儕須作升手升腳學問。今人瞑了目，合了口，拱了手，齊了足，自以收斂之極，不知中藏多少不好在，有道者視之衹是作僞。

❶ 邵雍《自述二首》其一云：「何者堪名席上珍，都緣當日得師真。是知佚我無如老，惟喜放懷長似春。得志當爲天下事，退居聊作水雲身。胸中一點分明處，不負高天不負人。」

燕台會記

呂新吾❶云：四勿功夫，亦時時少不得？先生詰之曰：兄此時與吾輩言，亦與吾輩應酬，目又視我，耳又聽我，視聽言動一時齊發，豈是做了非禮勿視，又做了非禮勿聽，做了非禮勿聽，又做了非禮勿言動，此時不可不省察。

呂又一夜過先生曰：孔子與下大夫言，侃侃如也；與上大夫言，誾誾如也，若錯了便不是？先生曰：與上大夫言，有時侃侃，亦是誾誾；與下大夫言，亦有時誾誾，亦是侃侃。須要識得此意。若一味侃侃誾誾，上至於畏，下至於陵了，所以斟酌其間者是個甚？

呂云：知行還是兩個？先生曰：是一。試言之。呂云：我携盒來兄這裏，初然意思要來，後偶有羈絆未得來，畢竟是未行。先生曰：畢竟是未知？呂云：如何是未知？先生曰：畢竟是當初來這意思未真，若意思來得真，縱有天大事，必要來了。是知即爲行，若來這裏是爲何事？無非彼此商量學脉。非爲商量學脉，來這裏做甚？是行即爲知。若知是知，行是行，知是想，行是冥。周子曰：來固是行，有事不得來，止亦是行。

孟我疆❷曰：如何是道心人心？先生曰：不由人力，純乎自然者，道心也；由思勉而得者，人心也。

我疆問：孔子云：「正目而視之，不可得而見也；傾耳而聽之，不可得而聞也。」故曰：視於無形，聽於無聲。子思發之爲「不覩不聞」，陽明又云：「若覩聞一於理，即不覩不聞也。」果從孔子之言乎？抑從陽明之言乎？先生曰：孔子懼人看得太粗了，指隱處與人看；陽明恐人看得人細了，指顯處與人看，其實合内外之道也。

近日有一二人彼此相仇，借予短之，以助其焰。予見一大老，不覺發誓，既退，自悔曰：予自待其身之薄如此，予果無是事？即彼疑我，予受之已矣！此還在世情上、毁譽間起念，非老父仁子也。猛省猛省！

孟我疆問：何以做爲善功夫？先生曰：有幾樣，有一樣。錮蔽深重，將平夙習氣，從平旦猛省，是學者爲善。有一樣直養平旦之氣無害，是大賢爲善。若舜之爲善，直是通乎晝夜耳。

❶ 呂坤（1536—1618），字叔簡，號新吾，河南寧陵人，著有《呻吟語》《去僞齋集》等傳世。
❷ 孟秋（1525—1589），字子成，號我疆，山東茌平人，著有《道脉説》《大道吟》《氣志吟》等傳世。

南都會紀

一友曰：予口雖與先生話，余心下在做工夫。先生曰：然則兄心口不相應了。友問：吾有知乎哉？叩其兩端而竭焉。先生曰：鄙夫只爲有這兩端，所以未能廓然。聖人將他那兩端都空盡無餘了，同歸於空空。曰：然則致知之功如何？曰：聖人致之無知而已。曰：然則格物之説如何？曰：視之不見，聽之不聞，體物而不可遺，洋洋乎如在其上，如在其左右，此真格物也。

龍華會紀

楊如石問格物之説。有云今日格一物，明日格一物，久則自然貫通者；有云格其不正以歸於正者；有云格，式者；有云格者，通也，通吾心宇宙之故物者。其説不一，將何所從？先生曰：學在識仁。識仁則無之非是，不識仁則無之而是。

劉開卿問：夫子時言仁，又曰子罕言仁也，何也？先生曰：子且識仁。生曰：何？曰：夫子發揮仁再無過。「仁者，人也」一語，透洩殆盡。當時我看仁做個幽深玄遠，是奇特的東西；如今看來，我輩在一堂之上即是仁，再無虧欠，切莫錯過。

解見仲問：夫子只言仁之用，何以不言仁之體？先生曰：今人體用做兩件看〔一〕，如何明得？余近來知體即用，用即體，離用無體，離情無性，離顯無微，離已發無未發。非予言也。軻氏曰：「惻隱之心，人皆有之；羞惡之心，人皆有之；恭敬之心，人皆有之；是非之心，人皆有之。」繼之曰：「惻隱之心，仁也；羞惡之心，義也；恭敬之心，禮也；是非之心，智也。」諸君體會自見。

曾生問：日間生機時有開發，奈不接續斷何？先生曰：無斷續者，體也；有斷續者，見也。曰：功將何處？曰：識得病處即是藥，識得斷處就是續。

諸君歌「請君隨事反身觀」❶之句。先生曰：先賢詩不是漫作的，諸君要自體會。一堂之上，有問即答，茶到即接，此處還添得些否？此理不須凑泊，不須幫貼。

先生曰：此學不是漫説的，如平素不能處家庭里閈，却會處家庭里閈；平素不能忍耐從容，却能忍耐從容，此便是講學之益。不然，與不學人奚別。學先變化氣質爲第一義。

劉懷蓮論心性有不同。先生曰：只一無二。曰：有謂心在性先者，有謂性在心先者。曰：性在心先，此祖「天命之謂性」而言也；心在性先，此祖「生之謂性」而言也。予竊謂先在知性。軻氏曰：「盡其心者，知其性也。」盡者，了無一物，渾然太虛之謂。心性亦是强名，諸君聞之躍然。

❶ 陽明《示諸生三首》：「只從孝弟爲堯舜，莫把辭章學柳韓。不信自家原具足，請君隨事反身觀。」

〔一〕 各本該句皆作「今人作體用做兩件看」，今據《明儒學案》改。

玄潭會紀

邑學諭劉君問曰：日間苦心出入，不得停住。先生曰：心體本無出入，而意則有生滅。復告之曰：公知亡即是存，知出便是入。

瑞金朱英儒問曰：孔子「飯蔬飲水，樂在其中」，顔子「簞食瓢飲，不改其樂」，曾點「童冠偕春」，其樂何如？先生曰：昔人云：「欲知孔顔樂處樂，先知孔顔憂處憂。」見臺公云：「蔬食飲水即是樂，非是蔬食飲水外尋討一個樂。」先生曰：然。

廬陵胡瑀重問曰：孔子曰：「吾有知乎哉，空空如也。」又曰：「屢空。」如今心中紛紛念頭，如何得空？先生曰：公日間吃飯飲酒不礙胸中，却以意念爲礙胸中乎？且有酒於此杯中，不空矣！纔飲乾，便空。是酒自乾乎？是子飲而空乎？畢竟子飲而空。口說不得空，爲仁由己，可不體認？

求仁會紀

康五峰問曰：先生師門之光，宜何以教我？先生曰：先生年七十餘，孜孜矻矻，斯會即不開口一字，有餘師矣。

康生問：其心三月不違仁，仁與心何所分别？先生曰：公適走上來問，豈有帶了一個心，又帶了一個仁來？公且退。

康生問：「克己復禮爲仁」「己所不欲勿施於人」，二「己」同否？先生曰：明道已詳言之矣！克己復禮，乾道也；主敬行恕，坤道也。乾爲先天之學，坤是後天之學。孔門惟顔子領悟得先天，然乾中有坤，坤中有乾，分不得。

胡生問：「參乎！吾道一以貫之。」曾子以忠恕發之。語云：「忠恕違道不遠。」則忠恕似未足盡一貫。先生曰：我昔日不能無此疑，近看來曾子見得條條是道，故近取以言之。雖然，諸公不要去摽一貫，且體忠恕。如恕字，一生受用不盡。我平生覺得處人處事，只是不恕。恕者，如心之謂。人只是要如己之心，不思如人之心，如己如人，均齊方正，更説甚一貫。孟軻氏曰：「强恕而行，求仁莫近焉。」

先生曰：「其爲物不二，則其生物不測。」二則對，不二則無對。須知生物不測即是爲物不二。離了生物不測，別無爲物不二。篤庵以爲然。

青原問予會約内三悟語何所別？先生曰：總只是一悟。予當時無奈何，說此三段，使人深思自得耳。又問曰：修與悟有別乎？曰：離悟無修，離修無悟，大段只是不奮，故曰：「不憤不啓。」憤則自悟、自修。

蕭生問曰：學不長進有三憂，憂似、憂懶、憂非。似是而非，若精神懶散，世間譏訕，有此三憂如何制？先生曰：總只是一憂，總只是憂非。非與是對，不見學之是，只是不信。子曰：「人而無信，不知其可也。」若信我身便是堯舜禹湯文武之身，自然不肯安於似是而非，自然精神振作，自然一家非之不顧，天下非之不顧。

有布衣曾廬墓敦古行。聞先生言來聽教。請曰：「修己以安人」，有修己之心，便有安人之心。我里中人不安者甚多，如何算得修己？先生曰：我二十年前熱中，亦欲安人。今安不得，且歸來。我與公且論修己。修己之方，在思不出其位，在素位而行。公且素位，老實以行誼表於鄉，便是安人。不然，你欲安人，別人安了你。先生知其欲犯里中豪勢，故教之以安身之道。如此貽爲善錄一冊，其人欣然而去。

蕭生問：學貴磨練。請問磨練之方？先生曰：公身上有痛否？蕭生曰：將手去撫。有癢將何處？蕭生曰：將手去搔。先生啓手曰：陽明先生云：「自家痛癢自家知，痛癢何須更問爲？」君要磨練，還請自磨練。

塘南先生問：佛法只是一死生動人，故學佛者在了生死。遍問諸人未答。先生曰：人只是意在作祟，有意則有生死，無意則無生死。

鐵佛會紀

歐陽明卿問曰：釋氏不可以治天下國家？先生曰：子何見其不可以治天下國家？曰：樣樣都拋了。曰：此處難言，有飯在此，儒會吃，釋亦會吃，既能吃飯，總之皆可以治天下國家。子謂釋樣樣抛了，不可以治以天下國家；儒者樣樣不抛，又何獨不能治天下國家？[一]

問：今人如何心與孔孟不同？先生曰：公若以心與孔孟不同，只恐心來告冤。予試問公孩提下地來叫一聲，孔孟此叫，今人亦此叫；見父母知愛戀，孔孟此愛戀，今人亦此愛戀；見兄愛敬，孔孟此愛敬，今人亦此愛敬，如何不同？曰：然則卒不同何耶？曰：庶民去之，孔孟存之。曰：何以去？何以存？曰：去者迷也，存者悟也。

又問曰：王味庵教人只是靜坐。日間苦私慮不了，私欲不斷。先生曰：私慮不了，私欲不斷，畢竟是未曾靜，未有入處。若靜到心明，我亦無以告子。心迷則天理爲人欲，心悟則人欲爲天理。

觀瀾會紀

安成豐成卿曰：門生昨赴會，舟行遲暮，夜暫寄酒肆。遇有演傳奇者，心極欲看，旋思曰：本來入道德之門，奈何置身紛雜之場。克制之，而欲看之心未已。果欲看爲真心乎？抑不看爲真心乎？將以欲看者爲真，則已馳其心於無益之觀；將以不看者爲真，何以念竟不能釋？先生曰：子初入門，宜以不看爲是。若論真心，如蓮花出水，淤泥不染，不看亦無加，看亦無損。

又問曰：學未有不由師傳者，然見師日少，别師日多，若以心爲嚴師，師心自得，又恐流入曲徑，求一指歸。先生曰：爲仁由己。心爲嚴師，此語千古的訣。孟氏曰：子歸而求之有餘師，此語不是誑曹。交若肯學則家中童僕皆師也，矧曰父母兄弟。

又問曰：心何以謂之盡，性何以謂之知，釋何以謂之明，見道何以謂之修煉？同乎？異乎？先生曰：我說與子何以謂之盡、謂

[一]《明儒學案》「天下國家」後尚有文字，茲錄於此：「所謂不能治天下國家，如唐、虞、三代之治，治之也。若如後世之治，無論釋氏，即胥吏科舉之士，及盜賊菜傭牛表，無不可以治天卜國家，而可以謂之能治乎？先生之許釋氏，亦不過後世之治也。」

之明，謂之煉，是我的明與盡與鍊，與子無干。子且今從何以盡、何以明、何以鍊，實落做去，必有歸一之路。

問：覺與悟有淺深否？同異否？先生曰：小覺則小悟，大覺則大悟。又問曰：克己復禮，乾道；主敬行恕，坤道，何以有乾坤之别？先生曰：乾道是率性之謂道，坤道是修道之謂教。究竟眼明後，實無分别。又問曰：明道云「仁者渾然與物同體」，何以能與物同體？先生曰：子且從恕處行。强恕而行，求仁莫近焉。近仁則自然與物同體矣！

又問曰：會約先悟從何處悟起？先生曰：「舜何人也，予何人也。」舜爲法於天下，可傳於後世，我猶未免爲鄉人也。悟彼獨何聖而我獨何愚，便當發一個憤。又問曰：會約重修，不知從逐事逐物上修，亦不知以心宰制萬物謂之修？先生曰：心與事物無間，除却事物外無心。以一心宰制萬物，亦不是將心與事物凑合，是即心即事，即事即心，非二之也。

大樸會紀[一]

江起潛問「亦足以發」。先生曰：聖人之學，無意之學也。「不違如愚」，無意之教也。「亦足以發」，無意之發也。人只在已發處學，誰向未發處學？

江生問「盡心知性知天」。先生曰：今人以胸中爲心，子且胸中乾淨得來，我與爾説知性，性從生，目視此性也，耳聽此性也，手足運動此性也。子於此處時時體貼，有日自知性。知性則心自盡，即心即天。

江生問「生之謂性」。先生曰：此章書告子説得不錯，只是當時欠一承當。如以白雪之白、白玉之白、白羽之白，子謂有異乎？無異乎？將物打在身上，牛此痛，犬羊此痛，人亦此痛，但人得其全，物得其偏。先正曰：「盡人之性，盡物之性，物豈無性？」

[一]《明儒學案》作「太樸會紀」。

常熟秦子澤問「天下歸仁」。先生曰：子無得看歸仁是奇特事，胸中有油麻大[一]，外面有天大。子齋中有諸友，與諸友相處無一毫間隔，即是歸仁；與妻子僮僕無一毫間隔，便是歸仁。若舍見在境界，說天下歸仁越遠越不着身。學問不是大奇特事，聖賢設教不是玄遠的說，子且從日間現境看起。

江起潛問「堯舜其猶病諸」。先生曰：此非夫子不能道。夫子不曾居堯舜之位，却能透堯舜之心。堯舜心實是有病，且道堯舜在今日心有盡時，若他人則便以堯舜驚倒了。

歐陽念中問：「回也，其庶乎？屢空。」庶乎還有着落否？先生曰：若庶乎有着落，即是子貢貨殖，安能得屢空。

歐陽憲明問「蓋有不知而作之者」一節。先生曰：不由聞見，直任知體，此聖人之知也。因聞見而有者，知之次也。

同仁會紀

辛丑冬，同仁書院落成大會，先生偕同年羅給諫至席。間覩曾見老條件有不得護門面相，心喜。因請教諸君曰：余輩當作樂天學問，近日只要人畏天，自家再不肯樂天。樂天者，有保天下之氣象，何等廣大；畏天者，只是保一國之規模，何等局促！若自家不肯樂天，久之，天威至，不怕你不畏。時演泉周先生在坐，欣然曰：良然！良然！吾鄉近日處事，有科第人家、無科第人家，故家及非故家，人衆寡，力盛衰，人體截然分別，斫削元氣。先生曰：吾輩若不作主張，人寡力弱之家有事不幸遭强盛之家，處得無轉身地，同黨又欲從而加威，恐怕得罪於天。吾輩今日在此講學，學此仁，仁視天下，皆吾一家一隅之地，大段以扶弱恤小爲主。學從此路，使鄉邦實受其福，方爲真會。真是同仁，即仁即聖。不然，縱說心性入微眇，總是閑話。愧彼自好，不爲者爭遠矣！

[一]「油麻大」，《明儒學案》作「只芝麻大」。

玄潭再紀[一]

壬寅春，金山人安一在座述粤中大會，吾友楊復所數日只是講「學而時習」一句，再無奇特語。先生曰：君薄此數字耶？孔子聖只是一時字，《易》每卦必贊曰：某之時義大矣哉！無論此兩日說、經年說不盡，終生說不盡，千生說不盡。天高地下，日往月來，春生夏長，秋收冬藏，鳥語花香，魚躍鳶飛說不盡。堯兢兢、舜業業、禹孜孜、夫子發憤，俱爲此一字不得親切，「學而時習」首章至末曰「山梁雌雉，時哉時哉！」噫！其義微矣！

青原會紀

壬寅秋，先生赴青原會，偕門人謝生邦梅、周布衣在中同舟。鱺永和，遲諸邑同志數日，無一至者，問之則以青原疫盛，諸僧病不能起者衆，遂止。劉野仙指竹林間茅屋曰：此故宋丞相益國故宅，遺像儼然。予偕三四人晉謁，貌古剝落，殘垣敗壁，不足妥先賢靈。因與二三君言曰：大凡人生多才之地，往往爲人所掩。益國在宋亦謚文忠，今人多知歐文忠，以文忠勳文出益國上。益國亦爲丞相，人多知文丞相，以文丞相大節出益國上。若益國在他郡，其隆祀不知何如。然予讀益國籍，在宋無有留心出世之學者，此老於此學獨深。近諸君既搜其遺言，剞劂以傳，亦安知無專祠以祀，豈精靈秘久始洩耶？譚罷各歸舟，欲返。先生告謝生曰：君豈謂以赴會來，不會便即索然耶？此道不以一人損，不以多人加；不以一言有，不以不言無。當知無人、無我、無會無不會，方爲不可須臾離，如此則時時必有事焉！周布衣曰：即此會至矣！書之以告同盟。

癸卯秋，先生偕陳繹曾、劉汝一、解士儀、董淑修赴青原。繹曾問曰：「志，氣之帥；氣，體之充。」又曰：「持志，無暴其氣。」

[一] 根據《南皋鄒先生語義合編目錄》改。

功夫何似？先生曰：此有兩項。有因持志入者，如識仁則氣自定；有由養氣入者，如氣定則神自凝；又有由交養入者，如白沙詩云：「時時心氣要調停，心氣功大一體成。莫道求心不求氣，須教心氣兩和平。」此是先輩用過苦功語。可用，雖然此是調停。大音希聲，不調自合。能直透心體，不必言持志，亦不必見無暴矣！如告子「不得於言」四句功夫亦細，此是休役法，未可盡詘，亦須事領略。

士儀又問「志道據德依仁游藝」章。先生曰：此不必别看。道即五達道，除君臣、父子、夫婦、昆弟無道；德即三達德，除知、仁、勇無德。仁即德中之生意處，游藝即道全德備仁熟之至，除道德仁無藝。邵子弄丸安樂窩中即此意。董淑修問「吾道一以貫之」之義。先生曰：子未便悟一貫，且一味從忠恕做去。子貢問一言可終身行，只在一恕。我輩只是一恕，則天地民物打成一片，何者不貫得。

問仁會録

問「明明德」。有云「人之所得乎天，而虛靈不昧」者；有云即良知者；有云乃行道而有得於心，如智、仁、聖、義、中、和之類。若虛靈乃心體，良知乃知體，俱難名德，必正之、致之，乃可明明德者。有云明德者，顯道也。《書》曰：「天有顯道，厥類惟彰。」所謂君臣之義、父子之仁、夫婦之别、長幼之敘、朋友之信，天敘、天秩，燦然而彰明者是也。諸説孰是？先生曰：諸説俱是。既謂之德，自然虛靈不昧，自然良知，即知即仁，即聖即義，即中即和。在父子則親，在君臣則義，在夫婦則别，在朋友則信，在長幼則序，致之正之，明德之功。行道而有得於心，此語要善看。若心中有得，不謂之自得。自得而後謂之明德。

問明明德之訓。朱子云：「人之所得乎天，而虛靈不昧，但爲氣稟所拘，物欲所蔽，則有時而昏。」羅近溪先生却云：「氣稟不能拘，物欲不能蔽，無時而昏。」二説孰是？先生曰：氣稟不能拘，物欲不能蔽，語體也。然有時而蔽，有時而拘者，非本然之體。學在識此體，融則爲水，凝則爲冰，水與冰有二哉？識此則更不必以明德明德矣！儒者頭上安頭，樓上架樓，二之也。

問「氣稟所拘，物欲所蔽」二語。《孟子》云「耳目之官不思，而蔽於物」，則爲物欲所蔽者有之。若云氣稟所拘，則孩提稍長，無不知愛親敬兄；孺子入井，無不有怵惕惻隱；呼蹴之與，雖行道乞人所弗屑受，何嘗有氣稟之拘乎？先生曰：孩提愛親敬兄，孟子指其天然不費人力處，要人認怵惕惻隱。及行道乞人弗屑此，如水上浮萍忽被風吹見水，從風吹見水處不蔽，始不能拘。不然，混入識浪去。

問「必慎其獨」。有云獨者，人所不知而己所獨知之地，故必謹之於此，以審其幾，近遂有以念頭初動處當之者；又有云誠意之功，須先其意之所未動而誠之，若待善惡既動而後致力，則已晚矣！果若此，則慎獨之功從何下手？先生曰：國君好仁，天下無敵。無敵，真慎獨也。人所不知，己所獨知，多流入識神去。先其意之所未動而誠之，愚謂既云未動，誠將何下手？莫若《易》誠而識之，即伯子識仁之謂。未發前觀何氣象意思，善惡既動而後致力，則已晚矣！此爲老學者言，初學者既發後肯致力，亦佳。

問：「心不在焉，食而不知其味」與「子在齊，聞《韶》，三月不知肉味」，其「不知」同否？先生曰：「心不在焉，食而不知其味」，此凡人也；聖人三月不知肉味。愚謂不知有肉味也，如人一心齋蔬，那知有葷味意。若肉到口不知，聖人與逐物者奚異？

問：子思子云「天命之謂性」，性命本來是一，孟子却云「性也，有命焉；命也，有性焉」，又似乎有二，若何？先生曰：性有以生生言者，有以寂然不動言者。命有以主宰言者，有以流行言者。性命原無兩。子思與孟子言有先後，或各有所歸。子思所謂即寂然不動之旨，孟子則以流行中言性，此即別得明白亦是閑說話，身上體貼得、受用得，是真性命。

問：未發之中，陽明先生以爲常人未必有，此語然否？先生曰：常人未必有，非無也。常人有，而未必覺也。平旦夜氣即未發之中。

問鬼神之說。經傳所載甚備，故古聖制爲祀典亦甚詳。今學者多言無鬼神，輒以司馬氏「形既朽滅，神亦飄散」之說爲辨。若然，則「精氣爲物，游魂爲變」之說非與？先生曰：學者言無鬼神，此是擔板漢，不知自己即是活鬼神。一言一動，一闔一闢，即是鬼神。肯信得身是鬼神，自不肯虛生浪死。

問：《中庸》言「盡性」，《孟子》言「盡心」，盡心與盡性同否？先生曰：盡心由於知性，知性方能盡心。性無形氣，心有知覺。世有知心者，知性者少，知性過此以往未之或知也。

問：夫子「三十而立，四十而不惑」，然則四十以前乃在惑中立耶？先生曰：不惑即不惑所立者耳。若未到知命耳順不逾矩地步，即七十亦有惑，但聖人所謂惑微細。惑爲入道之地。吾輩不得進，只是不肯疑，疑到死方謂之聖人，再無有自足時節。

問：夫子曰「朝聞道，夕死可矣」，敢問何如謂之聞道？先生曰：請問君吃喫飯問我何以爲飽，予實未聞道，無可奉告，待聞而與君言。有叩鐘於此，君聞聲乎？是時作鐘想、作聞想、作非鐘非聞想？

問：曾子云「夫子之道，忠恕而已矣！」，夫子却云「忠恕違道不遠」，忠恕與道，是一是二？先生曰：一莖草，多少生意。謂忠恕不是道乎？違道不遠，學者之忠恕也；聖人忠恕即道，無二見也。

問：「三月不違仁」與「日月至焉」，其心從何分辨？先生曰：吾輩果百日精神凝聚，即知顏子。如今精神散亂，即日至有歉，矧曰月至，即辯得明。如貧子說金，不若從一息處即能通萬古理會，則不必較計歲時久近矣！

問：夫子「樂在其中」，「回也，不改其樂」，所樂何事？先生曰：人心本自樂，自將私欲縛。私欲一萌時，良知還自覺。一覺便消除，此心依舊樂。樂便然後學，學便然後樂。此尋孔顏樂處真功，我亦不知所樂何事？

問：夫子不夢周公，莫已造無夢境界否？先生曰：縱與爾說得明，終是說夢在。

問：「加我數年，五十以學易，可以無大過矣！」豈聖人前此尚猶有大過否？先生曰：易之體剛柔，剛柔惟趨時。時過，剛過柔者，其常也，而剛中柔中者少。聖人之[一]過，衆人不知過。知過所以學易，夫子聖之時，學易得來。

問：德性之知與見聞之知果有二乎？先生曰：德性之知，本體也；見聞之知，識神也。迷則將賊爲子，悟則波即是水。

問：泰伯仲雍俱托爲采藥之行，而仲雍斷髪文身，與後世出家修行者何異？乃夫子一稱之爲至德，一稱之爲中清中權，何今之儒者於二氏者流獨闢之？先生曰：子不闢便是。

問博文約禮。敢問所以博之約之者安在？先生曰：博是誰博，約是誰約，能知博約者，自知所在矣！

問：可與共學矣，何以不可與適道？先生曰：可與共學者，意也，不可與適道者，意見横於胸中也。共學者如毛，聞道者如角。

問：「割不正不食」，近有解作「割宰之割」。曰：「君無故不殺牛，大夫無故不殺羊，士無故不殺犬豕。」無故而殺謂之「不

[一] 據文義，應爲「知」。

正」，此說殊有深意，乃今有戒殺者輒目以爲異，豈習俗固難變與？先生曰：「割不正不食」，此解亦好。世間有好生者，有好殺者，亦氣化使然，不足異也。君子只救得幾分。予初登第思自己無功德，何以有此？既思之，想是不曾遮開剝狀。世俗一中舉便爲人所迷，椎牛開剝，上官不能禁，開鄉里賊盜之端。吾吉近中諸君子皆有善根，所以異於他郡邑者，此亦其一端。

問：「未知生，焉知死。」何以謂之知生？先生曰：今有人於此問知生死，予告之曰：「子死乎？」曰：「未死。」曰：「何未死？」曰：「吾胸中耳目聰明，色色如赤子時。」曰：「子知生矣！」知生則知死，不必問我。

問：「克己復禮爲仁。」朱子謂「必克己而後復禮。」；近有謂「克，能也；己，自也」，謂能自復禮便爲仁，二說孰是？先生曰：能自復禮者，可以語上也，千百里得一人，如比肩焉。必克己而後復禮者，初學授此拄杖，便不跌倒無着落。

問：非禮固當勿視，固當勿聽，然亦有非禮之色，非禮之聲當前，將視之、聽之則非禮，將不視、不聽則當前其如之何？先生曰：視而未嘗視，聽而未嘗聽，過即化，存即神，此聖人事，奸聲亂色不留。聰明學者且循着規矩去，能日與賢師良友處，何有非禮之聲色。

問：「出門如見大賓，使民如承大祭」，未出門時使民則如何？先生曰：未出門使民時如何，子作麽生，不必問我。我不能告之子，猶子不能告之我，自家痛癢自家知。

問：「在邦無怨，在家無怨」，必如何而後可以無怨？先生曰：只在學。學則「西銘」一章，在身上那更有怨在？

問：爲名與爲利雖清濁不同，然其利心則一，學必如何而後可以消去名利之心？先生曰：名利之心，下地即有，如童子得一摶黍即喜，稱其好即喜，此即名利種子。欲消消不得，必有所以勝之者，看破是己看破，則自淡。淡得下，方見得定。此樸實告子語。

問：夫子系《易》曰：「君子多識前言往行，以蓄其德。」乃語子貢則以多學而識爲非，何與？先生曰：「多識前言往行，以蓄其德」，此大學也，故曰大蓄。「多學而識」，此小蓄也。識在前言往行之先，則有默默如猫捕鼠之意；識在多學之後，則有貧子暴富之意。

問：夫子云「性相近也，習相遠也」，又云「惟上智與下愚不移」。敢問其不移者性與習與？先生曰：不以習而增，不習而減，此性體之不移也。語之善不信，語之惡不警，此習之不移也。今人能移不移之習，後能透不移之體。

問：六言皆美德，不學則各有所蔽。乃今反有以講學爲非者，何與？先生曰：以講學爲非者，開目如是。請問其自少至老，自朝至暮，還作何事？若是庸人，則其言不足聞矣！蛟龍不與，魚鱉蛩蟮同作生計。壁立首出，始得承當。

問：「群居終日，言不及義」與「飽食終日，無所用心」，兩「難矣哉」同否？先生曰：「無所用心」，至寶在匱，未爲失也；「言不及義」，則取寶而焚之矣！

問：「不知命，無以爲君子。」夫子云「五十而知天命」，敢問其所知者何在？先生曰：日間問子以時義，子必曰：「知。」問子以家宅鄉里事，子必曰：「知。」此知之所在，即命即陰陽五行之數，亦天命。說到知徹地，少一件不得。

問：讀書而不明理，豈非「不得於言，勿求於心」乎？先生曰：「不得於言，勿求於心。」告子煞不在言下理會，盡入細微矣！不肖亦不曾得告子心，姑且置。若讀書不明理，說甚讀書。

問：「氣體之充也，直養無害。」何以遂塞乎天地？先生曰：試與子自朝至暮直養，氣塞天地否？不必設譚，此是實事。

問：冉牛、閔子、顏淵善言德行，其善言者安在？先生曰：仰鑽瞻忽，博文約禮，如有所立卓爾，雖欲從之，末由也已，儘善言德行在。

問：宰我曰：「以予觀於夫子，賢於堯舜遠矣！」孟子亦曰：「自生民以來，未有孔子者也。」乃陽明子謂「堯舜猶萬鎰，文王孔子猶九千鎰」，豈堯舜猶賢於文王孔子乎？先生曰：陽明先生亦是偶言，未嘗以聖賢分優劣。聖賢分量充滿，各隨其時。若論時，唐虞與夫子争遠。

問：孟子云「五百年必有王者興」，其間必有名世者，何由周而來，王者之興不符其期，而名世者亦不數數見也？先生曰：名世不系名位，每一代必有司此道之柄者，即名世也。孟子看得到，故自任。

問：孟子云：「飽食煖衣，逸居而無教，則近於禽獸。」又曰：「人之所以異於禽獸者幾希。」敢問所以幾希者謂何？先生曰：平旦之氣，其好惡與人相近也。者幾希子謂然否、是否與禽獸異？

問：楊氏爲我，是一於自私，固不足道。若墨氏兼愛，亦庶幾與物同體之意。何孟子闢之之深如此？先生曰：與物同體，非以己合彼之謂，原自與物同體。曰愛則着情矣！然楊氏爲我，非如人自私自利之謂，是藏身之意。

問：自暴者不可與言，自棄者不可與爲。若今人之不樂講學，與講學而不能實踐者，豈非自暴自棄之甚乎？敢問其病處安在？先生曰：不樂講學與講學不能實踐，病痛亦只是自暴自棄。試看近來笑講學者，那個不是氣粗暴的人，那個不是氣暴露的人。如陽貨，夫子遇，只是遜，不必與之言。自棄總只是混過這一生，連父母都不想，如人拋妻棄子，流浪在外，所以可哀。說到此，予輩學不歸根，此暴棄二字少不得。

問：「雖有惡人，齋戒沐浴，亦可以事上帝。」若「聞義而不能徙，不善而不能改」，豈非下愚不移？先生曰：齋戒可以事上帝，惡無根也。下愚不移，信不篤也。

問：「子產使校人畜之池」與「高柴之啓蟄不殺」，同一意否？先生曰：柴啓蟄不殺，一生是如此；子產偶然如此，生機則一。

問：「不藏怒焉，不宿怨焉」與「不遷怒，不貳過」者同否？先生曰：知有怒與怨，則自藏與宿，聖人所過即化，顔子卓爾幾化矣！

問：先覺之覺與正覺之覺同否？先生曰：先覺而後入正覺，正覺而後證先覺。功無先後，證有偏全。

問：事有鄉黨自好者不爲，而讀書者反爲之，其病安在？先生曰：病在不明理。既明理，自無爲其所不爲。

問：告子無善無不善之說與後世無善無惡之旨亦自暗合，孟子辨之何與？先生曰：無善無惡從太虛一段元初說來，告子學入於悟，孟子性善之論，使學者有所持循。

問：孟子云「求其放心」，邵子却云「心要放」，明道先生曰「既得後便須放開」，此意如何？先生曰：求放心者，使人知有心之可求也；心要放者，使人知無心之可守也。

問盡心知性。朱子未能極其心之全體而無不盡者，必其能窮夫理而無不知者也。其意謂盡心必本於知性。近儒謂能盡心者自能知性，二說孰是？先生曰：心性二義，隨人指點，只要本地風光明白。

問：「夭壽不二，修身以俟之。」何以便能立命？先生曰：夭壽不二，修身以俟，自有立命來相待子。

問：孟子「不愧不怍」，又云「恥之於人大矣」，敢問必如何方謂之有恥？必如何方可以無愧怍？先生曰：知學則知恥，知恥而後可無愧怍。

問：成章後達與下學上達之義同否？先生曰：姑下學。下學而成章，即是上達，無兩義。

問：形色天性之旨何如？先生曰：學者透此一語，學無餘事。卑者認着形色一邊，高者認着天性一邊，誰知形色即是天性，天性不外形色，即「仁者人也」宗旨。

問：堯舜之知而不遍物，朱子云「即凡物之表裏精粗無不各致其極」，豈非遍物以爲知與？先生曰：堯舜所謂物，即曆象、日月星辰、治水土、教稼穡、人倫之類，不在遍物，惟在得人。朱子所謂凡物却與堯舜之物爭遠。

問：陽明先生云：「濂溪明道之後，還是象山，只還粗些。」敢問其粗處安在？先生曰：予亦嘗疑象山悟「宇宙即吾心」語後未見大進，總之西江人本色，無委婉，一味直致。如孟氏巖巖，亦是粗處。

問：近世儒者有專祖儒者本天、釋氏本心之說以明宗者，其旨然否？先生曰：天外無心，心外無天，不敢異同。

問：孟子云由堯舜至於孔子，中間若湯若文，皆五百餘歲。由孔孟至周子，中間若楊子雲[一]、王文中，其年數亦略相符，可謂得道統之傳否？先生曰：須要曉得自堯舜至今日，道統人人有分，個個具足，但有覺有不覺，即覺者亦有分數，不可謂此知彼非知，此覺彼非覺。

問：潛見惕躍之旨，在人身何如用？先生曰：昔己酉，予在南都，魏敬吾大理常提「潛心於淵，美厥靈根」等語向予勉。予當時只忽過，自以爲潛，不知日日時時發露，人身日間受用只有一潛字，能潛則見與惕躍，不言而悟。

問：《易》曰：「積善之家必有餘慶，積不善之家必有餘殃。」《孟子》曰：「禍福無不自己求之者。」此亦因果感應之理，何今之學者於此則忽之，於彼則否之，何與？先生曰：否者，自否，吾不能必之信。信者，自信，吾不能必之否。關繫人夙因慶殃何？自予歸山十五年，只信得感應二字。

[一] 「楊子雲」应作「揚子雲」。

問：「蒙以養正，聖功也。」養蒙者必何道而可？先生曰：養蒙在正，正在先擇儀形之人。《易》初六曰：「利用刑人，以正法也。」已說盡無餘。

問：《易》惟謙卦六爻皆吉，若今之有德而遽欲上人，有才而遽欲凌人者，其病痛安在？先生曰：有德遽欲上人，不謂之德；有才遽欲凌人，不謂之才。昔予里有萬石翁者，予羨其富，渠即欿然驚曰：「予敢望某翁萬一。」渠真知某翁富於彼。若真知，性海無窮，堯舜而上有聖人，那得不謙。

問：「賁於丘園」，注云「陰性吝嗇，故有束帛戔戔之象」，又云「陽主義，陰主利」。同一性也，何有陰性陽性之殊？先生曰：得先天性多者屬陽，後天性多者屬陰。陽主發散，如斗墟是也。

問：「七日來復」之義何如？先生曰：「七日來復」，此爲中根人說。有人於此，所爲不善，開心告語之，渠泫然泣下，即刻來復矣。

問：人皆有知，何有頻復、迷復之殊？先生曰：頻復者，講學先生；迷復者，不講學先生。共一知也，在人蔽錮多與少。

問：敦復之與敦艮，是同是異？先生曰：今主祭者曰復位；艮則如陪祭者，止其所也。

問：對時育物與傍花隨柳之意，同否？先生曰：同與不同，明道先生知之。子且傍花隨柳時，看如何作主。

問：無妄即真，若欲存真，則爲無妄之藥，得毋無病而自創否？先生曰：無妄之藥，不可試也。身有之故，如無病之人不可服藥；若滿身麻木，不藉此語。

問：「咸，感也。」感字，從咸從心，知咸之義者，其知性之體乎！然否？先生曰：知咸之義者，未知性之體。感人心而天下和平，始知性之體。咸，感也。予輩與人未和平，說甚知性體。

問：初之「閑有家」與蒙之「養以正」，其義同否？先生曰：未有閑家而不養蒙者，養蒙閑家一道。

問：君子「維有解，有孚於小人」，乃有去佞如拔山者，其故何也？先生曰：欲去佞，所以如拔。君子惟有解，解者悟也，悟則不以小人待小人，所以孚小人。

問：「懲忿窒[一]欲」與「遷善改過」，其用功同否？先生曰：且問是誰人用功，有何不同？

問：居德何以則忌？先生曰：居官有德，上之功也，居里有德，人之功也。大德不德，是以無忌。居德則忌有己也，有己則忌。今講學先生不自知與愚夫愚婦同體，只要居德，所以取忌。

問：處困則有言不信，若遇宗社之變、親朋之失，亦可以無言否？先生曰：有言不信，在自信何如？自信則遇大變，自能斟酌。

問：「艮其背」何以「不獲其身」？「行其庭」何以「不見其人」？先生曰：此死功夫也。若時止時行，其道光明，何止無咎！

問：頻巽之人與頻復者有優劣否？先生曰：巽而後入復，小心謹慎之人，從此復有機。

問：豚魚無知之物，尚猶可以信感，乃有人而有知，反不可以誠動，其故何也？先生曰：畢竟未誠在。不然，不動之一時，而動之千萬世。

問：「乾知大始」，注云「知猶主也」。若然，何不云「乾主大始」，而必曰知者何？先生曰：舍知無主，知而曰乾。豈尋常知識之知？一畫即六畫，一卦即六十四卦，非知大始如何？

問：「原始反終，精氣爲物，游魂爲變」之說與相氏輪回之旨同否？先生曰：信者自同。

問：「繼之者善」，注云「繼者，其發也」。若然，則本來非惟無惡，亦且無善，此正所謂至善無善者也，乃後學紛紛是非，何如？先生曰：今人曰繼，子善而曰繼，即落二義。有後與前，自然紛紛，亦少不得，怪不得他，若從空山下走過，豈肯謗正道理。

問：蓍本無知，何無遠近幽深遂知來物？先生曰：若蓍無知，何以使得人？筮物無體，以人爲體。

問：「洗心藏密」其旨何如？先生曰：有學可循，是曰洗心，無心可洗，是曰藏密。

問：即上即下，即器即道，曰形而上、形而下，是一是二？先生曰：在人信得及。豈口頭說得是一是二，信得者說二是一，信不得者說一是二。

[一]「窒」，底本作「室」，誤，據《易》本文改，參見《易大象》：「君子以懲忿窒欲。」

問：「天地之大德曰生」，伏羲氏何以教民犧牲、教民網罟？先生曰：須知天地之德，殺亦生也。聖賢落地，各各有因而來。

問：「天下何思何慮」，君子何以有九思？《大學》何以曰「慮而後能得」？先生曰：思，思此不思也；慮，慮此不慮也。未能九思與慮，坐無事牢中等待，何思何慮，如農夫臥床，手弄鋤頭，待有秋也。

問：「上交不諂，下交不瀆」，何以謂之知幾？先生曰：學從淡中入，幾從淡中見，故曰：「介於石，不終日。貞吉。」君子心介如石，上交不知有上，下交不知有下，各各還他本等，非知幾不能。曰諂與瀆，世人從情上逐；不諂不瀆，君子從性中應。

問：復以自知與慎獨之功同否？先生曰：除知無獨，除自知無慎獨。

問：聖，一也。何以有乾健坤順之殊？先生曰：有自少從生知安行者，即乾健也；從學知利行者，即坤順也。堯舜性之，湯武身之，各從所入，至則一也。

問：《易》云「窮理盡性以至於命」，乃世之學道者專主修命，則云：「假若識心並見性，到頭終久做陰靈。」專主修性則云：「煉氣精粹，壽可千歲；不明正覺，劫盡還來。」二說然否？先生曰：若真見性，決不做陰靈。做陰靈，不謂之見性。吾輩且從見性徹去，「劫盡還來」語，姑置之何如。

問：「小人閑居爲不善，無所不至」，既已喪良心矣！見君子猶知掩且著，則良知似未盡泯也，不知此等人意念尚可移易否？先生曰：「閑居不善」，非是習氣，就是意念，此俱是可恕，惟是掩其不善，則以人爲可欺，而「著其善」，則以己爲可欺，重重包掩，蔽錮日甚，真可畏矣！「厭然」，予謂即厭倦之意。見君子一味天真，消阻閉藏都遮掩不得，此處肯一識，色色現成。

問：《大學》云「絜矩」，《中庸》云「忠恕」，其旨合一否？先生曰：忠恕猶有忠恕可名狀，到絜矩則從心所欲矣！

問：「仁者以財發身，不仁者以身發財。」今之孳孳爲利、樹怨招尤者皆高明之士，豈真自居於不仁者哉？先生曰：即孳孳爲利，樹怨招尤，必是污下。世間人盲，誤以爲高明耳。

問：既謂之「不睹不聞」，又何容其「戒慎恐懼」，初學於此必得真正入手處，願夫子明言其旨。先生曰：真正入手，時時覷不睹不聞是甚物，識得此物，真戒懼不必言矣！

問：「傳不習乎」，習所傳也，若於傳處有未悟，則習從何用功？先生曰：如未悟，且從傳處走。劉元城得司馬不妄語，便從不妄語入。古人得一傳，即從師傳實落走，悟到末後始開。

問：「未若貧而樂」，所樂何事？先生曰：三碗菜粥，一領敝袍，所樂即樂此。昔有人日日燒香，謝天地，其妻怒而謝曰：「三碗菜粥何謝爲？」其夫曰：「此清福。」政恐承受不來，孔顔承受此清福千古。

問：「事君數，斯辱矣。朋友數，斯疏矣。」誠如是，則匡善救失之義，責之何人？先生曰：看數字，則匡善救失，未始無人，只是不宜頻數。予仁文講義另解。

問：孔子云「伯夷叔齊，不念舊惡」，孟子云「伯夷隘」，二説果相發明否？先生曰：不念舊惡，猶有不念在，所以爲隘。聖人如天，形容不得。

問：孔子不絶互鄉之童子，而辭欲見之孺悲，其意何如？先生曰：聖人不爲已甚，不屑教中真教誨。

問：「年四十而見惡焉，其終也已。」不知四十以後，人尚可爲善否？先生曰：八十尚可以爲善，况四十乎？此俱從軀殼上起念。

問：孟子四十不動心與孔子四十而不惑，何如？先生曰：不惑極難，此惟孔孟知之。我説得透，恐未必然。

問：伯夷「目不視惡色，耳不聽惡聲」與孔子「非禮勿視，非禮勿聽」，同否？先生曰：亦不敢妄擬，惟伯夷孔子知之，看自家身子如何。

問：如梁武帝終日一食蔬素，宗廟以麵爲犧牲，亦可謂能節用矣；斷死刑必爲之涕泣，亦可謂能愛人矣，而猶曰不被其澤，則何如而後謂之行先王[一]之道？先生曰：終日蔬食，以麵爲犧牲，此不過一物得所。先王之道，家給人足，即「五畝之宅，樹之以桑」一節。

問：今之講學先生議論微有不合，輒忿詞怒色，豈辨之弗明弗措耶？先生曰：忿詞怒色，受者借以爲德山棒，而施者則裝村甚矣！

[一]「先王之道」，底本作「先生之道」，據文義改。

鷺洲會紀

問：《大學》言「止至善」，注謂「明德親民，皆欲止於至善之地」，近儒則又謂「至善者，明德親民之原本」。乃觀瞻彼之詩則謂「盛德至善，民不能忘」。夫民之不能忘，乃親民之極也，斯謂止於至善矣！不知三説以何爲當？先生曰：至善者，明德之體；親民者，明德之用。至善者，性也。學以復性爲宗，故《大學》以知止爲始學第一義。若以民不忘爲至善，是以功效言矣！説明明德即説齊治均平，説學即説悦，説克復即説歸仁，説敬恕即説無怨，真正復性，自然民不能忘。若忘，畢竟復性未至，此聖賢自考考人實語，三説即一説，第一義即第二義，第二義即第一義。

問：格致之説不下數十種，《石經》以「物有本末」一條置之格物之下，似謂格物者，窮物之本也。窮物之本則知所先而致知矣！詞不費而意自明，往疑陽明先生未見此本，故費分疏。乃今見《石經》者，或駁其僞，不知何説也，請示其旨。先生曰：格物之説，古來多端。常有言如人入都門，東西南北皆有路頭可入。學者做得工夫片段到知止地步，實與先聖家風不殊，石本可也，朱本可也，不必拘拘然較同説異。

問：未發之中，陽明先生以爲常人未必有❶，竊疑此語尚未穩當。夫本文謂「喜怒哀樂之未發謂之中，發而皆中節謂之和」。蓋因上文言天下莫顯於不睹不聞，故指喜怒哀樂之發與未發者明之，若謂未發之中常人未必有，則喜怒哀樂亦常人未必有乎？請示其旨。先生曰：未發之中，性也。然必學而性始存，常人不學則喜怒哀樂不免妄發，然妄發亦存，濁水亦即清水，特人不悟，故言所性不存。陽明先生之語蓋如此，非謂常人無也。未發之中，常人未必有，此陽明先生有激語。夜氣幾希與夫嘑蹴不受即未發之中，竊謂常人穿衣吃飯，時時未發之中在。若無未發，那得已發。除已發，亦無未發。看未發不必過深、過高，常人個個有，但人未必覺耳。

❶ 語本《傳習錄上》：「不可謂未發之中常人俱有。蓋體用一源，有是體即有是用，有未發之中，即有發而皆中節之和。今人未能有發而皆中節之和，須知是他未發之中亦未能全得。」

問：學貴辨體，近時學問似覺混淆。耽内養者好談玄，遂以玄爲聖學；溺高妙者好談佛，又以佛爲聖學。故昔之二氏皎皎然在吾儒之外，今之二氏墨墨然在吾儒之中。又不但二氏，即孔孟之學與宋儒之學，亦似別有蹊徑，今遂以儒者之學即爲孔孟之學矣。《中庸》曰：「辨之弗明弗措也。」請教如何？先生曰：二氏之學當別論，若宋儒周程之學，正以發明孔孟之旨，非別有蹊徑也。真二氏之學，功行亦細密，與世之真儒體用功夫實無大異。即欲出語著書闢彼，亦不過闢得其僞禪耳。然又非僞儒能闢也，彼未必心服。道路各別，養家一般，存而不論可也。

問：《中庸》曰「擇乎中庸」，又曰「擇善」。夫擇者，推擇、揀擇之謂。曰擇中庸必有非中庸者，曰擇善必有未善者，舜之好問好察，顏之若亡若虚，是其博學審問慎思明辨處。邇日學者始學，先要個存守，是未擇中庸而先服膺，未明善而先固執，證之博學審問之説無當也。請教何如？先生曰：學貴存守，但存守之方不一，故問辨以擇之。蓋學而後有問，學即存守也，不學何問之有？如行者遇歧路即問，問了又行，原非二事。若謂不待存守而先擇，則是未出門而空談路徑也。不待擇而先服膺，服膺何物？必待存守而先擇，請問以何存守？若不先擇，恐存守亦是入魔路去。

問：孟子教人若與後世儒者不同。孟子言人皆有不忍人之心，只是一充之，足以保四海；言孩提愛敬，只是一達之天下；言不爲不欲，只是一無爲無欲，如此而已，都是從本心充拓將去。後儒却要涵養端倪，静觀動察，瞬存息養，似若更進一步，愈覺精密，視孟子之學反爲粗淺，不知學者將從孟子乎？抑當從後儒乎？請明示之。先生曰：孟子之學，以盡性爲宗，故言知性養性，此理微矣！若不忍、愛敬，所謂「乃若其情，則可以爲善」者，此處當精研。擴充是充其所養者，養是養其所充者，端倪即此不忍人之心也。擴充息養瞬存，不昧此真心也。善觀之，後先儒者一樣，無兩樣，同此直達，同此精密。

問：孟子教人求其放心，注謂「放者，昏昧放逸。」又曰：「只是欲人將已放之心約之，使反覆入身來。」若謂心要收在腔子裏，然考孟子他日言：「存乎人者，豈無仁義之心哉？」其所以放其良心者，總是旦晝之所爲牿亡之耳。知其所以放，則知其所以求矣！又觀上章嘑蹴不受，本心也。萬鐘不辨禮義而受之，正是放其本心，求其放心，只是賢者能勿喪耳。其自爲注解可謂分明，不知將從儒者之説耶？抑從孟子自注耶？請示何如？先生曰：孔子言敬以直内，則程子謂約之入身，亦直内之旨也。不能直内，即是牿亡。

約之使反覆入身來，此教學者真切語，由真切而後能識心體，識心體而後能求心。心體彌漫天地古今，能收能放，能大能小，不是儒者拘拘然，以一腔血肉爲心。以一腔爲心，如春蠶作繭，爲求失放与求之義遠矣！

問：主敬之說，後儒言之詳矣！然觀孔子言「修己以敬」，即說「安人、安百姓」；言「見賓承祭」，即說「己所不欲勿施於人」。孟子言「敬」，即說「敬人者人恒敬之」。《易》言「敬以直内」，即說「義以方外」，皆有着落處。儒者爲涵養須用敬，便覺着在内邊，證之安人、安百姓，邦家無怨與人恒敬之等語覺不相應，請示其義？先生曰：孔子「修己以敬」一語已道盡。若子路不問，則安人、安百姓不必言，總不出敬之一字也。《易》言敬以直内，孟子言義在内，程子言莫非己也，何必諱於言内乎？學者果透本性，則知充塞宇宙，皆此理也，何内外之可言？内外者，體用之謂也，體用不二，而學貴透體，故不得已言内，即《大學》知本之旨，此正學之有着落也。若執形骸而分内外，至謂涵養着在内邊，似疑其遺外，得無見之未融乎？先生又曰：調甫首尾疑體用，未言人己，蓋調甫從用處得力，即用即體，愚謂此聖人光天化日語，除人與百姓别無己，除安人與安百姓之外别無敬。若拘拘然守着一腔光景爲性、爲存、爲敬，於人漫不相涉，此後儒之失也。曰：至愚至賤將何爲人與百姓？曰：一家父子、夫婦、昆弟、朋友，一生多少在，何謂無人與百姓？敬字還當體貼，安字安是彼此相安相樂。無怨無尤[一]之義能到處，相安相樂即謂之敬。切莫錯認，善俗媚世，爲安爲樂。

萃和會紀

先生歸耕十五年，即鷺洲會常以病淹蹇不得赴，冬約憲副斗墟劉公過泰和，吊歐詹錄，拜徐邑侯，余姚人，曰仁先生之後，暨同邑諸縉紳人士相期過萃和書院。竟日，先生請於邑侯及諸縉紳多士曰：今人家有家之箕裘，國有國之箕裘，此道此學，吾鄉之箕裘

[一]　「尤」，底本作「猶」字，當作「尤」。語本《論語·憲問第十四》：「子曰：不怨天，不尤人。下學而上達，知我者其天乎！」另《願學集》卷八《鷺洲會答問復》第八條該句亦作：「無怨無尤之義能到處」。

也。豈可坐視，任其隕墜？不必它求，太宰整庵羅公、宗伯南野歐公、少卿晴川劉公、吾師廬山胡公，皆一時大儒，其褆身矩範一觀法夢寐自有餘師。邑侯徐公豁達開霽。余自入境，人人誦其慈祥清粹，元標常有言曰：學道必愛人，愛人即是學道，除愛人外別無學。道如明公，身有之，故得民心如是。

一友問：「子在川上」一節並引莊子諸語，意以夫子言體而莊子言用。先生曰：且不必從夫子、莊子身上體貼，君且試設身，自家在川上，果逝者如斯，不舍晝夜否？此不已之機，自不舍吾輩，吾輩自舍耳。過此有省，不必言體，不必言用。

一友問：「中人以上」一節意疑近皆語上，世不必皆中人以上，教似躐等？先生曰：道本無分上下，語云：「大匠誨人必以規矩，學者亦必以規矩。」巧即所謂上也，然必有規矩入。規矩莫過聖門，聖門學問稱顏曾。顏子有四條繩墨，非禮勿視聽言動是四條繩墨，故至卓爾地步；曾子有三條繩墨，三省吾身是三條繩墨，故聞一貫之傳。今貴邑先輩規矩自在，且以吾鄉先輩規矩與諸君言：先輩多忠厚，不見人之過，樸實一毫無外飾，澹泊無外好，此入道之規矩也。從此規矩入，不必語上，不必語下，有一日入悟到巧地，上下一致。

一友問：「無所不用其極」，此章言「親民」，下章又言「明德」，則極似有兩致力處？先生曰：無兩致力也。明德到極處，則親民亦到極處。體極其粹，則用自極其神也。

仁文會紀

問：慎獨即明心，明心即慎獨否？先生曰：獨即心也，心即獨也。慎即明也，明即慎也。當下敬謹，罔有昏惰，非即慎獨乎？非即明心乎？要之曰：獨曰心，皆後天不得已而强名之也。如人立名、立字、立號，雖有許多名色，總在認面目而已。若徒執名字而求人之本來面目，是猶指月在手也，愚矣！反而求之，隨處皆獨，皆心矣！

問：格物之説何如？先生曰：謂爲善去惡爲格者，果屬誠意之説也；謂如格眼之格者，果屬正心之説也；以有苗來格為格者，果屬齊治均平之說也。蓋有物必有則，格物即所以窮理也，窮理則盡性以至命矣！如行到水窮山盡處，自然有個轉頭時。又如貼體汗衫俱脱却，單衣一領即禪空是也。即當下一問一答，日用一斟一酌，何莫非格物乎？人顧不反而求之，是謂騎驢覓驢也。

問乾之六爻。先生曰：潛見惕躍而飛，隨時隨處有之，不必拘拘以仕進言也。如眼前收斂精神即潛也，言動發揮即見也，謹虞毋惰即惕也，淵蜎機勃即躍也，神化不測即飛也。彼不潛而見，不惕而躍，未躍而飛，俱亢已。

問「盡心」章。先生曰：此章兼天、命、心、性與身，而備言之性學始終全功也。蓋以命爲天之脉，天爲性之原，性爲心之體，心爲身之主，身爲天、命、心、性凝成之軀，能盡此心之分量毫無欠缺，是即悟性矣！悟性非即悟天乎？能以其所盡者而存之於至久，非即養性事天乎？能以其所存者而不二於至變，惟知存養以修以俟，非即立命乎？其實一以貫之，無知行先後之分也。

問：「不遠復」與「敦復」如何？先生曰：幾希之微，或亡故地，即覺而歸，原是謂復於不遠也。復言不遠，蓋在念慮微芒間，即照還原所矣，此惟顔氏知幾者得之。知幾則元善不違，故曰元吉。敦復者即其所復而敦固不失，不啻三月無違，永無離亢之悔，吉不待言矣！曰：「敦復」與「敦艮」如何？曰：復者，失而復還。艮者，還而不遷。復如人之暫離故土而輒回，艮如人之未復故土而不移。艮、復二卦皆爲功夫而造有淺深也，品級亦有優劣矣！

新安翟、程二生同謁而問曰：向慕大教，未覯親領，今不遠數千里而求先生，何以教二子乎？先生曰：何教之有？即今寒天向火便是。大都學問，原是家常茶飯，其中難着一毫意思。

翟生曰：人之靈性在生時靈靈明明，死後靈靈明明何以沒有？先生曰：靈性原無生死，只爲人認着個靈靈明明，就有個不靈不明，妄爲生死耳。且此等語是閑話，不切身。未曾死，何以知得靈靈明明沒有？

程生曰：有修有證，恐落人爲；無修無證，又屬茫蕩，將如之何？先生曰：修者，修其所無修；證者，證其所無證。今時譚有者沒歸宿，譚無者落茫蕩。

程生曰：夫婦之與知與能，與聖人之不知不能有同異否？先生曰：有何同異？翟生曰：若以爲異，聖凡原無兩個；若以爲同，又何有聖人愚夫之名？先生曰：與知與能處，正着不得一個知能。聖人之所以爲聖人者，惟其知愚夫愚婦同體；愚夫愚婦之所以不如聖人者，惟其不知己即聖人。

翟生曰：「明明德」一句已包括盡矣！又曰：「在止於至善」，所謂至善者何物也？止至善者用何功也？先生曰：若非止於至善，何謂明明德，這一個止字，不可輕易放過。德者，得此止也；明明德者，明此止也。若非一止，則明德漫無歸着，故緊緊的說知止二字。孔子一生不肯以禽獸比人，在「止於至善」章則曰：「於此，知其所止，可以人而不如鳥乎？」只欲人知此一止耳！翟生曰：《大學》之要在知止，其實無可止處。先生曰：止，原無處所止、無可止，則知止矣！時行則行，時止則止，其道光明，此止而無止之義也。

程生曰：「窮理盡性以至於命」有作三段說者。先生曰：何謂三段說？程生曰：謂「盡心」一章首節爲窮理，次節爲盡性，末節爲至命，何如？先生曰：只是一盡心則性與天與命都在其中矣！更不必復有事與立也。翟生曰：心如何爲盡？先生曰：盡者，水窮山盡之謂。人心原是太虛，若有個心，則不能盡矣。

先生語二子曰：昔貴鄉有來問學者論「喜怒哀樂之未發」二句，余啓之曰：自我言之，「喜怒哀樂之未發，謂之和；發而皆中節，謂之中」，二子之意若何？二子答曰：此先生本體即工夫，徹內徹外之學，但中和之體着不得一毫人爲，請問何以謂之致也？先生曰：惟其不加人爲，故曰致。翟生曰：人亦有不中和時否？先生曰：知得不中和，便中和矣！此一知外別無致也。

程生曰：萬古學脉不容一息泯滅。先生身任斯道覺民之責，無容辭矣！先生曰：萬古學脉，人人所公共的，漁樵耕牧，均是覺世之人，即童子之一斟酒處，俱是道之所在。若曰「我是道，而人非道」，則喪天地之元氣矣！

新安王文軫冒雨雪，渡鄱[一]湖，千餘里而造先生之門。先生問汪君疇[二]彼時來意，軫答以在饒作四郡大會，祝師主教，有一友歌「水盡山窮孔孟鄉」，祝師問如何是「水盡山窮」，君疇答語稍涉支離，祝師逼之，因憤泣而別，以造先生之門。先生因詰軫曰：父母未生前，天地未生時，山水在那裏？軫曰：請先生指點。先生曰：若有指點，便不是水盡山窮。

[一]　「鄱」，底本作「番」，據文義改。鄱湖即鄱陽湖。

[二]　疑誤，似應作「王文軫」。下同

先生問軫近來日用何所用工？對曰：軫向學十餘年，志頗竪立，拚下生死，併歸一路，雖早聞師友上乘之教，而未嘗不做下下乘工夫。先生曰：予知載仲用過工夫來。

問：時習工夫，日間是時習，夜間如何時習？醒時是時習，睡時如何時習？夢時是時習，不夢時如何時習？先生曰：晝時即晝是時習，夜時即夜是時習，醒時即醒是時習，睡時即睡是時習，夢時即夢是時習，不夢時即不夢是時習，通乎晝夜而知至爲直截，至爲明白，載仲於此無疑否？曰：信。

問：佛家何以謂「不思善不思惡」？先生曰：今人胡亂做去，一切善惡都莫管，此儱侗學問也。而佛家之意以惡念不起，善亦不可得而名，如吾儒渾然至善。於此坐斷路頭，即吾儒知止而定静安慮得，非求灰斷果，亦非儱侗佛性。

先生問：到不得措手處，還有工夫也無？軫曰：無工夫。先生曰：仍須要退轉來。軫曰：有工夫而不落常，無工夫而非落斷，爲而無爲，謂之無工夫也可。先生曰：就説有工夫，又何不可！

劉卉生問：大人不失赤子之心，赤子之心是何物？先生適見門杠，指以示卉生：此是何物？答云：是門杠。師曰：伊幼時認得是門杠，今日亦認得是門杠，即此大人與赤子心何異？人人有赤子之心，人人是不失的，惟大人認得是赤子之心，故有工夫説不得，無功夫説不得，必有功夫後始曉得無功夫。曰：何謂大人？曰：即上章「言不必信，不必果」，只是一義通透，千了萬當，只便是不失。

汪君疇問：仁與文有同異否？先生曰：仁者人也，能知人即仁，仁即人，則所謂文者自不言而喻矣！

下章「養生送死，可以當大事」，只此便了生死大事，只便是自得，故上下章説俱可玩。

君疇問：學問要虚而後能受？先生曰：是則是，然虚非易得到，必有見而後能虚。昔人之都下者寫家書曰：「之都門，見宫闕崔嵬，百官之富。」一則曰：「我家大不如也。」彼見都下，故真知家之不如，如今人有百石之貯，見萬石之儲者，却氣便欿然。至於吾輩，説到道理，却便胸中虚不得，總之不悟。

問「不孝有五」章。先生曰：此一章，我看個個蹈此章，只是匡章不曾。予所謂惰者，是不莊敬嚴肅。予輩不莊敬嚴肅，即是惰[一]其四肢、好貨財、私妻子。予四十以後因留在吾母身邊，出入不便，故吾母亦有不得知者，非好貨財私妻子，如何從耳目之欲？無論是好古董，日日在從耳日之欲。好勇鬥狠，不受人言，即是鬥狠。體貼在身，時時是不孝。[二]

問：「四時行焉」，如寒暑災祥，亦可謂之行乎？枯槁[三]殘落，亦可謂之生乎？先生曰：無寒暑災祥不謂之行，無枯槁凋落不謂之生，此其所以爲天之大順。要知寒暑災祥、枯槁凋落，罔非天意而後爲天之大。

問《西銘》。先生曰：張子此書，千聖心傳，總在於此。余近日於「尊高年，所以長其長。」注曰：「長其長，所以尊吾父也。」「慈孤弱，所以幼其幼。」注曰：「幼其幼，所以愛吾子也。」即此是老安少懷之旨。學者身體此章，更有何事？或問曰：昔人云「此張子見道未能了道」。先生曰：予性鈍，舍此無了法。

先生曰：予是日有悟朱夫子格物之旨。朱子云：「人心之靈，莫不有知。天下之物，莫不有理。」以朱夫子蓋世聰明，豈不能先從身上悟萬物備我之旨，而乃從諸物下手，至如陽明以格竹子數日，幾至嘔血，而剽剝格物之語，似朱子抱冤千古。

君疇歌「無有作好，尊王之道」至「會其有極」，因請問其旨？先生曰：人只是一個好惡横於胸中，只是作，再不是尊。曰：何以爲尊？曰：只在「會其有極」，自然歸其有極。會者，會通之謂。不會，又安能尊？

季夏念六日，先生集於書院。曰：諸友適間有何商量？軫對曰：軫適歌「時人不識予心樂」，諸友商量樂字未竟，其義請先生教之。先生曰：若識古人樂處，先於古人憂處。有真樂者，必有真憂。少頃，汪君疇歌：「學到嬰兒學不休，天機滚滚自川流。」先生指詩示之曰：此詩形容極妙，諸君透得此詩，學問盡之矣！君疇曰：學問本自簡易，而人不肯承當，反加許多作爲，望先生仍要加鞭策！先生曰：學問要人自信自得。若平居精神不真，今日在會堂逞一番議論，終屬傀儡，全要在自家信。曰自信明，曰自明得，

[一]　原文作「隋」，誤，應作「惰」，語見《孟子・離婁下》：孟子曰：「世俗所謂不孝者五：惰其四支，不顧父母之養，一不孝也。」

[二]　「予四十以後」一句，《明儒學案》作：「予四十以後，出入不經我母之手，非貨財私妻子乎？飲食起居，任從自便，非從耳目之欲乎？不受人言，即是鬥狠。體貼在身，時時是不孝。」

[三]　原文作「稿」，誤，應作「槁」。

曰自得成，曰自成。先生又曰：學者仍未有進門者在，如何就說上乘處？且於平常體貼家庭，向日處不來，今日覺處得來；向日拋不下，今日稍拋得下；向日執着，今日稍不執着，以漸入佳境，所以知不如好，好不如樂，只是常常會會朋友，自有進步。

鐵佛再紀[一]

先生坐問，目趙生曰：學問要信。君最是穎悟高衹，只是欠一段信處。不要自負聰明，不信講學，即「天命之謂性」一句亦不能領略。據子資性高處作何理會？趙生未答，諸友亦不能發。先生隨占詩二首示之。其一：「天命由來自渾成，無思無慮亦無營。諸君欲解其中意，請聽枝頭蟬噪聲。」其二：「無奈時人只浪驚，枝頭傳語最分明。千秋只在目前了，凡聖何曾有重輕。」先生顧君疇與軫曰：漏泄殆盡矣！諸友時時會會，自有無窮妙處。非是我作會，不加鞭策。中間幾友，便有幾樣不同。今日只可與知者道，中間有不知者如痴人面前說夢，此上乘語難與人道。又恐怕窮人之短。我日日與朋友會，只是說家常茶飯，只是且將笑談親俗子，諸君日後纔曉得我今日話說。少頃，又示諸生曰：若果上根之人，悟得透，信得及，隨時隨處，搬柴運水，無非道場；屙屎撒尿，都是佛法。信手拈來，頭頭皆是，又有甚麼說得。

樂安朱家相問：性無可名，奈何名中，有中可名，即發也，何又曰未發？先生曰：性無可名，名之曰中。予謂中無名，還名性。人又曰性與中俱無名，還之大虛。請觀大虛，是未發已發。

家相問：至善，太極也。請問太極上容得止字否？先生曰：太極上容得止字，是頭上可安頭矣！既悟太極，浪子還家，何必思鄉，要說甚止。

家相問：未發已前，寂然無象，一着於觀，便屬發矣！欲不着象，更何措手？先生曰：發在何處？誰爲觀者？兩手觀脉，請君

[一] 根據《南皋鄒先生語義合編目錄》改。

自診是寒是熱，更不必問我措手。

問：格物爲窮理，朱子之言何如？先生曰：天下古今惟有此一物。此一物未格，以意知屬泡影，天下國家屬泡影，朱子窮理，豈肯遺此一大物。

問：「寬裕溫柔」四句，一時俱到，豈無妨乎？工夫自有調適，細發以示。先生曰：有盛饌於此，酒肉百味一齊俱下；有歌者於此，宮商角徵一時俱發，彼豈味味而調，一一而適？下面曰：「溥溥淵泉，而時出之。」可見此義矣！

問：不覩不聞，性也。微有戒懼，即落覩聞矣！先生曰：有落覩聞之戒懼，有不落覩聞之戒懼，真透不覩不聞之體，即落戒懼亦不落戒懼。若嫌戒懼之迹，一味任情，豈有此理。

先生謂胡珩昌曰：看汝若走此道路來試言之。昌曰：始以病學玄是有爲法，既而得方養陽無爲。語近禪近儒，覺若心中停當，然終不濟事。至從事王塘師始知從前俱錯用工。先生吟曰：「一副臭骨頭，猶自作功課。」我只裏如今動也如是，靜也如是。人來問學，隨口應答，絕無擬議。然可與言者不時集，只是坐臥此屋下。並不向人浪開口，且學問無奇異。你看我日用，物來順應，何曾有纖毫意思？你若自家沒頭腦，只管悟奇悟妙，去何處尋？反擔閣了一生。昌曰：如師所言，亦是鍛煉得來，三折肱方是良醫。先生曰：然。復嘆曰：當今學問如王塘翁，時時轉手，老而彌篤，真人所難及。

先生一日又曰：你如今自家欲對病用藥，作些甚麼課程？曰：只是蠢子作蠢事。念起時，則忘之；散亂時，則存之。不自知可否？曰：或應事何如？曰：昨師所云：「絕無擬議」，此語甚妙，願師指教？師示以新刻《學庸商求》，曰：即此便是，更無有可指受處。

趙友問：「可與立，未可與權」「執中無權」同否？先生曰：夫子言「可與立，未可與權」是掃上面階級，孟子云「執中無權」是掃楊墨人我階級。聖賢言語俱是權，立教無實義與人。若又執一，說來比擬同否，是以權字爲實矣！

問：孔子不言輪回否？先生曰：夫子學而時習之即言輪回。說時習即說悅，說中和即說位育，何言夫子不說輪回。

問：顏子卓爾地位即鳶飛魚躍境界否？先生曰：顏子卓爾地步即鳶飛魚躍。意至末由，且並鳶魚、高堅、前後忘之矣！

問：定靜安慮畢竟自家不見得爲是？先生曰：定靜安慮若以不見得爲是，見得非是，畢竟落一邊，學無見無不見。

問：「誠者，自成也。」欲自成，不得不誠？先生曰：「誠者，物之終始。」今欲自成，不得不誠，此語有病。「誠者，自成也。」知有成而後能誠。

問：未發時言極深研幾，何如？先生曰：即說研幾，幾者，動之微，吉之先見者也，與未發似不可同日語。

戊申六月，珩昌懷疑重趼，復過師門。先生一見大喜曰：吾子於所學，何似吾念子甚於子之念我。吾近來全無別事，只是此一件，緊切研磨，時刻不容已。丈夫生世間，具耳目口鼻之形，所以異於物者，以有此學耳。學莫先於立志，千古聖人具是一個肉身漢子，只是志不肯作凡夫，單刀匹馬，所向無前，何聖域之難臻。唐人語云：「語不驚人死不休。」吾以爲不至聖，死不休也。昌爲惕然。

先生曰：學人皆有方便路，腳跟到處，勝境可言。子一一告我。昌啓曰：處處是路，舉目茫然，政向師門求指南耳。但常多以見解承當，而習氣難化，事理兩障，功夫難用，學問只是怕犯手，才下手時難調停。先生曰：我數年頗悟得真信本來面目，直是撒手懸崖。曰：所謂不須防檢窮索，未嘗致纖毫之力乎？曰：即有時防檢窮索，亦謂未嘗致纖毫力也。爾若不悟真性，失枝落節，未有不犯手者。爾以爲耳目手足是爾形骸，不知有超於形骸者是爾本體，是爾真性，此處如何措得手。然日用間必有事焉，是事也，如魚飲水，冷暖自知耳。

習氣難化，此語極細。薰染自夙劫中來，即千古聖賢難於頓消，我輩惟洗心退藏於密，二六時中，一語一默，證得莫非真性妙用，是所謂純乾首出，群陰銷落，縱不能淨純，然旋迷旋覺，旋覺旋空，則無始以來粗重習氣漸次鎔化，漸自清明，何爲我累。然此内消息，自家探討，愛莫能助爾。

學者多湊泊知見，播弄機神，猜想本體，擺佈事爲，安排道理，以此不能出頭，不知於無倚着處參透得會虚而靈、寂而妙，事理兩忘，順帝之則，安有爲所障者？

天地萬物皆生於無，而歸於無。一切蠢動含靈之物，來不知其所自，去不知其所往，故其體本空。我輩學問，切不可以形器上布置，無根而插花竹。一時妍好，終屬枯落。雖然，空非斷滅之謂也，浮雲而作蒼狗白衣，皆空中之變幻所必有者，吾惟信其空空之體，而

不爲變幻所轉，是以天地在手，萬化生身。[一]

性無體。真無體，妄亦無體。悟性者逐妄，妄也；尋真，亦妄也。悟真妄了不可得，則見性矣！蓋性無爲也，動而未形有無之間者，幾也，故曰極深研幾。極深研幾是克復，以從乾則無妄矣！無妄之卦，乾在上也。乾元資始統天，純乾首出，豈有妄哉！

乾坤之轉旋，星辰之躔度，時運之推遷，萬物之生死，以及一念之起滅變幻，皆氣也。故孟子道性善，必曰善養氣。養氣寧有大異？只是直養無害，故自充塞宇宙，常愛屈子云：「一氣渾成兮於中夜存，虛以待之兮無爲之先」，此是善養引子。「子在川上曰：『逝者如斯夫，不舍晝夜！』」一氣機之流行也，故程子云「論性不論氣不備」，然孰運旋是？推行是？《詩》曰：「維天之命，於穆不已。」氣之所以常流也。

學問要出頭，自家一條性命自家尋，向上去只被世情埋沒了，置此身於窠臼中，硬着脊梁，闊着腳步。昌曰：必先能舍得性命方能修得性命。先生曰：「首出庶物，萬國咸寧。」

高明之士多薄倫常爲粗迹，不知此無虧欠可云。粗迹一有破綻，是爲罪業。

學須徹底一悟，乃能一悟便了，此體無聲無臭，乃無證無修。末學以知見爲悟，悟後修不容已，以此透體入微，自當離筏登岸，所謂知之一也，所謂成功一也。

問：學問一識心焉盡之矣！先生曰：識個何物？視而未嘗視也，聽而未嘗聽也，觸而未嘗觸也，不必離根，只不逐根，是即謂之收視返聽，離形去智，同於大空。

問：未發，性也；已發，情也。然遍滿乾坤是發，則終日見情念遷流，即聖人以至途人一乎？曰：非然也。聖人真性湛然，有情而無情，故情契於天則；衆人爲情生，爲情死，生死相續，只是塵情不斷。

[一]《明儒學案》「萬化生身」後尚有文字，与下文一条大同小异。茲錄於此：「今有一種議論，只是享用現在，纔說克治防檢，便去紐揑造作，日用穿衣吃飯，即同聖人妙用，我竊以爲不然。夫聖凡之別也，豈止千里？」

今有一種議論只是享用現成，纔說克制防檢便云扭捏造作，日用穿衣吃飯即同聖人妙用，我切以爲不然。夫聖凡之別也，豈止遠千里哉？

仁者渾然與物同體，如何證得？學問只是不起意，便自一體，便自渾然。所以乍見非有爲而爲，齊王有不知其心之所然也。

性如有毀則天地何以有古今，性如有漏則木石未嘗無知覺，故我盡性則爲萬古長存、萬物一體。蓋一性裂爲七情，情盡而性盡，則薪盡火傳，歷萬劫而不磨。性盡則物性亦盡，任元化之推遷，與品彙而同春。

未得道高着眼，既得道平着眼。今人眼孔小，少得爲多，目白無人，可爲大戒。

凡人致虛是落虛境，言守靜是落靜境，言不落則又落不落之境，故古之立教者旋言旋掃。

問佛氏輪回因果之說。先生曰：欲躲輪回，亦是輪回。欲除習氣，亦是習氣。若悟此真性則輪回習氣一時俱淨。雖曰出離生死，本自無來，何曾有生；亦自無去，何曾有死？此是實語，其欺我哉！

聖學不言無生，只言知生，恐概引人出世，滅視倫常，不成世界耳。以天下歸仁即太和元氣之在天地，便是極樂國土。故曰：「存，吾順事；殁，吾寧也。」以死生爲常事，其旨微矣！

學問功夫綿密光景，炯然現前，要常舍光弢，頻嚴加保護。倘未穩證，陰魔潛伏，損智奪慧，道眼開而復翳，故往往超悟易得而成就者難。

《論語》講義

「学而时习之」章

子曰：「學而時習之，不亦說乎？有朋自遠方來，不亦樂乎？人不知而不愠，不亦君子乎？」——《論語·學而第一》

今人讀盡萬卷書，口裏說得，筆下寫得，問他學甚，却忙無以對。若以讀書作文即學，則孔子時何曾教諸弟子何以作文。是時五經未出，則學斷不在讀書作文。若說着講學，却又彼此姍笑。間有知向學者，又不着謹貼身來。惟學說着一時字，一年十二月，一日十二時，無針縫空。學，學此；習，習此。一時不學，便是醉生夢死，肌膚不會，筋骨不束，形神土木。若時時學，天地與配，日月合明，四時合序，鬼神合吉凶，豈不悦？學到悦，自成自道，與人說不得。有朋自遠方來，是吾學通天下，豈不樂？人不知而不愠，是吾學通之萬世，蓋不必愠，如是始爲真學。予嘗試心量通一分則外面通一分，心量隔一分則外面隔十分。此處真所謂不疾而速，不行而至，惟力學者始信此。一透時字，天下更有何事？

「有子曰其爲人也」章

爲仁，仁字當作人，即上節爲人之人。

有子曰：「其爲人也孝弟，而好犯上者，鮮矣；不好犯上，而好作亂者，未之有也。君子務本，本立而道生。孝弟也者，其爲仁之本與！」——《論語·學而第一》

此一章書有子說今人不守本分，在下的要犯上，世界不治，只是要作亂。若是其爲人也孝弟，那有犯上作亂之事。蓋犯上，是於人有不愛敬。愛親者自不敢惡於人，敬親者自不敢慢於人。一毫不肯犯上，作亂是不念其家。若孝弟，自不敢以一朝之忿忘其身以及其親，所以君子只務此孝弟爲本。孝弟而立，則爲臣而忠，是實實的忠臣；交友而信，是實實的信友。萬善百行，皆從此出。如富商大賈，本錢既多，利錢自倍。不然，孝弟不立，縱有他善，豈能算得數？然則孝弟也者，其爲人之本與？可見學只學此爲人也，爲人只是此孝弟也。聖賢豈有奇特的事，「學而時習」章即繼以孝弟，可見當時孔門宗旨，再不越此二字。予最愛朱晦翁云：「人能孝弟，則其心和順。」和心不乖也，順心不逆也。我輩若在家孝父母、敬兄弟，一團和氣，便是位育氣象。若一毫不孝順父母、不敬兄弟，胸中就是昏天黑地。不但人不得安，即己亦惱怒了。此等去處實落做工夫，始知和順二字晦翁說得極妙。或曰：爲仁仁字，子以爲人字，何耶？先生曰：古人以仁字作人字甚多，如此則與上面人字相叫應。或曰：仁道至大，恐此讀不廣。曰：仁也者，人也。夫子有言矣。謂仁字讀不廣者，是不知仁也。不肖常體貼自身犯上事不知幾次，總只是當時不曾體貼，故今悔之無及，讀此常自愧慚。

「巧言令色」章

子曰：「巧言令色，鮮矣仁！」——《論語・學而第一》

「巧言令色，鮮矣仁。」此語最細。惟講學做工夫者方纔能有此。仁，心德也。如果仁、桃仁、杏仁，真機在中，生生條達，自不容已。人若真仁，直心而言爲德言，根心而發爲生色。不然，强排道理，遮飾有得，皆巧言也。危冠危服，一面笑容，皆令色也。惟明眼者一見即知，彼方自負道統，自認涵養，不知去仁何啻千山萬水，到不如鄉里樸實老農老圃，可與之入道。

「吾日三省」章

曾子曰：「吾日三省吾身：爲人謀而不忠乎？與朋友交而不信乎？傳不習乎？」——《論語・學而第一》

曾子未唯之先，三省是三省；既唯之後，一貫即三省。曰：然則唯後不必三省耶？曰：未唯之先，三省由於一貫；既唯之後，三省無礙一貫。蓋嘗譬未悟一貫時，如修行者恐睡布珠於地，黑夜遍地尋珠；既悟一貫時，如以繩穿珠，千珠萬珠不亂。人在世界，耳目眼鼻如傀儡，然有一條線梭在，得此一條線梭，百般自由，自提自放。曾子臨終説：「吾知免夫！」蓋線梭一齊放下矣。

「弟子入則孝」章

子曰：「弟子入則孝，出則弟，謹而信，泛愛衆，而親仁。行有餘力，則以學文。」——《論語・學而第一》

此一章書夫子教三千之徒、七十二賢俱不越此説道，弟子再無別學。人誰無入，入焉則孝，在家庭除孝親外別無功課；人誰無出，出焉則弟，在外面除敬長外別無功課。後生多放蕩，却要謹慎。謹慎者，一言不敢輕發。後生多會説謊，却要信實。信者，一語不敢涉虛，此却是持身之道。至於接人，天地間人品不齊，我若有分別心，自己門前地步不廣，如何容得人。宜泛愛衆，一個不敢慢他。天地間有仁者，是衆出類的人，我却要親他，自然有益。如此則大行克端。有餘力，則以學文。此句宜想夫子是活語。行此數事，一生到死，再無有餘時節。可見文藝乃有餘事耳。舊説此係教小弟子事。不肖思此章書大聖大賢，再不越此，如何是小弟子事？若以爲非關性命，除却孝弟言行，別無性命。除却孝弟言行，別無神化。雖聖人復起，不易吾言。不肖於此甚愧謹字，初意甚廓落廣大，如今覺得不謹是個放蕩之人，甚愧。泛愛衆語，初意只是親仁，不知愛衆，胸中荊棘，與人爭遠，今悔之無及矣！讀斯節，無謂小弟子事也。若以爲小弟子事，恐譚性命譚神化，説人玄微，如白日青天説夢。

「禮之用」章

有子曰：「禮之用，和爲貴。先王之道斯爲美，小大由之。有所不行，知和而和，不以禮節之，亦不可行也。」——

《論語・學而第一》

學者將有子孝弟並此章，即曉得夫子學問與有子學問天淵懸隔。言者，心之聲。心體明白，學問自不零碎。有子說和，又必以禮節，是看和自和，禮自禮。子思子曰：「發而皆中節謂之和。」若不中節，何以謂之和？真和何必以禮節。有子所謂和者，是從世間人一種情識處認和，惡在其爲和。禮，履也；樂，和也。至和自心中流出，無節而無不節，必如是爲至禮至和。

「貧而樂富而好禮」章

子貢曰：「貧而無諂，富而無驕，何如？」子曰：「可也。未若貧而樂，富而好禮者也。」子貢曰：「《詩》云：『如切如磋，如琢如磨。』其斯之謂與？」子曰：「賜也，始可與言《詩》已矣！告諸往而知來者。」——《論語・學而第一》

門人問曰：貧而樂，樂甚？先生曰：貧而憂，憂甚？曰：仰事俯育，空乏其身，不足，那得不憂？曰：仰事俯育，空乏其身，聖人那得免。只是聖人處置得宜，便不憂。曰：何爲處置得宜？曰：聖人當士便士，當農便農，當商賈便商賈，各敬其業。敬業則便不餓死。未嘗分外去生枝節，所以不憂。曰：然則未可與樂，樂豈樂道耶？曰：昔人云：有道可樂，便是辜負顏子。[1]必不樂道。曰：未達。曰：孟軻氏言之矣。反身而誠，樂莫大焉。子且反身而誠，自然會樂。曲云：有甚麼不足處，只管唧唧噥不放懷。[2]子以此去參，則知樂矣！曰：請問好禮之義？曰：子言之而吾擇焉。曰：世間富者多粗鄙，禮致飾家庭。曰：此近世門面相，世間人能之。曰：禮，禮賢下士。曰：此禮中之一節也。曰：賑濟貧窮。曰：此禮中之一事也。未達。請究其終。曰：子知禮從起乎？天高地下，萬物散殊，而禮行焉。禮從地起，地體博厚，故曰卑法地。世間富者多刻薄，以刻薄致富，以刻薄守富，視世間宗族饑寒困苦貧者流離，漠然一毫不動心，一介一豆護若性命。若好禮，則如地，無所不載，自然敬賢下士，自然賑族周貧，即以此致貧，亦富也。德厚福亦厚，又以長保富。豈止無驕！蓋世間無驕者，亦只是守富一念，豈彼自然不驕，小子識之。過此貧富一關，可與共學。

❶見《二程集》附記：「昔鮮於侁曾問：『顏子在陋巷，不改其樂，不知所了者何事？』伊川却問曰：『尋常説顏子説了者何？』侁曰：『不過是説顏子所樂者道。』伊川曰：『若説有道可樂，便不是顏子。』」

❷見《琵琶記》第二十回《瞯洵衷情》：「你有甚不足，只管鎖了眉頭也，唧唧噥噥不放懷。」

「不患人」章

子曰：「不患人之不己知，患不知人也。」——《論語・學而第一》

學説到知人，天大的事。今天下不太平，總只是不知人。顛倒錯亂，不當司風憲者司風憲，不當鎮撫者鎮撫，不當要路者要路，不當用者用，不當退者退，不當閒散者閒散，不當舉劾者舉劾，以致民生不安，社稷不寧。若真知人，如置棋子，車馬相士，各安其位。善奕者當出車馬則出車馬，當用相士者則用相士，一着不差。所以人不己知，不過一人否泰；若不知人，關繫世間否泰，如何不患？歐陽六一，世間聰明漢子，説爲臣不易，以知人爲第一義。嗟乎！歷試而知，知人之難也。門人曰：奈何以知人爲天大的事乎？先生曰：小子誣矣！夫子説修身，推到知人，知人推到知天，惟知天後能知人，豈不是天大的事。子謂今古幾人能知天耶？曰：世間亦有望面目而知其人心術者何？曰：此聰明小慧，算不得大知。

「爲政以德」章

子曰：「爲政以德，譬如北辰，居其所而衆星共之。」——《論語・爲政第二》

近時看爲政以德，爲人君看作個木偶人，再不看個以字，是將心思運到虛無裏面去，真是糊塗。門人曰：然則與北辰居其所不相似？北辰一味居其所，何曾見它動，所以將來譬人君。曰：子謂北辰不動乎？夜看斗柄東指，天下皆春矣！斗柄南指，天下皆夏矣！斗柄西指，天下皆秋矣！斗柄北指，天下皆冬矣！北辰也，將斗柄指一指，如何説不動？曰：請問如何以德？曰：唐虞有三德六德，臣工之德即君上之德，意即君之斗柄也。古有春官夏官秋官冬官之類，如今吏禮二部知道是君指春矣！户部知道是君指夏矣！兵部知道是君指秋矣！工部知道是君指冬矣！一指而四氣咸備，是謂法天。無爲而治，其舜也歟，即此指。

「詩三百」章

子曰：「《詩》三百，一言以蔽之，曰『思無邪』。」——《論語·爲政第二》

讀書要會讀，會讀千卷萬卷，只是這等。不會讀，千卷萬卷，觸處成礙。夫子約詩三百於思無邪，此非開千古之眼者不能，而儒者比擬擴充曰：時之一字足以文《易》，敬之一字足以文《禮》，中之一事足以文《書》，正之一字足以文《春秋》，不知時與敬中與正俱從何處來，從無思處來，從思無邪處來，即此一言，足以讀五經，何止三百。夫子是有丹頭，點鐵成金，豈止説《詩》？學者會讀書，一眼貫穿千古。

「道之以政」章

子曰：「道之以政，齊之以刑，民免而無耻；道之以德，齊之以禮，有耻且格。」——《論語·爲政第二》

天下百姓有三心，頑民放辟邪侈，無不爲己，是沒耻心。寧爲刑罰所加，無爲清議所短，此耻心也。殺之不怨，利之不庸，日遷善不知爲之，此格心也。王者之民，皞皞如也。聖人爲政，直從人真精神心術握其把柄，故轉移得深。若以規模條教，鋪張粉飾，民亦粉飾應之。蓋上用耳則民以耳應，上用目則民以目應，上用手足則民以手足應，上用口則民以口應，惟德禮則上以心感，下以心應，上下只有此，一格此，如以格格物，物不出此格。我王霸之分，只是此格子印證。曰：請問如今德禮作何厝注？曰：省刑罰，薄稅斂，深耕易耨，壯者以暇，日修其孝弟忠信，入事父兄，出事長上，即此爲厝注。聖人復生，寧有别奇特，舍此别無德禮。

「吾十有五」章

子曰：「吾十有五而志於學，三十而立，四十而不惑，五十而知天命，六十而耳順，七十而從心所欲不踰矩。」——《論語・爲政第二》

此章全要看得學字矩字親切。學字何？即大學之道。學字，大學道在明明德，明明德即在絜矩。矩字在孝弟慈。夫子十五歲即曉得志此大學；三十而立者，立於孝弟慈不遷也；四十不惑者，明於孝弟慈不淆也；五十而知天命者，知此孝弟慈即天命之性，除此別無天命也；六十而耳順者，合内外之道，入於圓通不滯也；七十從心所欲者，無之非孝弟慈也。即此是精義入神，即此是利用安身，即此是窮神知化，别此而學，是爲雜學、爲曲學、爲異端。舍此爲治，則爲五伯、爲功利。夫子一生孜孜矻矻，言志惟曰：「老者安之，朋友信之，少者懷之。」更有何事？更有何學？學者明得此，却與天地同體。

「孟懿子問孝」章

孟懿子問孝。子曰：「無違。」樊遲御，子告之曰：「孟孫問孝於我，我對曰：無違。」樊遲曰：「何謂也？」子曰：「生，事之以禮；死，葬之以禮，祭之以禮。」——《論語・爲政第二》

學問在崇禮。禮，均齊方正，無違者是。欲懿子以禮持身，無纖毫玷缺之謂。予嘗玩味此章，無違是理一，「生，事之以禮」三句是分殊處。須當理會無違是經，生事是傳。愚嘗玩敘書者，上面敘不踰矩，此即敘禮。矩，即禮也。近世學者謂從心所欲，更不思量矩字，欲起能越矩，越矩即非心體矣。

「孟武伯問孝」章

孟武伯問孝。子曰：「父母唯其疾之憂。」——《論語·爲政第二》

予讀此章，常思淚下。予幼時有大臟病。予父時時守予，視臟人始安。又有吐紅病，予父每以凉藥灌予，及上好細茶灌之，故嘗謂父母罔極之恩，千百世報不得，即舜亦報不得，何者？與性罔極故也。今世間人懵懵而生，再不思報父母，所以未覺此言有味。予思疾字，所包者大，人皆可以爲堯舜。諉不肯爲是，犯虛怯疾；此身不知檢束，任其放縱，得罪鄉黨宗族，犯顛狂疾；飽食終日，無所用心，是犯飽脹疾，推此類最廣。仁人孝子，讀此不能不思修身，萬一報父母深恩。講疾字透骨徹髓，能不竦然。

「子游問孝、子夏問孝」二章

子游問孝。子曰：「今之孝者，是謂能養。至於犬馬，皆能有養。不敬，何以別乎？」——《論語·爲政第二》

子夏問孝。子曰：「色難。有事弟子服其勞，有酒食先生饌，曾是以爲孝乎？」——《論語·爲政第二》

此二章書吾輩人仕者最當玩味。世上榮顯者，得一王言以爲褒崇其親，養親九鼎以爲奉。養其親如是，人子之道足矣。然却不肯立身行道，甚至爲權門鷹犬，夫子爲鷹犬即父母亦鷹犬矣！不敬，何以別乎？孟子論孝在守身，故曰：立身行道，以顯其親。揚名於後世，孝之至也。立身行道，不期於揚名而名自隨之；有心立名，則身且不守，何道之能行。

「吾與回言」章

子曰：「吾與回言終日，不違如愚。退而省其私，亦足以發。回也不愚。」——《論語·爲政第二》

先生曰：癸未予在掖垣，蕭希之在水部，譚及此章。予曰：聖人盛德，容貌若愚。一切聰明才知，剷而不章；一切華藻辨駁，屏而勿有，鬼神不得而窺其際。學，學此；教，教此。惟回深潛純粹，可傳此一路，而回常覺在發露一邊，故曰：「回也不愚。」希之曰：但覺「亦足」二字未妥。予姑記之，以似同志。蓋當是時，予以少年入朝，精神一味發舒，無復退藏收斂意思。先正常數數教予收斂，予是時覺自己以爲收斂，今思之淺露之極。其解未知合聖意否？然初學聞道者留意此一步，未必無小補云。

「視其所以」章

子曰：「視其所以，觀其所由，察其所安。人焉廋哉？人焉廋哉？」——《論語·爲政第二》

此章不是觀人之法，是自觀之法。人在天地間，此身目視必有所以視，耳聽必有所以聽，口言必有所以言，四肢動必有所以動。視聽言動者，形也，後天也。所以視聽言動者，宰形者也，先天也。能視其所以然，而又觀其所由，察其所安，則功夫本體一齊到手。由者，由仁義而行之；安者，安而行之之謂也。知所以，而又由仁義，安而行之，吾知所以爲人者，寧有遁情哉？不然，視懵懵然，不知其所以視，聽不知其所以聽；言動懵懵，不知所以言動，渾是與草木榛榛、鹿豕狉狉，一飽膿血，行屍走肉，惡乎人！惡乎人！

此章書旨愚見偶同，聖人只求諸己，斷不在人身上着功夫。

「溫故而知新」章

子曰：「溫故而知新，可以爲師矣。」——《論語·爲政第二》

門人問曰：何以謂之故？先生曰：子讀孟子乎？曰：「天下之言性也，則故而已矣！故者，以利爲本。」率性之謂道，利之謂也。曰：未達，請詳之。曰：口之於味，目之於色，耳之於聲，鼻之於臭，四肢之於安逸，非性乎？仁之於父子，義之於君臣，禮之於賓主，智之於賢者，聖人之於天道，非性之故物乎？曰：溫之義何若？曰：子浴乎？曰：浴。曰：水熱則炙，冷則冰，子必命司湯者水宜溫。曰：然。曰：子知溫之義矣！人用心大緊則迫切，無所用心則莽蕩，惟勿忘勿助即知溫之義矣！曰：「可以爲師」，豈即世之所謂曰師曰弟子云者乎？曰：世之所謂師與弟子云者，名也。師，法也。學問如是可以爲世法，能如是，學無一弟子，足爲千百世師法；不如是，學即千百弟子亦是口角上先生。學到知新，如春花年年秀茂，豈是守窠臼的學問。

「君子周而不比」章

子曰：「君子周而不比，小人比而不周。」——《論語・爲政第二》

人只管向周比上分別，予則君子小人上分別。光明正大，無纖介可疑者，必君子也。依阿澳涊，回互隱伏者，必小人也。君子一味只盡其在我，不求人知。小人一味狥人，惟恐人不我信。是君子比亦周，是小人周亦比，不在一時形迹上看，在平素精神心術上看。若在一時形迹上，小人停停當當，與君子無別，小人只是過後忘記了，本相又出來。試觀立朝居鄉可見，試觀交朋友存亡可見，它如和同、泰驕、爲己爲人之類，並當在君子平素上觀，若以一時形迹上觀，小人有做得停停當當過君子處，而君子反覺露形迹，此非明眼者不能觀。

「學而不思」章

子曰：「學而不思則罔，思而不學則殆。」——《論語・爲政第二》

於此見修悟合一之旨。學何學，大人之學也；思何思，大學之道也。大人學便欲明明德於天下，便以天地萬物爲一體。然不得與天下同的，與天地萬物一樣的，如何能學？惟思同的、一樣的，覷破始所學不罔。世間聰明覷見同的、一樣的，又會放曠。放曠豈不是危殆不安？人能帖帖地、樸樸實地，却便穩當。世間人伶俐漢即學即思，即思即學，然思非落識神，非落生滅，不得混入識神去。

「攻乎異端」章

子曰：「攻乎異端，斯害也已！」——《論語・爲政第二》

門人問曰：何以謂之端？先生曰：子讀《孟子》乎？曰：「惻隱之心，仁之端也；羞惡之心，義之端也；辭讓之心，禮之端也；是非之心，知之端也。」同乎此則謂之仁義禮智信，異乎此則謂之異端。曰：近世儒者以佛老爲異端，著論闢之，然否？曰：是時佛教未入中國，若猶龍氏❶，夫子且從問禮，以是爲異端，恐未然。近時大儒學從葱嶺路來，又欲著書闢之，分明是竊盜外面作富家翁相。鄰人知其爲竊盜。盜財猶可，盜其道而又欲獨攘其名，則吾不知。

❶見《史記・老子韓非列傳》記載孔子見老子後説：「吾今見老子，其猶龍耶？」此處以龍氏代指老子。

「由誨女知之」章

子曰：「由！誨女知之乎？知之爲知之，不知爲不知，是知也。」——《論語・爲政第二》

此夫子正教子路不在知上求。知之爲知之，不獨子路，凡人亦然。若知便以爲知，豈待夫子而提之，全在「不知爲不知，是知」一句，點掇天下道理。知之淺也，不知深也；知之外也，不知内也。目得之爲視，而所以視者不知何以？耳得之爲聽，所以聽者不知何以？心思言動亦然。學者能從不知處得一翻身轉地，便自開眼。近世良知一提，學者冒以知是知非爲良知。❶夫是非熾然，且從流於情識而不自覺，惡在其爲良知，故曰：「不識不知，順帝之則。」

❶見《傳習錄下》：「良知只是個是非之心，是非只是個好惡，只好惡就盡了是非，只是非就盡了萬事萬變。」又陽明四句教曰：「無善無惡心之體，有善有惡意之動。知善知惡是良知，爲善去惡是格物。」

「子張學干禄」章

子張學干禄。子曰：「多聞闕疑，慎言其餘，則寡尤；多見闕殆，慎行其餘，則寡悔。言寡尤，行寡悔，禄在其中矣。」——《論語・爲政第二》

子張干禄與今人干禄不同，略有求人知人之心即干禄矣！故夫子教以闕疑慎餘四字。子張好爲苟難，原是多聞多見的人，夫子只約其精神於内。闕疑者，空諸所有也；慎余者，即有餘不敢盡也。若教之多聞多見，是又教之於干禄矣！聞見是學者一助，却是學者一病。不墮聞見者，今古幾人，故曰：多聞擇善而從；多見而識，知之次也。

「子奚不爲政」章

或謂孔子曰：「子奚不爲政？」子曰：「《書》云：『孝乎惟孝，友於兄弟，施於有政。』是亦爲政，奚其爲爲政？」——《論語・爲政第二》

吾輩或仕或退，無兩道理；或出或處，無兩學術。出也，是這個孝友；處也，是這個孝友；徹天徹地，是這孝友，故曰：孝友之至，通於神明。或人疑夫子不爲政，而夫子引《書》孝友爲政告之，可見仕學一道，隱顯一心。舊説奚必居位乃爲爲政。若以孝友代政事，請觀《大明律》幾百條，犯者那個不是不孝友人做出來。設着這科條，那一條不是待不孝友的。試舉其大者，如鬥毆，是好勇鬥狠以危父母。是鬥毆者，因不孝友方纔鬥毆人命，是一朝之忿忘其身，以及其親。是人命因不孝友方纔打死人。千種萬病，俱由不孝不弟來。夫子此言真是握爲政把柄，千古帝王大經大法，更不越此。若曰居位別有政事，托辭以答或人，則視政事孝弟爲兩事矣。殷因於夏禮，周因於殷禮，禮即孝弟之謂也。

先生曰：予一日同堪輿登山，其人説人之禍福吉凶盡由地理。予退而思之，世有士縉之家，彼必指某風水以神其説，然今日寒儒，明日爲士縉，末[一]聞其先云：某風水有驗。且無根蒂之輩往往驟起，將何説之。歸，予思之地理，其一也。有天時，有人事。天時如天運流行，適值旺相，則其人多福澤。天時不可必，地利難强求。惟有人事可以參天，可以兩地。人事豈能外孝友，予見士縉家多孝友，無不昌熾。即甕牖繩樞之家，其人孝友，必有興者。予難一二縷數，諸君不信，請歷稽之以驗予言不誣。嗟乎！孝友之家，慶澤悠長；不孝不友，立見滅亡。

「人而無信」章

子曰：「人而無信，不知其可也。大車無輗，小車無軏，其何以行之哉？」——《論語·爲政第二》

此章須要認得信字親切。信是信得天地間有一種生身道理，信得及，始肯學，肯學始可行。若人而無信，如何可行與？大車無輗，小車無軏，其何以行之哉？夫子極提醒人。今人敬神者，齋戒焚香，如神在上，只爲它信得有鬼神。學佛者舍父母棄母子，只爲它信得有輪回。吾輩欲明此無上妙道，如何可無信心？或相處師友之間，若不信，就是師友精神全不理會，當面錯過了，如何得長進？當時顏子只爲信得及孔子，所以孔子千誘萬誘，誘到盡處，始得末由地步。若使顏子不信孔子一誘，顏子如何得到此地步。伊川明道信濂溪誘，所以初得吟風弄月之趣，後來二公學問大成。慈湖亦信得象山，所以一點即悟。故曰：信是功德母。又曰：朋友有信。嗚呼！始而信人，信人即是自信。若不信人，便不自信。今能信者誰？天下未有無輗無軏之車，却有不信之人。

[一]「末」字誤，據文義应作「未」。

「人而不仁如禮何」章

子曰：「人而不仁，如禮何？人而不仁，如樂何？」——《論語·八佾第三》

此章書言世之强勉以爲禮、聲容以爲樂者。說道仁人方是禮，不仁之人縱禮，亦彌文耳；仁人方是樂，不仁之人縱樂，亦聲容耳。夫子他日曰：「禮云禮云，玉帛云乎哉？樂云樂云，鐘鼓云乎哉？」所以提人者甚切。仁與禮樂雖是三字，分晰不得，須臾離不得，只在識仁。識仁則不必言禮，禮在其中不必言樂，樂在其中。然識仁又本諸身，知人則知仁，故曰「仁也者，人也」。世之以學自命，有謂必有崇禮者，致飾儀文之表，縱做得周旋中禮，終是作僞。有謂必先樂者，脫略形迹之表，縱說生惡可已，終是縱情。仁之實，事親是也。禮之實，節文斯二者是也。樂之實，樂斯二者，終是根宗孝弟來。

「王孫賈問曰與其媚於奧」章

王孫賈問曰：「與其媚於奧，甯媚於竈，何謂也？」子曰：「不然，獲罪於天，無所禱也。」——《論語·八佾第三》

聖人仕學一本諸天。其學曰：不怨不尤，下學而上達，知我者其天乎！其仕曰：獲罪於天，無所禱也。聖人畏天事天如此其謹。公伯寮愬子路於季孫，夫子斷之曰：「道之將行也與，命也；道之將廢也與，命也。公伯寮其如命何？」聖人看得天一定的道理，故毀譽自由，進退自由，一切世態若浮靄往來太虛，初無加損。繼孔子者，惟孟子。處臧倉之沮，曰：「行或使之，止或尼之。吾之不遇魯侯，天也。」曰：「臧氏之子焉能使予不遇哉？」孔孟家法，一本於天，吾輩既是儒者，仕止上若不看得天分曉，藉口納約自牖，委曲行道之說，所得者小，所喪者大。一失泥塗，遺恨千古，孔孟之罪人也。

儒者與郡邑相處，自正禮外毫不可苟爲。秀才時如媚郡邑，居官未有不媚於權要。一星之火種子蔓延，燎原莫遏，慎諸慎諸。

先生又曰：予嘗思媚竈者固非，而爲人所媚者亦非。若真竈，即媚亦不能得其心。何者？竈獨不畏天？

國初蕭山魏家宰門生為留官，曰：此事在門生輩。魏退而嘆曰：彼欲偷天乎？嗟乎！能不為偷天者所使，是知達天。

知天則自畏天，知學然後知天。

「惟仁者」章

子曰：「惟仁者能好人，能惡人。」——《論語·里仁第四》

昔先師盧山先生常念吾里歐陽文莊發揮此章大旨，謂能好能惡，旨極省人。予未聞其旨，請以事證。昔先正有通家子求官，教之曰：「予非忘情賢姪，賢姪才不能為此官。」予敢謂之能好人一證。先正有世家子敗度，絕弗與通。既而聞其悔改，百方引掖，敢謂之能惡人一證。子路使子羔為費宰，而夫子以賊夫人之子教之，是能好子羔也。孺悲欲見，取瑟而歌，使之聞之，原壤夷俟，以杖叩脛，是能惡孺悲原壤也。故曰：「君子愛人以德，小人愛人以姑息。」又曰：「仲尼不為已甚。」近世據權要者與人官爵，不顧其所安。其人身名俱毀，猶感其恩愛，不知好之實賊之也。擯斥人不極不止，其人無復天日之想。不知惡字與好字相對，充惡之量，陷惡之極，已自不仁，可畏哉！予讀鄒子此章之解，真信其為仁人。何也？非身有之焉能體認至此。舊訓能好能惡只完得自己事，不過自了漢耳。仁者萬物一體，無不委曲成全，如天道滋培肅殺，皆是生生。以此治天下，何憂萬物不得所。

「朝聞道」章

子曰：「朝聞道，夕死可矣。」——《論語·里仁第四》

道，非意識揣摩之道，徹生徹死之道，原始反終之道。聞，非聲聞之聞，徹內徹外之聞，一聞了之。聞死，非形骸之死，即生即死，干休于慮之死。世學者輒以是為了死生一大功案。然粗言之，即如今人好色的，若得遂即死也，干休如此言亦可。細言之，了死生亦可。

或問曰：殺身成仁，舍身取義，亦可謂了死生乎？先生曰：此可謂得當而死，從一而死，若以爲便了死生，恐未盡然。

「士志於道」章

子曰：「士志於道，而耻惡衣惡食者，未足與議也。」——《論語・里仁第四》

先生曰：予幼讀「好衣不上節士體，粱肉恐礙腹中書」，又讀「欲做好人清節苦，要圖快活令名污」，四句有醒。少年惡衣惡食能甘，長而入仕途，漸漸浸淫如油入麵，因嘆夫子此章極庸常，極微細。予入朝見吾師朱鑒塘先生、尚賓孟我疆先生、大宰陳心穀先生、忠介海剛峰先生、文潔鄧定宇先生，衣冠朴陋如古人，四人皆一心慕[一]古，不假外飾，故卒爲世大儒，爲世名臣。世間人亦有惡衣惡食者，其微在官上起念。人眼最毒，先正聞入省穿白直裰者吉水人。今吉水素風不能盡如昔，無怪人才不盡如昔。讀此章願以身體貼，耻乎不耻乎？無忝爲士。透得此一關，方好撐着肩頭來擔此道。

先生又曰：甲戌，予入青原，同曠中岑年兄飯。曠兄曰：予輩做一衣要幾兩銀置者，予思輕鬆可置數衣，分其餘可以周昆弟之貧者。予聞其言，下拜。

又曰：癸未，予在掖垣，身穿大小木棉襖二，後上馬不能打躬，庶覺累隊，遂以杭細置二襖，上馬打躬始便。又越十年，予以綿襖爲當然，不復知木棉氣味。予常曰：富貴不能淫。淫字以漸而浸淫之謂。世以絲綿作内褻衣者何心？忠介在南都半年後，滿身光華。人曰：海先生近日像個樣子。予謂海先生心與惡衣惡食一般。學人當飲食，不要有飲食意思；當衣服，不要有衣服意思，一味率真去。

[一]「慕」，底本作「暮」，據文義改。

「放於利」章

子曰：「放於利而行，多怨。」——《論語·里仁第四》

此節書要認得放字。放即莊子所云「放道而行」之意。蓋其人心只知有利，再不知有義。若知有義，自不肯放於利。如入市攫金，目中豈復有人，這樣人害人多矣！夫子曰「多怨」，還是渾厚。夫子立教，教仲弓爲仁，曰：「在邦無怨，在家無怨。」曰：「伯夷叔齊不念舊惡，怨是用希。」口口要人避怨，可見怨亦當避。吾輩居鄉，固不能使人德，亦豈可使人怨，匹夫匹婦之怨，上通於天。今人曰我不怕人怨，總只是利字昏了心。利字昏了心，想只是不肯安貧。不肯安貧，總只是不知命。若知命，菜根蔬食皆已前定，明朝一飯先已書籍。即多取悖出，徒自取怨耳。或曰做官不得避怨。予曰做官固不當避怨，然有不宜於人者，亦當曲爲之。體察其心而委屈安全之。只管說不避怨，民不得其所多矣！於國家無益也。

「不患無位患所以立」章

子曰：「不患無位，患所以立；不患莫己知，求爲可知也。」——《論語·里仁第四》

此二句學者只謾讀過，說立字淡然無味，不知此立字是特立之立、挺立之立、獨立之立。特立如群木萬卉，蒼松特秀；挺立如駕一葦洪濤，不隨波逐流；獨立如孤峰獨聳。近世學者讀書只一味隨衆，及至做官，前後傳教曰不要得罪人。又教之奉承人。夫以下敬上，以卑承尊，豈可傲慢？不知今之所謂奉承者，奔走耳，阿諛耳！上司要入人罪，不敢亢，視古不殺人以媚人者，不爲矣；上司要行不義，甘心行之，視古行一不義得天下不爲者，以爲迂矣！一則曰從權，一則曰隨時，不知一隨隨到老，官大權重，四面逢迎者衆，彼自以爲真。正不知隨波衆流，當大變故日，首鼠私竄者必此人。這樣人濟得甚事？學者有位，更硬着肩頭，立定腳根，遺佚不怨，阨窮不閔，萬死不悔，始成立字。不然，如敗絮舞風，寧有了期。

「參乎」章

子曰：「參乎！吾道一以貫之。」曾子曰：「唯。」子出。門人問曰：「何謂也？」曾子曰：「夫子之道，忠恕而已矣。」——《論語·里仁第四》

夫道一而已矣！以爲有一却又是萬，以爲有萬却又是一，一即萬，萬即一。如學者云以一貫萬。是一是一、萬是萬，豈不是兩件？曾子至此疑情盡釋，蓋真積用力之久，一旦豁然貫通，不覺直領無疑。至門人問，即以忠恕盡之。蓋隨地成金，無異同，無是非，精即粗，粗即精。而後世便以忠基乎恕，恕本乎忠，豈不是成一場話柄？學者未能信此風光，一味恕將去，自有好消息應。

「君子喻於義」章

子曰：「君子喻於義，小人喻於利。」——《論語·里仁第四》

此章書陸象山講得令人泣下。予思喻字未透徹。上面曾子曰：「唯。」唯即可解此喻字矣！虞廷都俞吁咈，俞即唯。人呼即應曰唯，此一唯，命脉貫徹髮膚。君子喻義，流貫無一處不到，如子龍一身是膽，有一處不到便成痿痺不仁。小人喻利，亦不處不到。雖然，未悟曾子一唯，縱事事合宜，言言合義，終成喻利。悟此一唯，始爲義之盡，不然，如服烏頭毒，終在裏。

「見賢思齊」章

子曰：「見賢思齊焉，見不賢而内自省也。」——《論語·里仁第四》

此夫子教人任道之勇，希聖之功，待人之恕。今人見賢輒患虛怯症，若能思彼亦人也，我亦人也；彼耳目口鼻手足，我亦此耳目口鼻手足，因甚不同，思到同處，始勇猛發憤，色色具足，仁爲己任。舊説思與之齊，是從他人身上比擬，一團世俗心腸，與之齊必不能齊。思元齊，則無不齊，此希聖要譁。人有不賢輒内自省曰：「彼亦人也。」説他人好處他喜，説他不好處他羞愧，只是一念差了。我自省不賴此學，一念而差，與渠争多少，待人自無不恕。羅近溪先生每見人作不好事，只説怪不得。予友楊復所提掇在「所藏乎身不恕」章發揮。予受此三字益，常常思怪不得三字有味，能實體貼，自然不過求於人而同於人。

「父母之年」章

子曰：「父母之年，不可不知也。一則以喜，一則以懼。」——《論語·里仁第四》

父母之年不但是父母之年，即人子身上亦皆父母之年。夫子一生不虛父母之年，十五便志學，三十便立，四十便不惑，五十便知天命，六十便耳順，七十便從心所欲不踰矩。未到此，可懼；既到此，可喜。孟子四十不動心，古人决不虛過時光，予回思在父母膝下總角時如一日，一入仕途，轉眼三十又四十又五十，做得甚人，學得甚學，幹得甚事，天地間一廢人。人安心自足，無日不喜。人若欲無忝父母，無日不懼。此真孝子之心，真孝子之言，讀之墮淚。

「德不孤」章

子曰：「德不孤，必有鄰。」——《論語·里仁第四》

借問何以謂之德？若以爲有得於心則不謂之德矣。此夫子爲初根學道之士而發。今人初向學於世不便，怕人取笑沮撓，多少不得自由。即如今講學之士，在仕途極是不便。人向道不篤的便令退轉，若真信千古而得一知者猶比肩也。便能自立，便能自信，便能一家非之不顧，天下非之不顧，蹤孤立，與天地同流，與萬物同游衍，何孤立之有？不能自立，東挨西靠，口嘴上討得個好字，眼前容易過，誤却平生事業矣！自立者而後能立德，至大德地步，人皆吾與，豈止有鄰？

「事君數」章

數音塑

子游曰：「事君數，斯辱矣，朋友數，斯疏矣。」——《論語·里仁第四》

此章書聖人說人臣事君，宜一味忠誠，不可參權謀術數，一參權謀術數，就取辱矣！爲人交友宜一味樸實，不可參權謀術數，一參權謀術數，就取疏矣！何者？天地間只有一個誠實。若誠實，天地可動，而況人乎？蓋君之爵禄乎臣，友之締交乎我，只在此心。此心映照千古如定盤針，偏於左，人認得左；偏於右，人認得右。臣若事君以仁義，君知得是仁義。友若交友以道德，友知得是道德。雖當時未必如魚水之懽、金蘭之契，久久跌打不破。若懷詐飾知以事君，懷詐飾知以交友，當時造膝之懽、刎頸之交，久久有破綻。夫子當春秋時，若看破戰國這一班押閤之流，故先預說此病。你看戰國之時，蘇秦、張儀、孫子、龐涓輩，事君交友，那個不以數成，竟以數敗。聖賢之言，誠萬世良藥。若教事君不可數，則古人臣折檻攀裾、補牘屍諫之流皆辱矣！雖一時之辱，實仁則榮也，君子不以爲辱。

「賜也何如」章

子貢問曰：「賜也何如？」子曰：「女器也。」曰：「何器也？」曰：「瑚璉也。」——《論語·公治長第五》

道在天下，執之不可，舍之不可。賜在聖門是個達才，豈不是器？是瑚璉。然於至道上却用不着。伯夷是清，伊尹是任，柳下惠是和，孔子不由。先正曰：何曾說聖人清、聖人廉、聖人孝，即此可觀聖學矣！其先儒又曰：堯舜事業，一點浮雲過太虛。又曰：玉屑雖貴，不能置之目中。孔子空空如也，所以爲聖之時；顏子庶乎屢空，所以末由也已。夫以瑚璉美器，聖學且不載。若小有得而小有才，欲以自鳴者，其器誠小矣！故曰：「如有周公之才之美，使驕且吝，其餘不足觀也已。」驕吝一有，有之心即係驕吝。故曰：「君子不器。」又曰：「大道不器。」

「孟武伯問子路」章

孟武伯問：「子路仁乎？」子曰：「不知也。」又問。子曰：「由也，千乘之國，可使治其賦也，不知其仁也。」「求也何如？」子曰：「求也，千室之邑，百乘之家，可使爲之宰也，不知其仁也。」「赤也何如？」子曰：「赤也，束帶立於朝，可使與賓客言也，不知其仁也。」——《論語・公治長第五》

仁非外事，而爲仁即事即仁，此惟在自信而後知仁非人所能言也。武伯問諸子，而夫子但許治兵、治賦、與賓客言，蓋就所長處言，謂仁該治兵、治賦、與賓客言則可，謂治兵、治賦、與賓客言不是仁亦不可。予嘗謂令尹子文之忠，忠即仁；陳文子之清，清即仁。惟在自信得過。疑情未斷，忠與清未得爲仁。疑情斷，即忠即清即仁。所以漆雕開曰：「吾斯之未能信。」此是千古真正語。畢竟何以爲之仁曰謂之仁，鬼神不得窺其端倪。夫子所以一則曰：「不知。」二則曰：「不知。」諸子只爲有才，可見有忠與清在。

「吾未見剛」章

子曰：「吾未見剛者。」或對曰：「申棖。」子曰：「棖也欲，焉得剛？」——《論語・公治长第五》

夫子所謂剛，非今世以血氣爲剛之謂。自心自性，能惴褐寬博，亦能萬人吾往，能潛能惕，能飛能亢。而世人以悻悻爲剛，不知正北宮黝之謂矣！申棖之欲，亦非如世人沉沒利欲之謂。一有意焉即謂之慾，何謂無欲？一而已。知一者，可與語聖學。夫子畏陽貨，避匡人，却能墮三都，却萊夷，切莫錯認。

或曰：近時諸君子正直亦可稱剛乎？曰：不可謂非剛，不學則化爲繞指柔，能學亦化爲繞指柔。能學化爲繞指柔者，非柔也，和也，和不流於訐。不學化爲繞指柔者，非柔也，有所求也，求遂流於失本心。

「夫子之文章」章

子貢曰：「夫子之文章，可得而聞也；夫子之言性與天道，不可得而聞也。」——《論語・公治長第五》

夫道，一而已矣。以爲顯却又微，性與天道是也；以爲微却又顯，文章是也。微即顯，顯即微，故曰：顯微無間。學不見體，動輒落顯微二邊。夫子文章即是性與天道，若以爲文章外別有性與天道，則性與天道與文章有二矣！道果有二乎哉？若以爲性與天道不可得而聞，則無行不與二三子，夫子是虚語矣！夫子欲無言，子貢以無言則小子何述，夫子以時行物生告之。夫時行物生即天命於穆不已，別從時行物生求天命，即造化有時而窮矣！先儒曰：灑掃應對便是形而上者。愚故曰：文章即性與天道，性與天道，不外文章。道無精粗，學無顯微，方是一貫。

「子路有聞」章

子路有聞，未之能行，唯恐有聞。——《論語・公治长第五》

道不以聞而有，不聞而無，以聞而有，則以不聞而無；不以行而著，不行而隱，以行而著，則以不行而隱，故凡有所待於外，皆義襲也。能信道體無聞無不聞，則萬物皆備；能信無行無不行，則萬古不息。子路任道之勇雖可嘉，而信夫子，不信自信，信耳不信心，求多不求少，求益不求損，與顏子默默自聞自行者隔一步在此。

「晏平仲」章

子曰：「晏平仲善與人交，久而敬之。」——《論語・公治长第五》

平仲交道全在與人爲善。與人爲善，所以亘始亘終不移，不重在敬上。若單單在敬上，不過禮貌致飾。今人有一善言訓誨人者，終其身久要不忘。爲一鄉之善士，一鄉人久而敬之。爲國與天下善士者，國與天下人久而敬之。予故曰：善則久，久則敬。或問曰：予輩除却平仲不論，今何以與人爲善？曰：此非言語意氣所能辨[一]也。與人爲善，在自己真精神，對越天地，感格鬼神，見者如春風披拂，飲人以和，人不自知，豈湊辨得到？

「伯夷叔齊」章

子曰：「伯夷、叔齊不念舊惡，怨是用希。」——《論語・公治长第五》

伯夷叔齊，聖之清者也。地步又高，眼界又闊，宜下視塵寰皆腐鼠狗彘輩，却不念舊惡，此是何等心腸，何等胸襟！蓋二公學在求仁，求仁則明，明則知人未有惡根，乃是意根作祟，學不得力，未有不勸於意者。求仁則恕，恕則人既有惡，其善根依舊萌芽。苟得明師，未有不反邪爲正者，此所以不念也。伯夷叔齊，學造到無念，始能不念。若空空說不念舊惡，終是不得力。予近見居官在朝以清節著名者，見小人　陷邪路，攻擊不已，不知當時一念只是要作官心腸，蓋此等皆縉紳之流，自少讀書執筆，父母師友鄉党只是富貴心腸也，怪他不得，不必過求。見小官一毫過取，深刻不已，不知你官大俸厚，小官受多少苦楚，口說不得，不可苛刻。曰：體群臣❶，體字有味。夫有清節者貴有容德，知此則可與語仁。

[一] 原文作「辧」，據文義應爲「辨」。

❶見《中庸》：「凡爲天下國家有九經，曰：修身也，尊賢也，親親也，敬大臣也，體群臣也，子庶民也，來百工也，柔遠人也，懷諸侯也。」

「顔淵季路侍」章

顔淵、季路侍。子曰：「盍各言爾志？」子路曰：「願車馬、衣輕裘，與朋友共。敝之而無憾。」顔淵曰：「願無伐善，無施勞。」子路曰：「願聞子之志。」子曰：「老者安之，朋友信之，少者懷之。」——《論語·公治长第五》

先生曰：庚寅予在都下樂安，詹侍御同董少卿請予酒。坐間，問予是章大意。予曰：二賢只爲多了願字，願一起，起爐作竈。夫子隨地成金，帝王也做得，聖賢也做得，中下平常人也做得，那個人無老者、無朋友、無少者，如此歡歡喜喜過日子。徹天徹地，亘古亘今，千百世也做得，無願無不願，故曰：「我則異於是，無可無不可。」故曰：「無意、無必、無固、無我。」一起願即動意，動意即昏然。顔子所謂「伐善施勞」却又入細，若矜伐其善與功，聖門諸大賢皆不爲此，顔子見善自天性，順天之便，不用人力腳撈手擾，此謂伐善，此謂施勞，化之與夫子老安少懷信友同旨。若矜伐，即子路亦未必如此，豈顔子地位。侍御首肯，與予交拜而別。

「雍也可使南面」章

子曰：「雍也可使南面。」仲弓問子桑伯子，子曰：「可也簡。」仲弓曰：「居敬而行簡，以臨其民，不亦可乎？居簡而行簡，無乃大簡乎？」子曰：「雍之言然。」——《論語·雍也第六》

南面者，即今郡邑南面臨民皆然。朱子謂「有人君之度」，大凡君一邑、君一郡，即謂之君。若以爲天下主，夫子從周，爲人臣致敬盡禮，是教仲弓悖叛不臣矣！豈得爲居敬？仲弓曰：「居敬行簡。」居敬即事上也敬，行簡即使民也義。以忠君之心臨民，然後可居南面；以臨民之心臨民，則爲大簡。居民上者要須天鑒在兹，神聖臨爾，無虐煢獨，而畏高明，一民不敢慢。爲敬，若以敬爲端莊嚴肅之容，則臨朝莊嚴如神者，亦居敬耶？

「哀公問弟子」章

哀公問：「弟子孰爲好學？」孔子對曰：「有顔回者好學，不遷怒，不貳過。不幸短命死矣！今也則亡，未聞好學者也。」——《論語·雍也第六》

或問曰：「不遷怒，不貳過。」朱晦翁言「怒於甲不移於乙，過於前不復於後」，而近儒以爲「心常止，故不遷；心常一，故不二」。先生曰：朱晦翁所言在效驗，而近儒所言則本體。惟止，故「怒於甲不移於乙」，惟一，故「過於前不復於後」。然「怒於甲不移於乙」而心愈止，「過於前不復於後」而心愈一。此二説固無間也，但中間尚有功夫未曾説出，就是「心常止、心常一」如何得？「心常止、心常一」，非竭才仰鑽不能到此地步。與痴人前亦似説夢，若未識「心常止、心常一」，即造到「怒於甲不移於乙，過於前不復於後」亦算不得聖學，還是義襲而取。

「賢哉回也」章

子曰：「賢哉，回也！一簞食，一瓢飲，在陋巷。人不堪其憂，回也不改其樂。賢哉，回也！」——《論語·雍也第六》

「飯蔬食飲水，曲肱而枕，樂在其中」，此孔子之學也。「一簞食，一瓢飲，不改其樂」，顔子之學也。此是一宗公案。昔程子受學周茂叔，每令尋仲尼顔子樂處所樂何事？周茂叔以此陶鑄二程。二程歸，吟風弄月，有「吾與點也」之意。愚於此處尋究二十餘年，求其樂竟不可得。世之儒者又强爲之説，曰：「顔子樂道。」伊川却又説曰：「若道顔子有道可樂，辜負顔子。」此語殊尖聳。初學士未得孔顔之樂，請先看破世人之憂，知世人之憂，則知孔顔之樂。世人之憂，憂在富貴。孔子視不義富貴若浮雲。吾輩直能浮雲富貴，不患不到孔顏樂處。若希心世途，妄談樂地，是口恬而心苦也，去樂何啻千里萬里。

「非不悅子之道」章

冉求曰：「非不説子之道，力不足也。」子曰：「力不足者，中道而廢。今女畫。」——《論語·雍也第六》

冉求以夫子求夫子，不反諸身，所以不足。反身以求夫子，則萬物皆備，何不足之有？以力求道，不以心悟道則有不足。若以心悟道，欲仁仁至，何不足之有？故夫子以畫告之，畫地自限，障蔽性靈，東向望不見西牆，南向望不見北方。孔子登東山便小魯，登泰山便小天下，所見益高，視下益小，地豈得而限之？吾輩欲希聖，若畫定樣子做人，日見不足，海闊天空，日見有餘。如畫定做狂做狷，即狂狷不能到，畫定做聖人，即聖人不能到。孟子曰：「萬物皆備於我矣！反身而誠，樂莫大焉！」誠者，有諸己之謂也。

「子游爲武城宰」章

子游爲武城宰。子曰：「女得人焉爾乎？」曰：「有澹臺滅明者，行不由徑。非公事，未嘗至於偃之室也。」——《論語·雍也第六》

此一章見聖門取人自治之法全備。子游宰武城，夫子就問人才，可見聖賢經世之略，只在求賢自輔。賢才得則天下可治也。矧一邑乎？子游即以澹臺滅明對，曰：吾邑其人有澹臺滅明者，其心術正大光明，絕不行蹊徑小路之事。何以見之？非公事未嘗至於偃之室也。世間有一種養高的人，視邑民生利病若秦越人不相關。彼則惟公事則見，偃得以除利去害，是滅明之力也。世間有一種奔競的人，終日以私事見，惟彼則私事未嘗至於偃之室也。邑得以風廉振懦，滅明之力也。子游取滅明之意如此。予嘗思滅明其行不少概見，獨不請謁一事即見稱聖門。予輩自待者重，無以公堂爲坦途，無視邑民生利病如秦越。吾邑風俗勝於天下，只是士競競自守，一件不滅先輩風度。前後輩相承，確當謹守，勿得踰越，以重鄉邦，以不愧父母兄弟妻子。雖然，子游亦有足多非。子游則以公事相商量者謂爲多事，不至偃室者謂爲簡傲矣！吾輩寧得罪今人，無得罪聖門。

「誰能出不由户」章

子曰：「誰能出不由户？何莫由斯道也？」——《論語·雍也第六》

此章書夫子極提醒人，説道今人那個「出不由户，何莫由斯道也」。蓋就人日間無頃刻離者提醒人。其實由户即是由道，非是由户與由道有分别。不但此也，予謂日間個個穿衣，穿衣即道；個個吃飯，吃飯即道；個個説話，説話即道。人於此信不及，所以不知，即不知個個在由道，道不曾離，故曰：「人莫不飲食也，鮮能知味也。」今人不肯信道、任道，只緣當時任道諸儒將道做天大的事，講學做極難的事，過於張皇，所以萎靡之徒望之心驚；若反求諸身，實有諸己，這個道個個有的，個個日間在由，無甚奇特，是家常茶飯。孟子發揮人皆可爲堯舜者，徐行後長，何等簡易！何等親切！

「人之生也直」章

子曰：「人之生也直，罔之生也幸而免。」——《論語·雍也第六》

人生跌地以來，頭象天，足象地，目象日月，口象山，四肢象四時。當哭便哭，不是思了去哭；當食便食，不是思了去食；當睡便睡，不是思了去睡；當惻隱、辭讓、羞惡、是非便惻隱、辭讓、羞惡、是非，不是思了去惻隱、辭讓、羞惡、是非。試觀孺子入井，人皆有惻隱之心，便可見端倪。若不直，即罔生耳。故悳字，從直從心。《易》曰：「直其正。」❶惟直斯正、斯方、斯敬、斯義。晦翁云：「生理本直，如耳之聽、目之視、鼻之齅、口之言、心之思是自然用如此。若纔去這裏着些屈曲支離，便是不直。」晦翁之解亦如此。

「一簞食，一豆羹，得之則生，弗得則死。嘑爾而與之，行道之人弗受；蹴爾而與之，乞人不屑也。」❷此直也。「萬鐘則不辨禮義而受之，爲宮室之美，妻妾之奉，所識窮乏者得我而爲之」❸此罔也。此之謂失其本心，聖人點人直處、罔處，何等苦心！

或曰：語云：「直如弦，死道邊；曲如鉤，得保全。」❹然則直何居？先生曰：直非悻悻之直也。「君子義以爲質，禮以行之，遜以出之，信以成之」❺，此所謂直也。若以悻悻爲直，是之謂罔。

❶見《周易》坤卦之文言：「直其正也。方其義也。君子敬以直內。義以方外。」
❷❸俱見《孟子・告子上》「魚我所欲」章。
❹見《後漢書・五行志》：「順帝之末，京都童謠曰：直如弦，死道邊；曲如鉤，反封侯。」
❺見《論語・衛靈公十五》。

「知者樂水」章

子曰：「知者樂水，仁者樂山；知者動，仁者靜；知者樂，仁者壽。」——《論語・雍也第六》

有孝廉問是章大旨。先生曰：需要曉得個仁知合一處方才知得。是知便樂水，便動、便樂；是仁便樂山，便靜、便壽。若仁知合一，山也好，水也好，動也好，靜也好，樂也是壽也，是故曰：「仁者見之謂之仁，知者見之謂之知。」曰：何以造得仁知合一？曰：仁知本合一，只為有了見在。一落動見，便落知邊；一落靜見，便落仁邊。息機忘見，仁知現前。曰：然則何以息機忘見？曰：公食焉能俾吾飽。

「默而識之」章　識音釋❶

子曰：「默而識之，學而不厭，誨人不倦，何有於我哉？」——《論語・述而第七》

此一章書千聖心傳，總在於此。夫子一生發憤忘食，只此一章說道。道本無言，識道以言，所得者淺也，有默而識之者焉，以心得之，超然自得。書言象意之表，是所謂默而識之者也。學此於己，則日新又新，罔有厭心。誨此於人，則俱立俱達，罔有倦心。「何有於我哉？」夫子非謙辭也，「不知老之將至」，正是此一生功課。請問識是識個甚？吾人自下地來，必有一件與生俱生，認得這一件，真不虛生、不虛死；不認這一件，生是醉生，死是夢死。既認得，方纔好學，如食蔗相似，轉入佳境，豈得有厭？方纔會誨人，如叩鐘相似，越叩越鳴，豈得有倦？舊說以識爲「記問之學」❷，如何能自得？既無自得，則資之不深，學就便厭。資之不深，則取之左右必不能逢原，誨就會倦。明道曰：「學者先須識仁。」子曰：「知及之。」孟子曰：「始條理者，知之事也。」皆默而識之謂。欲理會默識境象，請觀猫之捕鼠，又看陰捕之捕賊。事怕有心人，一年二年三年，併心摶精識不得，愚生認失言之咎。

❶ 見朱子《論語集注卷四・述而第七》本章注曰：「識，音志，又如字。」
❷ 見朱子《論語集注卷四・述而第七》本章注曰：「識，記也。默識，謂不言而存諸心也。一說：識，知也，不言而心解也。前說近是。」

「德之不修」章

子曰：「德之不修，學之不講，聞義不能徙，不善不能改，是吾憂也。」——《論語・述而第七》

此章不是四開看，是句句相承。德之不修，由於學之不講，學之不講由於義之不徙，聞義不能徙，由不善不能改，只重在改不善。改不善即是徙義，即是修德。學者學此，講者講此。顏子有不善未嘗不知，知之未嘗復行。《易》曰：「不遠復，無祇悔。」❶即此是德，即此是義，顏子大賢尚且不越此，况聖人乎！真正從改不善起腳，不愁不廣大，不愁不高明，不愁不精微，不愁不到聖賢佳處。予生平有大疑團在胸中未决，孔子一個大聖且以不講學爲憂，後世天縱豈能如孔子，動輒[一]不信講學，是自絶善根也，疑一。講學人不得力亦有務名者，然其人善根猶在；世人作惡排斥不遺餘力，然則必不講學始可同流合污耶，疑二。嗟乎！天與之五常之性，聰明睿知，堂堂大道，千古正學，不一開眼，置身其中，是謂之溺民，是謂之喪心。

❶見《周易》復卦：「初九，不遠復，無祇悔，元吉。」

「二三子以我爲隱乎」章

子曰：「二三子以我爲隱乎？吾無隱乎爾。吾無行而不與二三子者，是丘也。」——《論語·述而第七》

道在天壤間，天自高，地自下，日月自明，星辰自燦，山自峙，水自流、花自香，鳶自飛，魚自躍，只緣人不肯識取，肯識取者又索之隱微，二三子亦疑夫子有隱，故夫子以無行不與二三子示之。夫子之教，二三子可謂竭盡無餘矣！豈但二三子，即原壤，夫子以杖叩之，是無隱原壤也；孺悲，取瑟而歌，使之聞之，是無隱孺悲也。夫子豈於二三子有與，而於他人有不與也？識得此無隱，真是縱横自在。當時及門之士，惟顔曾直領此不惑。一提之非禮勿視聽言動，即曰：「請事斯語。」曾子一聞，即曰：「唯。」視聽言動，莫非吾行；除却一唯，亦無一貫。學者請開千古之眼，無曰：「道體至隱入微，趣而不振也。」

[一]　原文作「輙」，應作輒。

「詩云戰戰兢兢」章

曾子有疾，召門弟子曰：「啓予足！啓予手！《詩》云：『戰戰兢兢，如臨深淵，如履薄冰。』而今而後，吾知免夫！小子！」——《論語・泰伯第八》

曾子臨終才説出宗門。一著「吾知免夫」，蓋傀儡之技已窮，線穿木索一齊休之謂，非無遺恨之謂也。學問到此地步才曉得性自吾性，命自吾命，萬法皆由心作。心既不作，法何處有？即今休去便休去，若要了時無了時。先儒言之矣！學者不透此，以心運法，以法自縛，真所謂將鍼刺骨，血淋淋不知悔也。曾子豈不欲早拈此一步，蓋懼學者玩弄放肆，流無忌憚，故曰：聖門，曾氏之學，獨得其宗。又曰：篤信謹守，故傳之無弊。欲透此學，必自戰戰兢兢來。

「民可使由之」章

子曰：「民可使由之，不可使知之。」——《論語・泰伯第八》

往古來今，知愚賢不肖無一人不由道，千百人中得一知者，千里如比肩也。「人莫不飲食也，鮮能知味也。」「子曰：由，知德者鮮矣！」知豈容易得的，使父而可使子知，則夫子當先使伯鯉知矣！使師而可使弟子知，則知孔門不必顏子一人得其宗矣！然則終不可使知，即悟曰：自悟修。曰：自修求。曰：自求得。曰：自得反。曰：自反。故曰：爲仁由己。又曰：所以考其善不善者，豈有他哉！於己取之而已矣！曰：然則何以爲知之？曰：子食瓜乎？恬也，苦也，爾自知之。子飲水乎？寒也，溫也，爾自知之。非人所能説，即子欲形容苦恬溫寒之味，子亦不能説矣！然則既知之後若何？曰：既知如同未知，人即欲求異，凡民不可得斯之謂真知。

「吾有知乎哉」章

子曰：「吾有知乎哉？無知也。有鄙夫問於我，空空如也，我叩其兩端而竭焉。」——《論語·子罕第九》

南都興善寺大理弘陽王公論及此章。先生曰：聖人之無知以空空，故鄙夫之來問以兩端，故兩端不過是非之謂。將鄙夫是非竭盡無餘，鄙夫亦空空矣！諸聞者未能盡信，一日舉以似羅給諫公廓，公廓曰：此即自空空，他利根如是。今天下學者終日是非紛然，異同熾然，只爲此兩端在，其去空空之體日遠矣！聖人無知，衆人多知，賢人有知。聖學只求日損，不求日益。

先生又曰：予一日讀「君子多乎哉，不多也」，下面即繼此章，可見夫子之聖，只是空空，不在多能。求多能，愈不能，空空無所不能。未信此關，此世之所以多鄙夫也。

「顏淵喟然」章

顏淵喟然嘆曰：「仰之彌高，鑽之彌堅；瞻之在前，忽焉在後。夫子循循然善誘人，博我以文，約我以禮。欲罷不能，既竭吾才，如有所立卓爾。雖欲從之，末由也已。」——《論語·子罕第九》

道高乎？曰：高矣！不盡於高也。道堅乎？曰：堅矣！不盡於堅也。在前後乎？曰：在前後矣！不滯於前後也。卓爾乎？曰：卓爾矣！不可以形象求也。末由乎？曰：末由矣！非身親如顏者不能到末由之域也。仰鑽瞻忽，何等竭才！不竭才則不卓爾，不卓則不到末由。顏子數語形容道體，千古再無人如此親切。祇緣夫子善誘，顏子能爲。夫子所誘誘者，即今誘人逃之它鄉，到水盡山窮處走過一遍，忽得還家也。文禮除了高堅前後無文禮，除了仰鑽瞻忽無博約。善學者即文即禮，即博即約。岐文禮博約而二之者，陋儒之見也。

「有美玉於斯」章

子貢曰：「有美玉於斯，韞匵而藏諸？求善賈而沽諸？」子曰：「沽之哉！沽之哉！我待賈者也。」——《論語·子罕第九》

夫子此章不但行道，即明道亦然。學問一明，何啻美玉。我求童蒙，則美玉按劍；童蒙求我，則大樸可斫。世間學者稍窺一斑[一]，見人輒售，不知美玉求售，人以爲頑石矣！真正求美玉者，望氣而知，其爲良玉，重價何惜？真正欲聞道者，望眉宇而知，其爲開士，性命可舍。

「苗而不秀」章

子曰：「苗而不秀者有矣夫！秀而不實者有矣夫！」——《論語·子罕第九》

世間有一種資美人不肯學，學則變化氣質，如草木之秀茂，學到秀伶儱乾淨。然道却又平實，亦有略見些道理頭面又不肯着實，千古惟夫子秀而實。「十室之邑，必有忠信如丘者焉。」「有所不足，不敢不勉，有餘不敢盡。言顧行，行顧言，君子胡不慥慥爾！」何等切實！吾輩學，惟一實字照暎千古，今學謂惟一悟字便了，即至縱恣放蕩，亦所不顧。彼自以爲嘉穀，吾則謂之荑稗矣！孟氏願學孔子者，發揮實字。「仁之實，事親是也；義之實，從兄是也；禮之實，節文斯二者是也；智之實，知斯二者；樂之實，樂斯二者。」更於實字提出孝弟來，學者便有路走，必如此方謂務實之學。

[一]「斑」，底本作「班」，據文義改。

「後生可畏」章

子曰：「後生可畏，焉知來者之不如今也？四十、五十而無聞焉，斯亦不足畏也已。」——《論語・子罕第九》

夫子說後生固可畏，然焉知來者不如今，不可畏也，何也？「四十、五十而無聞焉，斯亦不足畏也已。」人到四十，道明德立却不聞道；人到五十，血氣將衰，又不聞道，這樣人生是虛生，死是虛死，與草木鳥獸一樣，何足畏哉！予竊謂此夫子屬望後生之意。說到五十猶是放寬一步，予歷觀前古大聖大賢，無不自二十歲後大立根腳。明道作《定性書》時年二十餘歲；陸象山自少即悟「宇宙即吾心，吾心即宇宙」；白沙二十七即見聘君兀坐[一]陽春；陽明三十餘歲即於龍場有聞。萬里聖途，行一步有一步光景，轉一處有一處履歷，非一歲月所能聞也。須早辨[二]行程，始能涉遠。人而真有志，自三十歲覺與二十歲不同，自四十歲覺與五十歲不同，常若泣下則自不容不發憤，自不容歇手。或曰：近世前輩見後生有聞者，輒以其生平經歷自忖，不加許可，何耶？予曰：此在人自聞者，何若[三]真有聞。終日與庸人俗子無異，何以人知不知爲言。前輩不許可者，亦彼眼未光耳。先輩見人下樓去便云：「此理已呈露。」此先輩錘爐不同。予嘗戲云：有二十歲而登仕路者，有五十而登仕路者，老者曰：我入仕遲早者不是在人悟否耳。大道茫茫，至理無象，聞道無先後，立志無難易。無恃紅顔，轉瞬成翁。神枯髓竭，思之涕零。

「衣敝縕袍」章

子曰：「衣敝縕袍，與衣狐貉者立，而不耻者，其由也與？『不忮不求，何用不臧？』」子路終身誦之。子曰：「是

---

① 「坐」，底本作「座」，據文義改。

② 「辨」，底本作「辦」，據文義改。

〔三〕「若」後多一「若」字，據文義删。

道也，何足以臧？」——《論語·子罕第九》

飲食，極微細事，孟子舉之以揚曾子之孝。衣服，極微細事，夫子舉之以彰子路之守。此二事雖極微細事，那個不以是損志，不以是動念。惟聖賢觀人於微，方能看得真。人不足便有求，求而不得則有害於人，有害何臧之有？子路終身誦之，即南容三復白圭之意。蓋懼其終身猶有所求，猶有所害，非自足意也。夫子進之，蓋欲其若無若虛也。夫子不求不害，子路看得大，夫子看得細。夫子蓋有見於性體，知性則知天，天體至虛，金玉雖寶，繫之則墜，未知性體而妄以善自持，是繫金玉於空也。學者未能透此，且以自守爲先。自守能於飲食、衣服澹泊得、耐得定，看得破，則可以省事，可以寡欲，可以宜家宜鄉，一無所求。不然，多欲、多營、多害，相須而成。吾未見其可也。

「歲寒」章

子曰：「歲寒，然後知松柏之後彫也。」——《論語·子罕第九》

夫子意爲世之用人者發，時危而得一賢臣亦晚矣！唐安禄山之亂，州縣望風而靡，止得一顏真卿，不知真卿作何面目；宋季之亡，止得一文文山。當時假有聖君賢相，用二臣，二臣以類而進。宗社不屋，既亂而二臣以節著，亦無及矣！松柏亭亭直立，不屈不撓，豈如蔦蘿附喬，蓬蒿附麻，千纏萬繞，左挨右靠，非欲植明堂，棟大廈者，其孰能材之。嗟乎！今之蔦蘿，輒自附於松柏，自以爲松柏，無隻眼者亦從而松柏之。匪直歲寒，彼亦以無凋自托，然終不能逃其隱處。予詩曰：「松栢有直性。」有味哉！有味哉！用人者當求松栢，而知人者亦當不爲附松栢混溷，始可以扶世道。

「知者不惑」章

子曰：「知者不惑，仁者不憂，勇者不懼。」——《論語・子罕第九》

一日，予過一親，看渠新屋。予曰：某於陰陽家不宜。親曰：知者不惑。予隨應曰：公曾惑過了不曾，若不曾惑過，恐於知尚遠。予退而喜此言之有當於學也。吾輩聞學，胸中必有大疑團作楚，疑團日損月融，方才入知。人知而後能不惑，未能惑決，不進於知，進於知而後能進於仁，仁方能樂天知命，故不憂。進於仁而後能進於勇，内省不疚，夫何懼？知知[一]憂而後能進不憂，知懼而後能進不懼。然進學以知爲先，以惑爲入知之門。

「可與共學」章

子曰：「可與共學，未可與適道；可與適道，未可與立；可與立，未可與權。」——《論語・子罕第九》

夫道，無行不與，無可無不可。有可便有不可，夫子層層爲學者掃階級，學者悟得此，直須承領當下。或曰：然則可與權之義何居？予曰：權如拳。合即爲拳，開即爲手。時開時合，時亦是由人。夫子言仁、言性、言孝弟，亦只是權。教無實法與人，悟得無實法，始可與權。或曰：可與權，亦有層級否？曰：若執定有權，亦是有層級。故夫子下面曰：「未之思也，夫何遠之有？」正是掃可與權！

「孔子於鄉黨」章

孔子於鄉黨，恂恂如也，似不能言者。其在宗廟朝廷，便便言，唯謹爾。——《論語・鄉黨第十》

[一]「知知」，後一「知」疑似衍文。

先生曰：先正謂鄉黨，篇分明畫出一個聖人。予竊謂莫如此章。在鄉黨，恂恂似不能言；在朝廷，便便即所求乎子臣弟友未能也。不能言，惟謹爾，即有蹤，不敢盡也。予嘗謂聖人別無奇特學術，只是在鄉党謹厚樸實之至。而欲學孔子者，輒危冠危服，異言異動，以自別於鄉黨，則孔子不當恂恂矣！此後儒之誤也。便便惟謹者，不敢輕傷一人，害一物之謂也。後儒慕孔子便便再不體貼惟謹心腸，蓋恐便便中或未免傷人害物，故不敢不謹。而後儒又輒附誅少正卯之事以自比擬。近時吾友楊復所辨之甚悉，予竊謂誅，或以言誅之，如「誅宰予」之「誅」，然亦萬不得已。蓋孔子在當時，如麒麟不踐生草。學孔者當如麒麟鳳凰，不當爲鷹鸇猛獸。

又曰：近一日同志被誣，而一大理面審，欲入重比之科，曰：誰請他講學，該殺！吾里王養初在比部正郎，執筆不允，大理怒而提筆曰：「孔子也誅少正卯。」王曰：「只怕不是孔子，便會妄誅了。」予聞此言，欲下拜，千古之龜鑑。

「回也其庶乎」章

子曰：「回也其庶乎，屢空。賜不受命，而貨殖焉，億則屢中。」——《論語·先進第十一》

屢空，所以爲顔子；空空，則爲夫子矣！貨殖，所以爲子貢；屢空，則顔子矣！子貢學已成章，只是不從性命上顯見流行，沿門持缽，雖有億度，亦是意識。世之儒者，分更分漏，若何爲天理，若何爲人欲，若何爲性爲命，自以爲學問成章，譬之貧儒暴富，終不脱暴富相。嗟乎！後世爲億中之學者十而九，而有譚及屢空之説者則以佛闢之。彼蓋逐影隨聲，掠人口吻，以充殘腹。若直從自家風光一透，始知學，除此無歸宿也。

「子路曾皙冉有公西華侍坐」章

子路、曾皙、冉有、公西華侍坐。子曰：「以吾一日長乎爾，毋吾以也。居則曰：『不吾知也！』如或知爾，則何以哉？」

子路率爾而對曰：「千乘之國，攝乎大國之間，加之以師旅，因之以饑饉；由也爲之，比及三年，可使有勇，且知方也。」夫子哂之。「求！爾何如？」對曰：「方六七十，如五六十，求也爲之，比及三年，可使足民。如其禮樂，以俟君子。」「赤！爾何如？」對曰：「非曰能之，願學焉。宗廟之事，如會同，端章甫，願爲小相焉。」「點！爾何如？」鼓瑟希，鏗爾，舍瑟而作。對曰：「異乎三子者之撰。」子曰：「何傷乎？亦各言其志也。」曰：「莫春者，春服既成。冠者五六人，童子六七人，浴乎沂，風乎舞雩，詠而歸。」夫子喟然歎曰：「吾與點也！」三子者出，曾皙後。曾皙曰：「夫三子者之言何如？」子曰：「亦各言其志也已矣。」曰：「夫子何哂由也？」曰：「爲國以禮，其言不讓，是故哂之。」「唯求則非邦也與？」「安見方六七十如五六十而非邦也者？」「唯赤則非邦也與？」「宗廟會同，非諸侯而何？赤也爲之小，孰能爲之大？」——《論語・先進第十一》

天下事，不可以有意爲，亦不可以無意馳。爲者敗之，執者失之。三子之志，必於有爲者也。有爲則有所待，點言志，隨位而行者也。隨位而行，則無所待。夫子志在用世而獨取點者，蓋遺天下而後能任天下，出世而後能經世，彼規規於事功之末①者，其器誠小矣！雖然，曾點見地非容易到。先儒云：「舞雩三三兩兩，自乾乾惕勵中來。」若無苦功，驟而語之以曾點見趣，似痴人前說夢。「居則曰：不吾知也！如或知爾，則何以哉？」夫子約諸賢於內，下學上達，「知我其天」，此夫子實學。三子以事功爲以去達天之學尚遠；曾點隨地成金，其於達天之學也可入。「何以」之義甚細，即「吾斯」之義，點所以指者何？知斯則知以矣！

「顏淵問仁」章

顏淵問仁。子曰：「克己復禮爲仁。一日克己復禮，天下歸仁焉。爲仁由己，而由人乎哉？」顏淵曰：「請問其

① 「末」，底本作「未」，據文義改。

目。」子曰：「非禮勿視，非禮勿聽，非禮勿言，非禮勿動。」顏淵曰：「回雖不敏，請事斯語矣。」——《論語·顏淵第十二》

朱晦翁謂「克己復禮」：「必克己，而後能復禮」，世儒謂「克，能也；己，我也。謂能使吾身復禮，便是仁」。兩者互相秦越，然予竊謂爲學如道路，然不問遲速，惟期到爲是。學不論頓漸，惟身有受用便是。果能無人無己通天下之志，即先克己而後能復禮，亦可。若不免有人我相，一膜之外，皆吾秦越。即言能使吾身復禮，説得明，用不著，何益之有？曰：然則，子何説之歸？予曰：先儒言之矣！曰：仁者以天地萬物爲己，認得為己，何所不至。吾儒認得己字親切，則且無己，無己而後能通天下。在人發心，學便欲明明德於天下。天下不歸仁，仁如何能算得仁，故曰：「爲仁由己，而由人①乎哉！」此當仁不讓之决辭也。曰：然則，四勿之旨何如？曰：世儒悟得天地萬物爲己，者多高明。高明者知崇四勿之旨，禮卑之實功也。禮卑而知益崇，夫子徹上徹下語，如是它日顏子自敘曰：「夫子博我以文，約我以禮。」曰：先儒乾道坤道之旨何如？曰：乾坤合德，匪離乾爲坤，離坤爲乾。

「仲弓問仁」章

仲弓問仁。子曰：「出門如見大賓，使民如承大祭。己所不欲，勿施於人。在邦無怨，在家無怨。」仲弓曰：「雍雖不敏，請事斯語矣。」——《論語·顏淵第十二》

仲弓問仁夫子。夫子告曰：人心易忽略，出門如大賓之見，使民如大祭之承。大賓大祭，敬之至也。己所不欲勿施於人，恕之至也。在邦無取怨之道，在家無取怨之道，和之至也，即此是仁。「仲弓曰：雍雖不敏，請事斯語。」便是仁爲己任，所以列聖門德行之科。愚嘗謂此節書出門使民，舊説主敬，然敬不是作一個嚴肅之狀，功夫全在己所不欲勿施於人，纔有下手。吾輩出門，未有不與人接

① 「人」，底本作「仁」，據《論語》本文改。

時，如大賓之見，又敢以所不欲加於人？使民多以百姓易與，如大祭之承，又安敢以所不欲加於民？如是，則我無取怨之道，人孰得而怨我，即此是在邦必達，在家必達之旨。先正云：無忠作恕不出。愚謂無恕則敬不行，使不恕即作一敬肅之狀，是文綉而土木也，其實一也。雖然，世間有一種寬緩的人，自以爲恕，去恕之旨遠矣！夫子告子貢終身之行，盡於一恕。孟氏曰：「强恕而行，求仁莫近焉。」知恕而知敬。

「仲弓爲季氏宰問政」章

仲弓爲季氏宰，問政。子曰：「先有司，赦小過，舉賢才。」曰：「焉知賢才而舉之？」曰：「舉爾所知。爾所不知，人其舍諸？」——《論語・子路第十三》

政體在用人。人雖聖賢，不能無過，在寬而容之，故赦小過。人多中才，不可無激勵。在舉賢才，小過賢才即有司中之小過賢才。推賢讓能，我有是心，人皆有是心。我倡之於先，不患人不隨之於後。聖人御世大權，即此可見。不但爲宰已也，帝用之則帝，王用之則王，世世可率由之，君相可率由之，然聖人所謂知者，非以意氣爲知，灼見其心術才猷，然後爲知。所謂舉者，非如近世循資以官人。傳説舉於版築之間，膠鬲舉於魚鹽之中，管夷吾舉於士，孫叔敖舉於海，百里奚舉於市。仇可舉，盜賊可舉，遠可舉，近可舉，親可舉，此古盛王氣象，不能不望於今之世矣。

「無欲速」章

子夏爲莒父宰，問政。子曰：「無欲速，無見小利。欲速，則不達；見小利，則大事不成。」——《論語・子路第十三》

此雖是說政，夫子實告之以治心之學，源泉混混，不舍晝夜，盈科而後進，放乎四海。流水之爲物也，不盈科不行。君子之志於道，不成章不達。自得之則居之安，居之安則資之深，資之深則取之左右逢其源，如何欲得速？如何見得小利，二者病常相因，欲速必見小利，見小利多至欲速，學者欲明心地必涵沫從容，寬以居之，若未得，汲汲求得；未悟，汲汲求悟。越求得越不得，越求悟越不悟，豈不是欲速不達。若少有得，便自以爲得；少有悟，便自以爲悟，此人終身不大，豈不是大事不成。宋人有閔其苗之不長而揠之者，茫茫然歸，謂其人曰：「予助苗長矣！」其於趨而往視之，苗則槁矣！此見小欲速之弊也。不怨天，不尤人。下學而上達，此無欲速，無見小利之實也。悟此，於爲政也何有？

「克伐怨欲不行」章

「克伐怨欲不行焉，可以爲仁矣？」子曰：「可以爲難矣，仁則吾不知也。」——《論語·憲問第十四》

天之健，天之體，化化無窮，生生之謂易。人之心，生生不已。夫仁之體即心，心生生不已，那有不行時候。原憲識其所以不已者，則自無怨尤，即有怨尤，而亦仁也。迺以克伐爲功，以不行爲驗，是硬把作心，而與心之本然之則、天然之妙者懸殊矣！故夫子許其難，不許其仁。夫子以忠許令尹子文，以清許陳文子，以治賦許子路，以爲宰許冉求，以對賓客許賜，並不許其仁。仁之難言也如此。曰：請問何以爲仁？曰：夫子曰：「若聖與仁，則吾豈敢，抑爲之不厭，誨人不倦，則可謂云爾已矣！」曰：請問爲何事？曰：其爲人也發憤忘食，說爲人那一事不是仁，那一念不是仁，後儒謂心者遺事，重事者遺心，豈得爲仁？

「子路問成人」章

子路問成人。子曰：「若臧武仲之知，公綽之不欲，卞莊子之勇，冉求之藝，文之以禮樂，亦可以爲成人矣。」曰：

「今之成人者何必然？見利思義，見危授命，久要不忘平生之言，亦可以爲成人矣。」——《論語・憲問第十四》

人之生也，自知、自廉、自勇、自藝、自禮、自樂，色色具足，不須從他人身上湊補。今之成人者何？必然不是說不必如此，若以爲不必如此是聖人薄待天下矣！聖人云得若人焉，吾之幸也。然未必得若人，得見利思義，見危受命，久要不忘平生之言之人，亦可以成人矣！夫聖人曰：可者，猶有所未盡之辭。然則成人外若何爲至學者，明得盡，渣滓便渾化，可與語上矣！

「君子上達」章

子曰：「莫我知也夫！」子貢曰：「何爲其莫知子也？」子曰：「不怨天，不尤人。下學而上達。知我者其天乎！」——《論語・憲問第十四》

或問曰：何以爲上達？予曰：夫子言之矣！曰：不怨不尤。曰：下學即此是上達，反是即下達矣！下學即「君子之道四」一節盡之，舍子臣弟友言行無學。學在此，「在邦必達，在家必達」，非達如何？若小人，不務根本上求，厭常喜新，厭平務奇，自以爲達，流於聞矣！上下二字，只在求己與求人看出來。曰：達之義終未明白。予曰：孟氏言矣！流水之爲物也，不盈科不行。君子之志於道也，不成章不達。水足此而後通，彼非能一蹴而至者。道必知所先後，非能泛濫而入。成章與達即下學，足以盡之矣！曰：成章義畢竟未暢。曰：夫子道之矣！「斐然成章」，斐然者，有條理之謂。有條理即知所先後，脉絡分明也。究竟只是循循下學。

「不逆詐」章

子曰：「不逆詐，不億不信。抑亦先覺者，是賢乎！」——《論語・憲問第十四》

人人渾是一團至誠天性，只是自小，或父母不善教導，或交游不善，漸靡遂流於詐，流於不信。今人伶俐者亦能先覺，世情熟者亦能先覺，何足爲賢？夫子所謂先覺者，以斯道覺斯民也。詐者，吾以道覺之不流於詐，不信者吾以道覺之不流於不信，此非大賢不能。

韓魏公曰：覺人詐，不形於言，自有餘味。此語容則有矣，覺則未也。大凡處詐與不信，人先有心逆億，則純白不備。大聖大賢，何物不容，能覺吾之覺者，轉於至誠，是爲善矣！不然，彼自詐，彼自不信，安害人，徒自害耳！

「群居終日」章

子曰：「群居終日，言不及義，好行小慧，難矣哉！」——《論語·衛靈公第十五》

此一節書識得小慧字。慧字原不是不好字眼，因是小，所以不好了。請將大智對小慧字，小慧如燈燭之光，大智如日月之明。人世群居，所言者不及義，止是好行小慧。這樣人自私用知，難矣哉！難矣哉！聖人意傷之而猶渾厚不露。今有志於學者，若不從大光明藏磨勘，露出精彩爲己。有群居終日，難說若何爲心，若何爲性，若何爲孔門之旨，若何爲宋儒之旨，是言不及義也。終日依傍名節之迹，仿佛義理之事，便是好行小慧也。何者？說性說心者，墮道理障；依傍名節者，墮鄉願窟。

「師冕見」章

師冕見，及階，子曰：「階也。」及席，子曰：「席也。」皆坐，子告之曰：「某在斯，某在斯。」師冕出。子張問曰：「與師言之道與？」子曰：「然。固相師之道也。」——《論語·衛靈公第十五》

予讀書至師冕章，知聖門傳道極平實、極尖峻，而今學者只是一口讀過，覺無滋味。你看冕一見孔子，孔子告之階即登階，告之席即坐席，告之某在斯即知某在斯。子張曰：與師言之道與？曰：這即是道。此處再不必商量。何等平實，何等尖峻！師冕一瞽者，夫子一提，便是聲入心通，何以故？師冕不著見。如今以至道語，學者千疑萬疑，不肯承當；千退萬縮，不肯現前，揔之是著見一樣。

今作文章讀書的人曰：我今讀書作文，即此是學，彼講者是虚說一樣。修行的人曰：我如今不愧先賢，何處非學，何必講？有一種講學做過功夫的人曰：我胸中受過多少苦楚，我的是，揔只着見。以講爲虚說者，是當登堂而入曲徑也。以何必講者，是逆旅中不問家室，而以逆旅爲久安也。以我的是者，是入席不問某在斯、某在斯，而只曉得自家尊大也，到不如師冕一瞽者無見。以夫子之見爲見，自有真見。今人以己之見爲見，到成黑漆漆地去，枉過一生也。盲者極明，明者却盲，可嘆！昔宋儒留門人晚餐罷曰：「好却與賢說一部《論語》。」其人曰：「天晚，何以說得這一部《論語》。」從容抹棹飲茶，罷即講此章已，而曰：「一部《論語》俱是如此。」予細玩宋儒其所以告門人者，猶未甚指點痛快。學者悟得及，不以明自恃，豈但《論語》，六經亦如是觀。

「君子有三畏」章

孔子曰：「君子有三畏：畏天命，畏大人，畏聖人之言。」——《论语·陽貨第十七》

此章書看知字要緊。君子三畏，揔只一畏，只是畏天命。既畏天命，自然畏大人、畏聖人之言。小人三不畏，揔是一不畏只是不畏天命。既不畏天命，自然狎大人，侮聖人之言。君子知，所以能畏；小人不知，所以不畏。天命何謂？天命不必別解。《中庸》曰：「天命之謂性。」君子未知性，却去求知性；既知性，自然不敢不畏。何以見其當畏？這點性，異乎禽獸者，只争這些子。生天生地，生人生物，爲聖爲賢，所以當畏。大人，知性者也；聖言，教人知性者也，安能不畏？小人一味懞懞懂懂，不知視也，不知我何却能視聽也，不知我却何能聽，生也不知何以生，死也不知何以死，即極大聰明人以見解爲天命，大富貴的人以報應爲天命，所以與大人處曰：彼與我一樣，不知去虚心受他聖言。曰：此是閒說話，那個能依得？所以侮聖人。不爲君子，則爲小人。不嚴恭寅畏則放肆日蕩。吾輩可不勉諸？雖然，我輩且勿論畏天命，着吾輩在此一堂講學，所親就者大人，不虚心受益，却是狎大人所講究者。聖言不虚心體貼，却是侮聖言。記得吾少年時在青原，當時吾邦濟大人在席，今皆物化。蹈狎大人之弊今猶愧汗。又記得一友，將四書諸論互相比擬，一先正答曰：揔只是非禮之言。予受此語益不淺。非禮之言，侮聖言也。諸君亦必有同予病者。

「生而知之者」章

孔子曰：「生而知之者，上也；學而知之者，次也；困而學之，又其次也；困而不學，民斯爲下矣。」——《论语·季氏第十六》

困而學之困字，是境象之困。當困苦之境，肯學是又其次；當困苦之境，不肯學是天與之拂逆之境以堅志，而彼則自墮其志；天與之熟仁之境以忍性，而彼則自迷其性。民斯爲下矣！若言困勉學而知之，即括困勉意矣！

此之字先儒以爲無頭說話，不知其所指何事？非義理，非聞見，非詩書，又非非義理，非非聞見，非非詩書，吾欲言而無可言，欲下手無可下手，奈何？得活計爲轉身地，學者須要猛參。

「見善如不及」章

孔子曰：「見善如不及，見不善如探湯。吾見其人矣，吾聞其語矣。隱居以求其志，行義以達其道。吾聞其語矣，未見其人也。」——《论语·季氏第十六》

此夫子卒老於行，不得其志而發也。見善如不及，見不善如探湯，隱居以求其志，見其人，聞其語，只是未見行義達道之人。夫曰行義達道，是不負所學，民不失望。春秋之時，皆是曲學阿世。夫子栖栖列國，轍環天下，正欲行義，故所如不合。然古今如此等人亦不多得。吾輩且無論行義達道，只在隱居求志。何謂求志？「雞鳴而起，孳孳爲善者，舜之徒也；孳孳爲利者，跖之徒也。」除却見善如不及，更有何處討志？在世固可求志而未必行義達道者，未有不求志而能行義達道者，借曰行義，富貴爵禄耳矣！古之人得志，澤加於民；不得志，修身見於世。窮則獨善其身，達則兼善天下。士不如此，終身無志。

「子之武城」章

子之武城，聞弦歌之聲。夫子莞爾而笑，曰：「割雞焉用牛刀？」子游對曰：「昔者偃也聞諸夫子曰：『君子學道則愛人，小人學道則易使也。』」子曰：「二三子！偃之言是也。前言戲之耳。」——《论语・陽貨第十七》

這一章書只要看得學道二字親切。這個道，君子也有，小人也有。這個學，君子也該學，小人也該學。大邦也是此道此學，小邦也是此道此學，那個所在離得，那個人離得，何以見得？昔者，子游爲武城宰，夫子至武城，就聞弦歌之聲。是聲也，胡爲乎來哉？子游在那邑，田里無愁嘆之聲，百姓蒙至治之澤，家給人足，民安物阜，所以有弦歌之聲。聞其聲，其化可想也。想其化，君子小人得其所可知也。所以夫子不覺莞爾而笑，說着割雞焉用牛刀。蓋辟說小邑安用大道，夫子是試子游信道之篤，何如子游遂以正對曰：「昔者偃也聞諸夫子曰：君子學道則愛人，小人學道則易使也。」蓋君子不學道，難乎其爲上也。小人不學道，難乎其爲下也。偃方幸得尊所聞與萬一，今如夫子之言，是小邑也可以廢學道，夫子遂呼二三子曰：「偃之言是也，前言戲之耳。」夫子豈真有戲，非戲不能發子游信道之篤心何如耳！聖門師第一問答間，千古學道之功，昭若日星。我輩遐想子游當時，在聖門不過在文學之科也，這樣說得學道親切。武城在春秋，不是文明之邑，得子游猶丕變。今之士，不止於文學；今之邦，又不但武城，不知所學何事？看起來只在學道。上之人，口說學道，無處見得，只是愛人見得，就是學道。禹思天下有溺者，是禹之學道愛人；稷思天下有饑者，是稷之學道愛人。除愛人別無學道工夫。下之人，口說學道也無處見得，只是易使處見得。靈臺子來，是文王小民易使；甘棠勿剪，是召伯小民易使，除易使外別無學道。總之上下只是一個真心流貫，上之人有個愛下真心，下之人自然易使；下之人有個愛上真心，上之人自然愛下，可見學道之功，亘古亘今，亘聖亘賢，只是這件了。

「公山弗擾以費畔」章

公山弗擾以費畔，召，子欲往。子路不說，曰：「末之也已，何必公山氏之之也。」子曰：「夫召我者而豈徒哉？如有用我者，吾其爲東周乎？」——《论语·陽貨第十七》

天下無不可與之人，無不可爲之事，故曰：「吾非斯人之徒與而誰與？鳥獸不可同群。」此夫子欲往公山弗擾之召，而非子路所能知也。當時天下不宗周久矣！爲東周者，夫子欲教之宗周，「天威不違顏咫尺」之意也；若教之興文武之道，於國是教之逆矣！夫子生周末，一念不敢忘其宗室：一曰「憲章文武」，一曰「吾從周」。不然，豫讓張良一義士，惓惓不忘其本國，以夫子至聖，而欲使叛臣重造周室，非其旨矣！雖然，公山之召可赴，南子可見，夫子亦恃堅白在，故不能磷淄，故曰：「可與權。」權非聖人不能用，善學夫子者，寧方毋員，寧經無權，斯爲善學聖人者。

「鄉願德之賊也」章

子曰：「鄉願，德之賊也。」——《论语·陽貨第十七》

人在天地間一副真精神。盜賊是盜賊精神，聖人是聖人精神，賢人是賢人精神，善人是善人精神，庸人是庸人精神，惡人是惡人精神，再假一毫不得。譬之銀，八成是八成，九成是九成，難溷於足色之列。鄉願是以假銀而溷足色，故曰：「德之賊也。」何也？鄉願一副精神，只在媚世。東也好，西也好，全在毀譽是非之中。聖人精神不顧東，不顧西，惟安吾心之本然，超出毀譽是非利害之外。予嘗譬鄉願如毒在膏肓，又如入骨瘵瘡，雖有盧扁不能療已。昔陽明先生多謗，問門人，各言其所以。先生曰：不然。門人問其故。先生曰：予往時猶有些鄉願意思，故謗少。此惟先生自知，亦惟密於自知者能觀。人世間好鄉願者不少，而鄉願得便宜處亦不少。吾輩入道，落此坑臼，如入九重地獄。故聖人思狂思狷。鄉願屬陰，狂狷屬陽。

《大學》講義

「大學之道」首章

大學之道，在明明德，在親民，在止於至善。知止而後在定，定而後能靜，靜而後能安，安而後能慮，慮而後能得。物有本末，事有終始。知所先後，則近道矣。古之欲明明德於天下者，先治其國。欲治其國者，先齊其家，欲齊其家者，先修其身。欲修其身者，先正其心。欲正其心者，先誠其意。欲誠其意者，先致其知。致知在格物。物格而後知至，知至而後意誠，意誠而後心正，心正而後身修，身修而後家齊，家齊而後國治，國治而後天下平。自天子以至於庶人，壹是皆以修身爲本。其本亂而末治者否矣。其所厚者薄，而其所薄者厚，未之有也。此謂知本，此謂知之至也。

學，説着一個大，便是徹天徹地，亘古亘今，無有對待的明明德。德，本明也，人只争一個覺耳。儒者不識此義，以明德、明明德樓上架樓，頭上安頭，説甚明德。

親民更不必作新字，看親字更有味，看《書》曰：「百姓不親」，吾輩舍親民，更無明德。忠告云：未親民時遂無明德乎？不知上言明德，頭腦已在，不須更用安頭。明德只在親民，如巧只在規矩。孔門言仁，仁是頭腦。夫子告之，只在視聽言動上、出門使民處指示用力。信如所言，則夫子少了未視聽言動，未出門使民以前之仁矣！其然乎？

止至善，須要知人。人具有至善，只是不止，一止而至善在是。曰：何以止？無意必固我是已。忠告云：此是修法，向上更有止法。分止修爲二已是大錯，况言止更有法，有法得謂之止乎？請問大匠有巧法否？

一知止，定靜安慮，自然而然，非落階級，非有次第可言。陳子安問晦翁：知止至能得，其間有工夫否？曰：無工夫。纔知止，自然相因而見，只知止處便是工夫。黄去私亦問知止至能得，晦翁曰：工夫全在知止上。若能知止，則自然如此。由此觀之，晦翁已掃却階級，非特鄒子之言也。忠告謂非一蹴而至，且云知止者，一悟即至佛地，但眼清耳，更須踐履始得。夫云「至佛地」則踐履矣！而又言「更須」，豈不悖耶？辟如人有眼疾不得清明，則或攝養務盡調治之方，或求醫不遠秦楚之路，多少踐履，眼始得清。若待清後踐履晚矣！

本末始終是一串事，語末即是本，語終即是始，分别不得。忠告云：果如尊見，聖經應云物無本末，事無終始，但一知止即近道矣！此泥詞之失也。夫聖經所謂先後者，如下文先治其國以至先致其知而後知至，以至而後天下平，但令知個頭腦，非真有個界限節候可分，天下國家身心意知物，只是一件物；格致誠正修齊治平，只是一時事，所以謂之無始終、無本末。若執泥其詞以爲先做了本而後及末，先完了始而後圖終，則無末之本，本將何顯；無終之始，始能孤懸，殊失聖經之旨矣！

古人志願便大，發心便欲明明德。天下國家除了身，説甚天下國家，所以説修身；除了心意知物，説甚身，所以説誠正格致。人知誠意之意，不知無意之意；人知正心之心，不知無心之心；人知有知之知，不知無知之知；人知有物之物，不知無物之物。能知無心之心、無意之意、無知之知、無物之物，始足語格致誠正，始可語明德。

或問曰：明德親民止至善有先後乎？先生曰：無先後。舍親民更無明德，更無止至善。曰：如何不只説親民，又説明明德？曰：子試體之。日間那有不親民時節，出則事公卿，入則事父兄，内則對妻子奴僕，外則對朋友，皆親民也。惟親民而後明德，不爲虚浮。曰：如何是止至善？曰：「老者安之，朋友信之，少者懷之」，是孔子止至善；「爲人君，止於仁；爲人臣，止於敬；爲人子，止於孝；爲人父，止於慈；與國人交，止於信」，是文王止至善。《易》曰：「艮其背，不獲其身；行其庭，不見其人。」《易》：「無思也，無爲也，寂然不動，感而遂通天下之故。」此知止之實也。知止能得有次第乎？曰：無次第。一知止，即是能得，更别無所得。若先止而後得，不知所止者何事？有心求得，先已不止矣！曰：然則本末始終先後之説非乎？曰：本末一條，始終一貫，如環之無端，晰本末始終而二之者，此後儒之支離也。經只言知止。忠告云：知至善之所在而止之，添上幾字，便有多少病在。

或曰：格物之説，其義不一。有云「今日格一物，明日格一物，格事物之理」者；有云「格其不正以歸於正」者；有云「格，去其物欲之私」者；有云「格者，式也」；又有云「格，通也」，彼執一説則非此，此執一説則非彼，其拒而非之也。若筑河堤以障百川，然子何説之從？先生曰：道而曰大，學而曰大，譬之海然。百川爲流不同，同歸於海。百家爲説不同，同歸於學。使盡依其説而有得，其爲明明德一也。曰：然則子何説之歸？曰：予不敢外先賢以爲之歸。萬物皆備於我矣，何物而非我也。能反身而誠，何我非物也。執一説以概格物者，諸儒之陋也。

或曰：「修身爲本」，近儒提此四字如救命靈符，然乎？否乎？先生曰：聖賢之言，隨地見珍。説到修身爲本，可闢他説，不是惟是説，修身是説個郛郭。如今人説做屋，定要去辦財料，去請工匠，磚瓦之類自少不得。學真要修身，便自去理會，必到知止而後已，學不知止，漫言修身，如農人運石爲糞，力愈勤而愈遠矣！

「所謂誠其意」章

所謂誠其意者，毋自欺也。如惡惡臭，如好好色，此之謂自謙。故君子必慎其獨也。小人閒居爲不善，無所不至，見君子而後厭然，揜其不善，而著其善。人之視己，如見其肺肝然，則何益矣。此謂誠於中，形於外，故君子必慎其獨也。曾子曰：「十目所視，十手所指，其嚴乎！」富潤屋，德潤身，心寬體胖，故君子必誠其意。

《大學》之要，無意而已。無意入門，誠意而已。然徒知誠意，不知意之面目，未有能誠意者，故教人以觀意之所自來何處？看得只在無自欺。無自欺何處體貼？你看人聞惡臭，那個不掩鼻；見好色，那個不喜懽？好色，不專是女色，如穿件好衣服、顔色之類，便是好色，這個好惡就是意根。那個人不求自慊，又小人爲不善，見君子厭然。厭然處亦是真意，這個真意發根處，至尊無對，所以謂之獨。君子慎獨，慎字從心從真，只是認得此真心不爲意所掩，故通天通地，指示莫違，心寬體胖，所以真慎獨。後儒之所謂慎獨者，則以身爲桎梏，如何得廣與胖？無意之旨荒矣！忠告云：單言無意，而不提出至善，則學無主腦，何所歸宿？夫既無意而真矣，而又求主腦，又求歸宿，猶有意在。頭上不可安頭，到家莫更思家。忠告又曰：無意猶落有無邊事，果爾？則無聲無臭，亦未至矣！

「瞻彼淇澳」章

《詩》云：「瞻彼淇澳，菉竹猗猗。有斐君子，如切如磋，如琢如磨。瑟兮僩兮，赫兮喧兮。有斐君子，終不可諠兮！」如切如磋者，道學也；如琢如磨者，自修也；瑟兮僩兮者，恂栗也；赫兮喧兮者，威儀也；有斐君子，終不可諠兮者，道盛德至善，民之不能忘也。《詩》云：「於戲前王不忘。」君子賢其賢而親其親，小人樂其樂而利其利，此以沒世不忘也。

切磋琢磨，恂慄威儀，賢賢親親，樂樂利利，此誠意入門求真心功夫也。何以謂之切磋？與朋友切切偲偲。何以謂之琢磨？就明師琢削磨練，世間未有無良友而能切磋琢磨者。恂慄威儀，非指效驗，即「莊以涖之，動之不以禮，未善」之意，功既如是密矣，於君子見，可賢者吾賢之，可親者吾親之。小人彼樂之，吾從而樂之；彼利矣，吾亦從而利之。在天壤間一團太和元氣盎然，方是真明德親民之學。切磋琢磨，恂慄威儀，亦是親民。賢賢親親，樂樂利利，亦是明德。親民中有明德，明德中有親民，分析不得。

「康誥曰克明德」二章

《康誥》曰：「克明德。」《大甲》曰：「顧諟天之明命。」《帝典》曰：「克明峻德。」皆自明也。湯之《盤銘》曰：「苟日新，日日新，又日新。」《康誥》曰：「作新民。」《詩》曰：「周雖舊邦，其命維新。」是故君子無所不用其極。

《康誥》曰：「克明德。」《太甲》曰：「顧諟天之明命。」《帝典》曰：「克明俊德。」終結言曰：「皆自明也。」自然而然，是明的，豈容一毫人力參和得。

《盤銘》日新又新，若不從明德本來家風參透，縱説猛進，土木形骸，如何得新？

「詩云邦畿千里」至「止於信」合「聽訟」章

《詩》云：「邦畿千里，維民所止。」《詩》云：「緡蠻黄鳥，止於丘隅。」子曰：「於止，知其所止，可以人而不如鳥乎？」《詩》云：「穆穆文王，於緝熙敬止！」爲人君，止於仁；爲人臣止於敬；爲人子，止於孝；爲人父，止於慈；與國人交，止於信。

子曰：「聽訟，吾猶人也。必也使無訟乎！」無情者不得盡其辭。大畏民志，此謂知本。

這四節書括盡《大學》。一部《大學》之功，全在知止，故引《詩》以結之。《詩》云：「邦畿千里，惟民所止。」今人往帝都，未到帝都，千蹊萬徑不肯休。既到帝都則心便休。「緡蠻黄鳥，止於丘隅。」鳥到丘隅便止。《詩》云：「穆穆文王，於緝熙敬止。」摠是寫文王一段止的氣象。「爲人君，止於仁。」止即仁也。「爲人臣，止於敬。」止即敬也。「爲人子，止於孝。」止即孝也。「爲人父，止於慈。」止即慈也。「與國人交，止於信。」止即信也。文王既知所止，遇爲君便仁，爲臣便敬，爲父便慈，爲子便孝，與國人交便信，如天之萬物並育，非一一而雕刻之也。

「聽訟，吾猶人也。」極形容止的一段精神。今人兩訟則必設爲詞説以哄上官。上官有明白的，它膽落心驚，眼看天，手扒地，身心俱忘，平素打點的話都不中用了。吾儒學者一向説明德，説親民，説止至善，説格物，千言萬語，旁引曲譬，那個是宋儒説，那個是我明大儒説？縱説得伶俐，與自家身心無干，一到知止則水盡山窮，無復可言説，如此方謂之致知，方謂之格物，此謂知本。致知與格物原分不得，故先賢合爲一説者，以爲格物致知未有傳義，千古冤矣！

「所謂修身」章

所謂修身在正其心者，身有所忿懥，則不得其正；有所恐懼，則不得其正；有所好樂，則不得其正；有所憂患，則不得其正。心不在焉，視而不見，聽而不聞，食而不知其味。此謂修身在正其心。

「所謂修身在正其心」者，人心只有忿懥、恐懼、好樂、憂患諸事，此皆意也。這「有所」不是尋常人有所，世界上儒者多落此坑臼，肯做功夫的人方纔謂之「有所」，所以聖人復提醒也不得有所。愚故曰：人知正心之心，而不知無心之心，知無心之心而後謂之正心。

「所謂齊其家」章

所謂齊其家在修其身者，人之其所親愛而辟焉，之其所賤惡而辟焉，之其所畏敬而辟焉，之其所哀矜而辟焉，之其所敖惰而辟焉。故好而知其惡，惡而知其美者，天下鮮矣！故諺有之曰：「人莫知其子之惡，莫知其苗之碩。」此謂身不脩，不可以齊其家。

「所謂齊其家在修其身」者，蓋人身有親愛、賤惡、畏敬、哀矜、敖惰諸情，皆意也。「之其所」，亦不是尋常的人有。世間有一種稱解悟人，說道理無處不是，欲也是理，任其情之所之，或親愛、或賤惡、或畏敬、或哀矜、或敖惰，再不當乎天則，如何說得修身？這「辟」字，不要看得輕，「辟則爲天下僇矣」！學問如何一悟便了得，正心修身二章宜合看。正心章是個有所的人，故先賢教他不要有所見，學問執着不得；修身章是個無所的人，先賢教他之其所也不得見，學問放蕩也不得，無所與之其所俱不濟事，如何是好急，宜透此一段。

「所謂治國」章

所謂治國必先齊其家者，其家不可教而能教人者，無之。故君子不出家出成教於國。孝者，所以事君也；弟者，所以事長也；慈者，所以使衆也。《康誥》曰：「如保赤子。」心誠求之，雖不中不遠矣。未有學養子而後嫁者也。一家仁，一國興仁；一家讓，一國興讓；一人貪戾，一國作亂，其機如此。此謂一言僨事，一人定國。堯、舜率天下以仁，而民從之。桀、紂率天下以暴，而民從之。其所令反其所好，而民不從。是故君子有諸己而後求諸人，無諸己而後非諸人。所藏乎身不恕，而能喻諸人者，未之有也。故治國在齊其家。《詩》云：「桃之夭夭，其葉蓁蓁。之子於歸，宜其家人。」宜其家人，而後可以教國人。《詩》云：「宜兄宜弟。」宜兄宜弟，而後可以教國人。《詩》云：「其儀不忒，正是四國。」其爲父子兄弟足法，而後民法之也。此謂治國在齊其家。

治國不越孝弟慈，可見聖人未嘗說法制禁令，孝弟慈皆本天然可見；未嘗費些氣力，未有學養子而後嫁，先賢形容天然處，何等親切！「一家仁，一國興仁」，須要看「興」字，「興」字有生生不已之意。「堯舜帥天下以仁」，要看「帥」字，有只在自家爲主之意，後面引《詩》：「宜其家人。」「宜其兄弟。」[一]「其儀不忒。」只是說到自家身上來，摠之以身爲國帥，不自國求也。

問：「一人貪戾」，「貪」字易見，「戾」字何義？先生曰：「貪」字全其人多係污下，「戾」字多係高明的人。如己有技能，視人之技能不己若者，皆戾也。而持正守節，視世皆無足以容身者，亦戾也。今之講學，號爲真人而不免於戾者幾何人。

[一]「宜其兄弟」，應爲「宜兄宜弟」，具見《詩經・小雅・蓼蕭》。

「所謂平天下」章

所謂平天下在治其國者，上老老而民興孝，上長長而民興弟，上恤孤而民不倍，是以君子有絜矩之道也。所惡於上毋以使下，所惡於下毋以事上，所惡於前毋以先後，所惡於後毋以從前，所惡於右毋以交於左，所惡於左毋以交於右，此之謂絜矩之道。《詩》云：「樂只君子，民之父母。」民之所好好之，民之所惡惡之，此之謂民之父母。《詩》云：「節彼南山，維石岩岩，赫赫師尹，民具爾瞻。」有國者不可以不慎，辟則為天下僇矣。《詩》云：「殷之未喪師，克配上帝；儀監於殷，峻命不易。」道得衆則得國，失衆則失國。是故君子先慎乎德。有德此有人，有人此有土，有土此有財，有財此有用。德者本也，財者末也，外本内末，爭民施奪。是故財聚則民散，財散則民聚。是故言悖而出者，亦悖而入；貨悖而入者，亦悖而出。《康誥》曰：「惟命不於常！」道善則得之，不善則失之矣。《楚書》曰：「楚國無以為寶，惟善以為寶。」舅犯曰：「亡人無以為寶，仁親以為寶。」《秦誓》曰：「若有一个臣，斷斷兮無他技，其心休休焉，其如有容焉。人之有技，若己有之，人之彥聖，其心好之，不啻若自其口出，寔能容之，以能保我子孫黎民，尚亦有利哉。人之有技，媢疾以惡之，人之彥聖，而違之，俾不通，寔不能容，以不能保我子孫黎民，亦曰殆哉！」唯仁人放流之，迸諸四夷，不與同中國。此謂唯仁人為能愛人，能惡人。見賢而不能舉，舉而不能先，命也；見不善而不能退，退而不能遠，過也。好人之所惡，惡人之所好，是謂拂人之性，菑必逮夫身。是故君子有大道，必忠信以得之，驕泰以失之。生財有大道，生之者衆，食之者寡，為之者疾，用之者舒，則財恒足矣。仁者以財發身，不仁者以身發財。未有上好仁而下不好義者也，未有好義其事不終者也，未有府庫財非其財者也。孟獻子曰：「畜馬乘不察於雞豚，伐冰之家不畜牛羊，百乘之家不畜聚斂之臣，與其有聚斂之臣，寧有盜臣。」此謂國不以利為利，以義為利也。長國家而務財用者，必自小人矣。彼為善之，小人之使為國家，菑害並至。雖有善者，亦無如之何矣！此謂國不以利為利，以義為利也。

平天下亦只是人人孝弟慈而已。要天下孝弟慈，又只在自家絜矩。矩未絜，只是好惡兩端。有天下之責，又只有此數樣人。如

「樂只君子」，今郡縣官之類是也，要端好惡而後爲民父母。「赫赫師尹」，今方面巡撫之類是也，要慎好惡而後爲民具瞻，好惡一辟則爲天下僇矣！「一個臣」，今宰相是也，要端好惡而後保子孫黎民。媢賢妒能，好惡不端，即子孫黎民且殆。此能好惡，仁人必放流之，屏諸四夷，不與之同中國也。「殷之未喪師，克配上帝。」今爲人君是也，爲人君，好惡端，得衆則得國；好惡不端，失衆則失國。人君好惡，惟進退間見之。若「見賢不能舉，舉而不能先」，是爲「惡人之所好」，拂天之命，而「菑必逮夫身」矣！若「見不善而不能退，退而不能遠」，是謂「好人之所惡」，過於昏昧而菑亦逮夫身矣！《康誥》不云乎：「道善則得之，不善則失之。」甚哉！爲君之當絜矩也。按自具瞻至爲君皆有儆詞，獨於「樂只君子」，惟説「民之父母」，何耶？蓋大臣，民之表也；人君，大臣之表也。守令好惡不端，其去之也易；大臣人君好惡不端，其禍也長，故戒之也深。然此諸樣人，人人有秉彝，個個有良心，彼好惡之偏，豈肯自説是偏，畢竟是有個蔽處。蔽處安在？只在是一個「財」字，財利一蔽了心，所以爲大臣、爲人君將定盤針錯了，所以極言財利之不當好。「外本内末，争民施奪。」「貨悖而入者亦悖而出。」「不仁者，以身發財。」提醒人臣財利之不當好也。「生財有大道。」引《楚書》、舅犯，蓄馬乘、長國家者，提醒人君不當用好財之臣也。爲人臣、爲人君而能不好財，則心中澹然無欲。無欲則其好惡也如妍媸在彼，己何與焉！是故平天下在絜矩，而絜矩之要在無欲。有天下責者無以爲卮言。

治國平天下章要合看。可見《大學》治平亦不越孝弟慈，即不越老安少懷之旨。家常茶飯，却與天地同流。「平」字要玩味，王道平平；霸道則驩虞矣！

問：「斷斷」「休休」有同異乎？先生曰：「斷」字與「續」字對，人當大任於平素，計較心、恩仇心、毀譽心、名利心，一齊斬斷，方能休休。如今人當大任，一心思量美田宅、堆貨財、招權納賄，恐人不附己者多係賢才，假恩威以屏斥之、禁錮之，心中如何得休休？所以社稷不蒙其恩，未轉眼而子孫亦零落矣！趙普半部《論語》佐太平，豈未曾讀《大學》耶？

問《大學》有三本，果孰爲宗？先生曰：若能知止，石本可也，古本可也，朱本可也。學不知止，無一而可。

先生曰：予嘗見漢儒以下著述，惓惓於古書，一字一句，竭力辨正，甚厭之，只於自身上，全不干涉。自身上做不去，即將古聖人書磨勘十分明白，又添百分障蔽。《大學》之書，紛紛辨正，在近儒尤甚，真是可厭！反之自身，真是頂門一針。

《中庸》講義

「天命之謂性」章

天命之謂性，率性之謂道，修道之謂教。道也者，不可須臾離也，可離非道也。是故君子戒慎乎其所不睹，恐懼乎其所不聞。莫見乎隱，莫顯乎微，故君子慎其獨也。喜怒哀樂之未發，謂之中；發而皆中節，謂之和。中也者，天下之大本也；和也者，天下之達道也。致中和，天地位焉，萬物育焉。

《中庸》：「天命之謂性」括盡一部《中庸》。「率性之謂道」是合下悟道的人，不煩擬議，所以隨處是道，此句是宗門。然天下不皆能通宗的人，所以又說教門，「修道之謂教」，正是教他去修道。何以謂之修道？你看那一條路，原平平坦坦，堆了荊棘污泥，便不謂之道。惟去了這些污泥，斬了這些荊棘，就謂之道。「道也者，不可須臾離也」一節是單指修道之功夫。「莫見莫顯」正申上而工夫之當用這個。又謂之中，又謂之和，又謂之獨，隨處異名，俱是强名。識得性，連那三名字都沒有了。致中和，天地位，萬物育即是修己安百姓，更無別奇特。忠告解「修道之謂教」，爲教人則自明誠謂之教，「教」字豈亦教人耶！

問：何以謂之性？先生曰：可得而言者，非性也。終不可得而言乎？九經、三達德、五達道，皆性之散見也。「費隱」一章、「鬼神之爲德」一章、「大哉聖人之道」一章則已全拖出性與人看，只在人自悟何如耳，不必言何以謂之性也。

問：何以造得率性？曰：子早間起來梳頭乎？曰：梳頭。子還想了去梳，亦不想了去梳？曰：這何須想，早間自然梳。曰：子亦有率性時節，只是子不肯承認耳！曰：然則率性君子，戒慎恐懼之功可廢耶？曰：何可廢。但率性君子，戒慎恐懼即不覩不聞，不覩不聞是戒慎恐懼。

問：道不可須臾離，還是人不離道，道不離人？先生曰：合成一家，離人無道，離道無人。

問：先輩有云「看喜怒哀樂未發以前氣象」，其説何似？先生曰：若看，便屬已發矣！曰：然則何似？曰：離已發求未發即孔子復生不能，子且觀中節之和，即知未發之中。

問：中與和有分乎？先生曰：離和無中，離達道無大本。曰：中有定所乎？曰：若有定所，則子莫之執中也，去中遠矣！

問：堯舜孔子不致中和乎？當時洪水滔天，春秋之時，政柄不一，如何算得天地位，萬物育？先生曰：子謂堯舜孔子不位育乎？予與子聾聵久矣！安得有今日這個位育？亘天地，亘古今，無了期。

問：「天地位萬物育」注云「吾之心正則天地之心亦正，吾之氣順則萬物之氣亦順」，其説何如？先生曰：吾之心即天地之心，吾之氣即萬物之氣，故曰：「天地萬物莫非我也。」若心屬天地，氣屬萬物，吾無心氣矣！造化與我原是合一的。

「君子中庸」二章

仲尼曰：「君子中庸，小人反中庸。君子之中庸也，君子而時中；小人之中庸也，小人而無忌憚也。」

子曰：「中庸其至矣乎！民鮮能久矣！」

此章要看得君子不是大奇異的人，只是庸德庸言；小人亦不是尋常的人，亦是入細，但不明中庸，所以爲小人。「君子之中庸也，君子而時中。」不必又别生枝節解。「君子之道四，丘未能一焉。」孔子正是君子中庸。除了子臣弟友，庸德庸言，更何處討中庸。「小人之中庸也，小人而無忌憚也。」亦不必别生枝節解，下面「知者過，愚者不及；賢者過，不肖者不及」正是反中庸。「其至矣乎！」是詠上節。

問：注云「君子而時中」，是兩截解，然否？先生曰：說着君子就能隨時處中，不是兩截說着。小人就是無忌憚，不是有小人之心，又無所忌憚。

「道之不行」兩章

子曰：「**道之不行也，我知之矣，知者過之，愚者不及也；道之不明也，我知之矣，賢者過之，不肖者不及也。人莫不飲食也，鮮能知味也。**」

子曰：「**道其不行矣夫！**」

後儒只管分知分行，聖人說「道不行」，由「知者過，愚[一]者不及」；說「道不明」，由「賢者過，不肖者不及」，分明是合知行論，如何却分得？人人終日在道中，却不知所以，即飲食鮮能知味來即說到知上。如今人與人相處，他好處只是不知，豈有知他好處，又不肯學？鮮能知味，是聖人冷語，甚醒人眼目。注云「不明故不行」，此語得之。

「舜其大知也與」四章

子曰：「**舜其大知也與！舜好問而好察邇言，隱惡而揚善，執其兩端，用其中於民，其斯以爲舜乎！**」

子曰：「**人皆曰予知，驅而納諸罟擭陷阱之中，而莫之知辟也。人皆曰予知，擇乎中庸而不能期月守也。**」

子曰：「**回之爲人也，擇乎中庸，得一善，則拳拳服膺而弗失之矣。**」

[一]「愚」，底本作「遇」，據文義改。

曰：「天下國家可均也，爵祿可辭也，白刃可蹈也，中庸不可能也。」

舜之知不是玄虛，只在好問好察，隱惡揚善，用中於民上，此所以爲大知。後世之所謂知者，「驅而納諸罟獲陷阱之中耳」，惟驅而納諸罟獲陷阱之中，彼自以爲中庸而不知不能期月守耳。「回之爲人也，擇中庸，拳拳服膺勿失」，亦回之知也。虞庭只有一舜，孔門只有一顏子，可見中庸之不可能也。

問：何以爲「納諸罟擭陷阱之中」？先生曰：不在好問好察，隱惡揚善，用中於民上，即爲「罟獲陷阱」。如今人只管在五陰識神中沉潛思索，自以爲有得，不知落了陰界，非「罟擭陷阱」如何？

問：既擇乎中庸矣，何以不能期月守？先生曰：只恐所擇者非中庸耳。既曰中、曰庸，不必守而自無不守。

問：「回之拳拳服膺勿失」，注云「捧而著之心胸之間」[一]，然否？先生曰：若「捧而著之心胸之間」，正夫子所謂「罟獲陷阱之中」，非「回之爲人」。「回之爲人」，惟在「擇乎中庸，得一善」，既得一，回無守。拳拳服膺者，其竭才擇善之間乎？

問：中庸何以「不可能」？先生曰：不是「不可能」，只是「鮮能知味」。既知味，則聖人成能，百姓與能，何「不可能」之有？

「子路問强」二章

子路問强。子曰：「南方之强與？北方之强與？抑而强與？寬柔以教，不報無道，南方之强也，君子居之。衽金革，死而不厭，北方之强也，而强者居之。故君子和而不流，强哉矯！中立而不倚，强哉矯！國有道，不變塞焉，强哉矯！國無道，至死不變，强哉矯！」

[一]「捧而著之心胸之間」，朱子《中庸章句》作「奉持而著之心胸之間」。

子曰：「素隱行怪，後世有述焉，吾弗爲之矣。君子遵道而行，半塗而廢，吾弗能已矣。君子依乎中庸，遯世不見知而不悔，唯聖者能之。」

中庸道理極平淡無奇，可見子路問强，蓋欲以所長自見，而夫子告之只是約向自己身上來。曰和不流，曰中立不倚，曰不變塞，此豈尋常可能，惟明中庸者能之。不曉得中庸，只管去弄怪鬥奇，不見得中庸滋味，未免半途而廢。惟聖人「依乎中庸，遯世不見知而不悔」。世上人知而不悔，好名者容能之。若既遁世，連那名都没了而不悔，此聖人能之，聖人即中庸也。

問：何以曰「不變塞」？先生曰：「塞」字與「通」字對，國有道亦有行不通時節。何謂行不通？或見嫉於權奸而不變所守，豈不是强？曰：既謂之有道，何以尚有權奸？曰：你道青天無雲在？

「和而不流」，將明道先生來看；「中立不倚」，將伊川先生來看；「國有道，不變塞」，將柳下惠來看；「國無道，至死不變」，將文文山來看更親切。然則和者不中，中者不和，不變有道，又變於無道耶？各有所勝耳！孔子如太和元氣，流行無迹。

問：何以謂之「索隱」？先生曰：今講學士外倫理日用說心性入牛毛者是已。何以謂之「行怪」？曰：今服堯服、冠伊川冠之類是。

問：「遯世不見知而不悔，唯聖人能之。」孔子汲汲皇皇求人知，既而不知，能無悔耶？先生曰：此初九潛龍也。若孔子，群龍無首。

「君子之道費而隱」五章

君子之道費而隱。夫婦之愚，可以與知焉，及其至也，雖聖人亦有所不知焉；夫婦之不肖，可以能行焉，及其至也，雖聖人亦有所不能焉。天地之大也，人猶有所憾。故君子語大，天下莫能載焉；語小，天下莫能破焉。《詩》云：「鳶飛戾天，魚躍於淵。」言其上下察也。君子之道，造端乎夫婦；及其至也，察乎天地。

子曰：「道不远人。人之为道而远人，不可以为道。《詩》云：『伐柯伐柯，其則不遠。』執柯以伐柯，睨而視之，猶以爲遠。故君子以人治人，改而止。忠恕違道不遠，施諸己而不願，亦勿施於人。君子之道四，丘未能一焉：所求乎子，以事父未能也；所求乎臣，以事君未能也；所求乎弟，以事兄未能也；所求乎朋友，先施之未能也。庸德之行，庸言之謹，有所不足，不敢不勉，有餘不敢盡；言顧行，行顧言，君子胡不慥慥爾！」

君子素其位而行，不願乎其外。素富貴，行乎富貴；素貧賤，行乎貧賤；素夷狄，行乎夷狄；素患難，行乎患難；君子無入而不自得焉。在上位不陵下，在下位不援上，正己而不求於人則無怨。上不怨天，下不尤人。故君子居易以俟命，小人行險以徼幸。子曰：「射有似乎君子；失諸正鵠，反求諸其身。」

君子之道，辟如行遠必自邇，辟如登高必自卑。《詩》曰：「妻子好合，如鼓瑟琴；兄弟既翕，和樂且耽；宜爾室家；樂爾妻帑。」子曰：「父母其順矣乎！」

子曰：「鬼神之爲德，其盛矣乎！視之而弗見，聽之而弗聞，體物而不可遺。使天下之人齊明盛服，以承祭祀。洋洋乎！如在其上，如在其左右。《詩》曰：『神之格思，不可度思！矧可射思！』夫微之顯，誠之不可揜如此夫。」

這四大段書說君子之道即是中庸之道。以道必說君子，正是君子中庸。「費而隱」至「察乎天地」，正是形容道之廣大精微；「道不遠人」至「胡不慥慥」，形容道之在人不遠；「君子素其位」至「反求諸身」，形容道之樸素平坦；「君子之道」至「父母其順矣乎」，形容道之卑近；「鬼神之爲德」至「誠之不可掩」，結果只是一誠。何謂「費而隱」？儒者云：「放之彌六合，卷之退藏於密」是也。你看那夫婦至愚不肖却能知、却能行，聖人亦有所不能知、不能行，天地亦有餘憾。「語大莫能載，語小莫能破」，道何如其費隱？然亦無處不可見，鳶飛天，魚躍淵。造端夫婦，察乎天地，何處非道？道何嘗遠人？人自遠耳。「執柯伐柯」，猶有彼此之分；以人治人，實各足之理。人孰不嚴以望人，恕以待己。惟恕心待人，嚴以反己，真覺子臣弟友有未盡分處，言行有未盡謹信處，則慥慥篤實而還吾太素矣！可以富貴，可以貧賤，可以夷狄患難，可以和家室、樂妻孥、順父母，無入而不自得矣！然實反求諸身來，只在一誠，誠不可掩。

問：既云「索隱」矣，兹又曰「隱」，何耶？先生曰：「隱」字啓後儒思索懸想之端。世儒求隱於隱，白日青天說夢，不知求隱於費，所以聖人將五倫獻出與人看。

問：夫婦與知與能，是男女事乎？謂不是亦不然，謂是亦不然。你看夫婦在室中，父母在，知奉承；父母亡，知哀痛。子女知慈愛，見乞丐知施舍，人說道不好知惶恐，豈不是與知與能？

問：聖人有所不能知、不能行。既曰聖人，何亦有所不能知、不能行乎？先生曰：惟聖人亦有所不知、所不能而後爲聖人。蓋至於不知不能，而後爲神化。曰：問禮問官農圃之類，以此爲不知不能，然乎？曰：「過此以往，未之或知」，此聖人亦有所不知焉。大段着力不得，此聖人亦有所不能焉。

問：語云「君子載道而行」，兹曰「莫能載」，何也？先生曰：人能弘道。仁也者，人也。謂君子不載道，非也。然則何以載？曰：以莫載爲載。

問：鳶魚何與於道？先生曰：庭草何與於道，周子曰：「與自家意思一般。」知庭草與自家意思一般，則鳶魚亦自家意思。急開眼，莫思量。

問：「造端夫婦，察乎天地」，然則必先始於夫婦而後及乎天地耶？先生曰：「造端」與「及其至」亦語辭耳。須知夫婦，小天地也；天地，大夫婦也。若看天地夫婦作兩件，亦不得。

問：曾子云：「夫子之道，忠恕而已矣！」兹又曰：「忠恕違道不遠。」然則忠恕尚與道略，有相遠處？先生曰：反身而誠，忠恕即道；强恕而行，違道不遠。曰：「無忠作恕不出。」其說何似？曰：以忠作恕，先已不忠，何能做恕？此後儒之支離也。

問：「子臣弟友」如何？曰：求。曰：未能。先生曰：此正聖人忠恕處。世人爲父，只責子孝；及爲子，却不能以之處，兄弟朋友皆然。世人只管求人，聖人只管反己，此與「所惡於下」一節並看，聖人未能正是絜矩處。問：於五倫中夫婦居一，聖人何不說未能？先生曰：前段言「夫婦之愚，可以與知；夫婦之不肖，可以能行」，已言之矣！

問：「不敢盡」「不敢不勉」，聖人得無勉强？先生曰：聖人心極大，亦極小。聖人心小，所以不敢；世人膽粗，所以敢。

夫子說「君子有四道，丘未能一焉」，何四道？爲人子，事父在孝某，「求乎子以事父未能也」；爲人臣，事君在忠某，「求乎臣以事君未能也」；弟事兄以恭某，「求乎弟以事兄未能也」；交友在信某，「求乎朋友先施之未能也」？此四者在德爲庸德，在言爲庸言，某於庸德庸言處不足不勉，「有餘不敢盡」，求「言顧行，行顧言」，抵於慥慥之君子。然某實未之能原夫子之言，人人都說夫子是謙辭，今日看來，不是謙辭，夫子只是學而不厭。何處看得？只將「求」字、「未能」字、「不敢」字看得。今人只管求諸人，惟求諸人，件件都說是己能，所以敢，持一敢心，何事不有餘；夫子只是求諸己，惟求諸己，件件都是未能，所以不敢，持一不敢心，事事是不足，可見堯舜而上無盡，夫子止是祖述堯舜，豈有盡時？不是夫子謙，是夫子實話。我輩今日在一堂之上，只省子事父、臣事君、弟事兄、交朋友何如纔算得學。一有未能，正好孜孜講究。明道先生云：「天地萬物各有不足之理，常思君臣父子夫婦昆弟朋友，有多少不盡處。」吾輩聖不如孔子，大賢不如明道，正好在五倫上着力，外此爲學者，不是庸德庸言，是異端。《中庸》這章書與《大學》相貫串。《大學》：「穆穆文王，於緝熙敬止。」「穆穆」即是「慥慥」，「止仁」「止敬」「止慈」「止信」即「未能」之意。又「所惡於上」一節即「所求乎子」一節之意。《學》《庸》一書無非要人在自己身上體出五倫來，如此方謂之《大學》，方謂之《中庸》。

問：「行遠自邇，登高自卑」，何者謂「遠」與「高」？先生曰：邇即遠，卑即高，分高卑遠邇作兩截看，無惑乎愈高愈遠，須信當下即是終身，目前即是天堂，故曰：灑掃應對便是形而上者。

問：《中庸》何以說到鬼神邊？先生曰：外人身而言鬼神者，此荒唐之見也。你看人即鬼神，則鬼神即是《中庸》。鬼即隱也，神即費也，於此見《中庸》廣大又神妙。

「神之格思，不可度思！矧可射思！」《中庸》亦是如此。未知《中庸》之無方而以有方求之，未知《中庸》之無體而以有體求之，皆射思也。

「子曰舜其大孝也與」八章

子曰：「舜其大孝也與！德爲聖人，尊爲天子，富有四海之内。宗廟饗之，子孫保之。故大德必得其位，必得其禄，必得其名，必得其壽。故天之生物，必因其材而篤焉。故栽者培之，傾者覆之。《詩》曰：『嘉樂君子，憲憲令德！宜民宜人，受禄於天。保佑命之，自天申之！』故大德者必受命。」

子曰：「無憂者其惟文王乎！以王季爲父，以武王爲子，父作之，子述之。武王纘大王、王季、文王之緒。壹戎衣而有天下，身不失天下之顯名。尊爲天子，富有四海之内。宗廟饗之，子孫保之。武王末受命，周公成文、武之德，追王大王、王季，上祀先公以天子之禮。斯禮也，達乎諸侯大夫，及士庶人。父爲大夫，子爲士；葬以大夫，祭以士。父爲士，子爲大夫；葬以士，祭以大夫。期之喪達乎大夫，三年之喪達乎天子，父母之喪無貴賤，一也。」

子曰：「武王、周公，其達孝矣乎！夫孝者，善繼人之志，善述人之事者也。春秋修其祖廟，陳其宗器，設其裳衣，薦其時食。宗廟之禮，所以序昭穆也；序爵，所以辨貴賤也；序事，所以辨賢也。旅酬下爲上，所以逮賤也。燕毛，所以序齒也。踐其位，行其禮，奏其樂，敬其所尊，愛其所親，事死如事生，事亡如事存，孝之至也。郊社之禮，所以事上帝也。宗廟之禮，所以祀乎其先也。明乎郊社之禮、禘嘗之義，治國其如示諸掌乎。」

哀公問政。子曰：「文武之政，布在方策。其人存，則其政舉；其人亡，則其政息。人道敏政，地道敏樹。夫政也者，蒲盧也。故爲政在人，取人以身，修身以道，修道以仁。仁者人也，親親爲大；義者宜也，尊賢爲大；親親之殺，尊賢之等，禮所生也。在下位不獲乎上，民不可得而治矣！故君子不可以不修身，思修身不可以不事親，思事親不可以不知人，思知人不可以不知天。」天下之達道五，所以行之者三。曰君臣也，父子也，夫婦也，昆弟也，朋友之交也，五者天下之達道也。知、仁、勇三者，天下之達德也，所以行之者一也。或生而知之，或學而知之，或困而知之，及其知之一也；或安而行之，或利而行之，或勉强而行之，及其成功一也。」子曰：「好學近乎知，力行近乎仁，知耻近乎勇。知斯三者，則知所以修身；知所以修身，則知所以治人；知所以治人，則知所以治天下國家矣。」凡爲天下國家有九經，曰：修身也，尊賢也，親親也，敬大臣也，體群臣也，子庶民也，來百工也，柔遠人也，懷諸侯也。修身則道立，尊賢則不惑，親親則諸父昆弟不怨，敬大臣則不眩，體群臣則士之報禮重，子庶民則百姓勸，來百工則財用足，柔遠人則四方歸之，懷諸侯則天下畏之。齊明盛服，非禮不動，所以修身也。去讒遠色，賤貨而貴德，所以勸賢也。尊其位，重其禄，同其好惡，所以勸親親也；官盛任使，所以勸大臣也。忠信重禄，所以勸士也。時使薄斂，所以勸百姓也。日省月試，既廩稱事，所以勸百工也。送往迎來，嘉善而矜不能，所以柔遠人也。繼絶世，舉廢國，治亂持危，朝聘以時，厚往而薄來，所以懷諸侯也。凡爲天下國家有九經，所以行之者一也。凡事豫則立，不豫則廢。言前定則不跲，事前定則不困，行前定則不疚，道前定則不窮。在下位不獲乎上，民不可得而治矣。獲乎上有道，不信乎朋友，不獲乎上矣。信乎朋友有道，不順乎親，不信乎朋友矣。順乎親有道，反諸身不誠，不順乎親矣。誠身有道，不明乎善，不誠乎身矣。誠者，天之道也；誠之者，人之道也。誠者不勉而中，不思而得，從容中道，聖人也。誠之者，擇善而固執之者也。博學之，審問之，慎思之，明辨之，篤行之。有弗學，學之弗能弗措也；有弗問，問之弗知弗措也；有弗思，思之弗得弗措也；有弗辨，辨之弗明弗措也；有弗行，行之弗篤弗措也。人一能之己百之，人十能之己千之。果能此道矣，雖愚必明，雖柔必强。

自誠明，謂之性；自明誠，謂之教。誠則明矣，明則誠矣。唯天下至誠為能盡其性，能盡其性，則能盡人之性。盡人之性，則能盡物之性。能盡物之性，則可以贊天地之化育。可以贊天地之化育，則可以與天地參矣。

其次致曲，曲能有誠，誠則形，形則著，著則明，明則動，動則變，變則化，唯天下至誠爲能化。

至誠之道，可以前知。國家將興，必有禎祥；國家將亡，必有妖孽。見乎蓍龜，動乎四體。禍福將至：善，必先知之；不善，必先知之。故至誠如神。

誠者自成也，而道自道也。誠者物之終始，不誠無物。是故君子誠之爲貴。誠者非自成己而已也，所以成物也。成己，仁也；成物，知也。性之德也，合外内之道也，故時措之宜也。

故至誠無息。不息則久，久則征，征則悠遠，悠遠則博厚，博厚則高明。博厚，所以載物也；高明，所以覆物也；悠久，所以成物也。博厚配地，高明配天，悠久無疆。如此者，不見而章，不動而變，無爲而成。天地之道，可一言而盡也：其爲物不貳，則其生物不測。天地之道：博也，厚也，高也，明也，悠也，久也。今夫天，斯昭昭之多，及其無窮也，日月星辰系焉，萬物覆焉。今夫地，一撮土之多，及其廣厚，載華嶽而不重，振河海而不泄，萬物載焉。今夫山，一卷石之多，及其廣大，草木生之，禽獸居之，寶藏興焉。今夫水，一勺之多，及其不測，黿鼉、蛟龍、魚鱉生焉，貨財殖焉。《詩》云：「維天之命，於穆不已！」蓋曰天之所以爲天也。「於乎不顯！文王之德之純！」蓋曰文王之所以爲文也，純亦不已。

舜之大孝，武王達孝，夫子告哀公爲政亦只是盡中庸之道，却又歸重一誠來。聖人至誠，所以與天地合德，此是數章大主意。

問：「舜之大孝」，次即說「尊爲天子，富有四海之内」，世之不尊富貴者將不得爲孝乎？先生曰：只在德爲聖人，聖人不必索之玄遠。一個瞽瞍，大舜忘了他；象憂亦憂，象喜亦喜，又封他，處置得宜。象又不得肆其虐已，又不薄其弟，豈不是聖人如何？

問：「宜民宜人」，如何謂之宜？先生曰：謹庸德庸言，無一毫聲色者即謂之宜。《大學》曰：「宜兄宜弟。」「宜其家人。」《中庸》曰：「宜民宜人。」今之欲處一官者曰某事不宜，曰與地方不相宜。嗚呼！宜之一字，難言久矣！予一生遁於山林，不得行志，只學欠個宜字。世之以隨俗求容者，却又與宜不相似。

問：「達孝」與「大孝」其旨同否？先生曰：大者，如天之無不包；達者，如路之無所阻。達道猶大本而生，此可見矣！

問：蘇子曰「武王，非聖人也」，「壹戎衣而有天下，身不失天下之顯名」，聖人之意言表可見。先生曰：不知也。吾與爾闕疑可矣！

問：郊社之禮、禘嘗之義一，治國如何即反掌？先生曰：你無看「明」字太輕，一事明，百事明。

問：「修道以仁」，「仁者人也」。又說出一個義理等殺，然則有次第乎？先生曰：只是識得「仁者人也」一語盡之，尊賢親親等殺，分殊處自理會得。

問：五達道、三達德俱云「所以行之者一也」，至「凡爲國家有九經」，又說「所以行之者一也」，這「一」字還當作「誠」字看否？先生曰：既說到知仁勇，五倫那一件事不誠？若不誠，且算不得知，況說其它。這「一」字即「吾道一以貫之」之「一」。即凡為國家有九經，所以行之者一，亦是一貫之「一」。聖人說道理，零碎了，恐人從零碎處尋道理，說天德也說到一來，說王道也說到一來，正如地之行龍，到緊關處，一束精神便不散亂。曰：如何子知爲一貫之「一」？曰：予以聖人言知之。曰：何言？曰：「天地之道可一言而盡也。」曰：其爲物不貳而學問中事又貳得？

問：先正云「物物是生知，個個是生知」，茲又曰「學知」「困知」，然則知有不同？先生曰：試問子「學知」「困知」與「生知」者，性有同異否？曰：無異。曰：性既無異，學知，學此生知也；困知，困此生知也。故曰：「及其知之，一也。」

聖人說九經如四時行運，如七政旋轉，一字少不得。立萬世，爲人君、爲人臣之極，打頭即說修身，握了經世的把柄。大臣曰敬，群臣曰體，不曾說敬重大臣，把群臣丟了，說着「體」字，有滋味。

問：「敬大臣」，今有之乎？先生曰：寵則有矣，敬未之見。曰：何以謂之敬？曰：必有所不召之臣是也。曰：何以謂之大臣？曰：以道事君，不可則止是也。

問：「齊明盛服，非禮不動」，得無致餙於外乎？先生曰：聖人說「齊明」二字，其義不淺。湛然純一之謂齊，明者虛靈不昧。如何說他致餙於外？

問：「凡事豫則立」，還是前定乎誠否？先生曰：誠是件東西物件可前定，誠不是物件，如何豫定得？曰：然則「豫」字何義？曰：《易》言之矣！「豫，順也。」豫順以動，故天地如之，而况建侯行師乎？順者，順性而行之謂也。言行事道亦順而行，如何得跲與疚與窮，「在下位」諸語，正發明豫立之義，又歸在順親，順親又歸本明善來。若不明善，縱說個前定，是個假的。

問：誠者擇善還是將天理人欲中擇個善來固執，還執個善字否？先生曰：善不落思勉，天地間只有一善，再無二。擇者，擇此不思勉也；固執者，執此從容中道也。若落思勉，算不得善；若固執，算不得中道。博學審問慎思明辨篤行，皆求不思勉的道理。

問：明誠還兩事否？先生曰：天生人個個是誠明的，惟迷了，所以因其明處而設教，其實誠明無兩件。

問：至誠盡性可以贊天地之化育？先生曰：性原是通天地民物一貫，外人物天地而言性者，不知性者也。至誠明了性，惟有盡人物之性一事，更無別事。惟有徹性地者自不容已。先師廬山先生云：「吾儒與佛氏異者，全在盡字上。」謹識以俟同志。

問：何以爲盡人物之性？先生曰：盡人之性，「老者安之，朋友信之，少者懷之」是已。聖人只是孝弟慈，豈有奇特。盡物之性，草木生之，禽獸居之，鳥獸咸熙，魚鱉咸若是已。

問：盡人物，贊天地化育，惟達而在上者能之，若不遇而窮者不能？先生曰：天生人有耳目口鼻，個個做得。上無片瓦，下無立錐，夜無隔宿之糧亦做得。曰：這樣人如何盡得人物之性，贊天地之化育？曰：一念不敢傷天地之和即盡人物之性，贊天地之化育也。豈但這等人，即如强盜劫了一顆人，中間有子代母死者，或貸其母與子，又以物償他；又如乞丐乞了飯食奉母，又唱囉哩嗹與母聽，亦是它一事盡了人物之性在。

問：致曲之旨何如？先生曰：盡性，人之生也直，直道而行，不直則曲，所以須致曲。曰：請發其旨？曰：見孺子入井，自然有怵惕惻隱之心，直也；納交要譽惡聲，斯曲矣。然則何以致之？曰：程子云「人須是識其真心」，此致曲之旨也。曰：形著動變化何如？曰：即善信美大聖神是已。

問：「前知」还是假億度否？先生曰：明鏡當空，妍媸畢照。大陽一出，魍魎悉消。不知明鏡大陽還假億度否？

問：「自成」「自道」，請發其義？先生曰：公適來問我，還是有人來叫公來問，亦是來問？曰：此自己發心腸，如何人使得？曰：爾之問即自是「自成」「自道」，除此一問，更無處去討「自成」「自道」。公透此曰仁、曰知、曰合外内之道、曰物之終始，更不煩我告。

問：「至誠無息」至「純一不已」，還是以人合天否？先生曰：天人一也，更不分別。識得天是人，人是天，則「博厚」「高明」「悠久」，「載物」「覆物」「成物」，豈是奇特事？「純一不已」，不二是也。不二則自不息。

「大哉聖人之道」六章

大哉聖人之道！洋洋乎！發育萬物，峻極於天。優優大哉！禮儀三百，威儀三千。待其人然後行。故曰：苟不至德，至道不凝焉。故君子尊德性而道問學，致廣大而盡精微，極高明而道中庸。溫故而知新，敦厚以崇禮。是故居上不驕，爲下不倍，國有道其言足以興，國無道其默足以容。《詩》曰「既明且哲，以保其身」，其此之謂與！

子曰：「愚而好自用，賤而好自專，生乎今之世，反古之道。如此者，災及其身者也。」非天子，不議禮，不制度，不考文。今天下車同軌，書同文，行同倫。雖有其位，苟無其德，不敢作禮樂焉；雖有其德，苟無其位，亦不敢作禮樂焉。

子曰：「吾說夏禮，杞不足征也；吾學殷禮，有宋存焉；吾學周禮，今用之，吾從周。」

王天下有三重焉，其寡過矣乎！上焉者雖善無征，無征不信，不信民弗從；下焉者雖善不尊，不尊不信，不信民弗從。故君子之道，本諸身，征諸庶民，考諸三王而不繆，建諸天地而不悖，質諸鬼神而無疑，百世以俟聖人而不惑。質諸鬼神而無疑，知天也；百世以俟聖人而不惑，知人也。是故君子動而世爲天下道，行而世爲天下法，言而世爲天下則。遠之則有望，近之則不厭。《詩》曰：「在彼無惡，在此無射。庶幾夙夜，以永終譽！」君子未有不如此而蚤有譽於天下者也。

仲尼祖述堯舜，憲章文武；上律天時，下襲水土。辟如天地之無不持載，無不覆幬。辟如四時之錯行，如日月之代明。萬物並育而不相害，道並行而不相悖，小德川流，大德敦化，此天地之所以爲大也。

唯天下至聖，爲能聰明睿知，足以有臨也；寬裕溫柔，足以有容也；發强剛毅，足以有執也；齊莊中正，足以有敬也；文理密察，足以有別也。溥博淵泉，而時出之。溥博如天，淵泉如淵。見而民莫不敬，言而民莫不信，行而民莫不說。是以聲名洋溢乎中國，施及蠻貊，舟車所至，人力所通，天之所覆，地之所載，日月所照，霜露所隊，凡有血氣者，莫不尊親，故曰配天。

唯天下至誠，爲能經綸天下之大經，立天下之大本，知天地之化育。夫焉有所倚？肫肫其仁！淵淵其淵！浩浩其天！

苟不固聰明聖知達天德者，其孰能知之？

聖人之道即君子之道，君子之道即中庸之道，這中庸之道，發育峻極，禮儀威儀，俱是道君子「尊德性」一節，虚説道體之功。「爲上不驕，爲下不倍」，正是功夫實落處。「愚而好自用」，「王天下有三重」，又發明爲下之不宜倍。「仲尼祖述堯舜」是不倍之証。「唯天下之至誠」至「其孰能知之」，見聖人之道亦不可倍也。「發育萬物」，發育萬物即道也，非有道發育之也。「峻極於天」，天之高皆道也，非有道以峻極之也。「禮儀三百」，三百皆道也。「威儀三千」，三千皆道也。可見道無一毫空隙破綻。「凝」字最當玩味，如下面不顯篤恭，無聲無臭即是凝之意。

問：尊德性、道問學有次第乎？先生曰：無次第。這一尊德性便了。曰：如何不止説尊德性，下面説出「廣大」「精微」「高明」「中庸」「温故知新」「敦厚崇禮」諸語？曰：既説德性、説尊，豈能加得一毫，再無着手處。有着手處只在道問學，「廣大」「高明」諸語俱是道問學中事。如世間學者覺狹隘則「致廣大」，覺粗疏則「盡精微」，覺卑暗則「極高明」，覺偏僻則「道中庸」，「温故」者，時時儆惰也，「知新」者日有開發也，「敦厚」者矯輕也，「崇禮」者見天則也，揔只是求見德性體段，則「廣大」「高明」一齊俱到。匪是做了尊德性，又做道問學，做了致廣大，又做盡精微，心神應接不暇，即堯舜周孔亦所不能。

尊德性者，崇效天也；崇禮者，卑法地也。今世以悟便了者，是知止知崇，不知禮卑。

問：「居上不驕」一節，先正以爲効驗。子獨以爲功夫，何耶？先生曰：人不曾實實地做尊德性功夫，則隨人説以爲効驗；若實落做尊德性功夫，始知人非居上便居下，除了不驕不倍，無處去做尊性功夫。

問：「國有道其言足以興。」興還是興起在位否？先生曰：若興起在位，是與今執筆求官一也。興還當做興起看，有道之世又逢有道君子，聞其言自然令人感發。曰：容不幾於持禄保位乎？曰：容當做容衆看，雖無道之世，而端默自持，自無雌黄口，無毁譽，心無是非，此非明哲如何？

問：「愚而好自用」三段，子俱以爲發明「爲下不倍」，是矣！然則，「居上不驕」，聖人何以不言？先生曰：聖人生於周末，安言居上何以不驕，則是教人以倍，何得爲中庸？聖人從周，只光光心腸，安愚安賤，不敢反周之道，真見周之聖人具三重六事之善，配天配地，中國蠻貊率土尊親，大經大法，聰明睿知，故惟祖述憲章也。曰：然則，今非周矣，當何如爲不倍，爲中庸？曰：高皇帝繼天立極，列聖浴日回天，大經大法，與堯舜文武同。余輩惟確守六諭大義，即是中庸，即是祖述堯舜，憲章文武。除了六諭，更何處討中庸；除了高皇帝及列聖，何處見堯舜文武。嗟乎！今之高明者，求其知「爲下不倍」之義，鮮矣！譚學妄標新奇，安邦妄更制作，倍亦甚矣！車書文是王天下，禮樂非三重不能作、不敢作，惟仁人爲能作，故曰：「人而不仁，如禮何？人而不仁，如樂何？」

「祖述堯舜」，仲尼得堯舜之心，如祖述之也；「憲章文武」，仲尼得文武之意，如憲章之也。「先天而天弗違，後天而奉天時。」千古聖賢只有一脉，若祖其陳迹，襲其彌文，即今之熟誦讀典制者，亦爲祖述憲章乎？

「小德川流，大德敦化。」只是一，再無兩。「大德敦化」，「爲物不貳」也；「小德川流」，「生物不測」也。「溥博淵泉，而時出之。」人人具有，只是不肯承當，故獨歸之至聖。曰：何？先生曰：子觀世上人，自幼穉所經歷事不知其幾，却一一記得某人某事，豈不溥博？豈不淵泉？曰：「而時出之」，難道人人皆有？曰：子之所問者果時出乎？曰：算不得時出。曰：然則子日間所言、所問，俱是至聖爲子問、爲子言。子且待時出之。聖謂爾語，我則不能加子矣。

問：苟不固聰明聖知達天德者，其孰能知之。然則，聰明聖知與天德是同是異？先生曰：達天德則無聰明聖知可言矣。然則固之義若何？曰：不有其聰明聖知，即無所倚之謂也。

「詩曰衣錦尚絅」章

《詩》曰「衣錦尚絅」，惡其文之著也。故君子之道，闇然而日章；小人之道，的然而日亡。君子之道：淡而不厭，簡而文，溫而理，知遠之近，知風之自，知微之顯，可與入德矣。《詩》云：「潛雖伏矣，亦孔之昭！」故君子內省不疚，無惡於志。君子之所不可及者，其唯人之所不見乎。《詩》云：「相在爾室，尚不愧於屋漏。」故君子不動而敬，不言而信。詩曰：「奏假無言，時靡有爭。」是故君子不賞而民勸，不怒而民威於鈇鉞。《詩》曰：「不顯惟德！百辟其刑之。」是故君子篤恭而天下平。《詩》云：「予懷明德，不大聲以色。」子曰：「聲色之於以化民，末也。」《詩》曰：「德輶如毛」，毛猶有倫。「上天之載，無聲無臭」，至矣！

「衣錦尚絅」章與首章相照應。首章言「不覩不聞」「莫見莫顯」，此言「不見不動」「不言不賞」「不怒不顯」「無聲無臭」，聖人發揮此一段中庸，可謂苦心之極。無奈後世儒者從顯見言動聲色上求，越着聲色，中庸愈遠，無惑乎天命之謂性，千古無人識得。

問：「闇然」「的然」，其指何似？先生曰：子知射乎？曰：知。曰：子知射之有的乎？曰：知。曰：既知有的，則人得命而中之，便非闇然。若闇然，即鬼神不得而竊其秘，造化不得而窺其似矣！竊怪今世儒或標宗旨，不知有宗即有的，有的豈不日亡。

問：知遠之近，知風之自，知微之顯，此三者有工夫乎？先生曰：既說知則已靈明，若犯手勢則知反，塞而不通。虛則知，知則遠近、風自、微顯一一皆具，此處言報應亦細矣！世人止說佛氏言報應，而不及儒者，豈不冤哉！

《孟子》講義

「子路人告之有過」章

孟子曰：「子路，人告之以有過則喜。禹聞善言則拜。大舜有大焉，善與人同。舍己從人，樂取於人以爲善。自耕稼陶漁以至爲帝，無非取於人者。取諸人以爲善，是與人爲善者也。故君子莫大乎與人爲善。」——《孟子·公孫丑上》

子路聞過則喜，禹聞善言則拜。「則」字，一聞即喜，聞即拜，看他何等胸襟！何等氣象！再不容一毫想像，不容一毫擬議，若想像擬議起來，聞過是昭我過，善言是來教我，便喜不成、拜不成。大舜則再不知有己，一味從人，樂取諸人爲善，此其所以爲大。看得善是天下所共的，人與己再無纖毫隔，此處便上下與天地同流。吾輩學子路聞過則喜，便爲百世師；學禹聞善言則拜，便無間然，從此希舜之大有機矣！

一日，先生問劉吉卿曰：子近何功？曰：見過。先生曰：此千聖心傳，且無論聖經賢傳，今儒者好闢佛。《壇經》云：「常見自己過，與道即相當。」曰：護短心内非嫌。曰：若真修，行人不見世間過，與吾儒有纖毫不同否？子若真見過，則心自凉，心凉非真臻改過境界不能知。能見己過，則必不見世間過。

先生曰：丁丑羅近溪先生入賀。予輩會於寺中，時大衆中，先生聞東溟兄言即叩首曰：「我兄說的是。」予嘗想此老一叩首，平素傲心習氣一時消盡，此等受益，吾旁窺者知之，畢竟此老學得力。

又曰：孟我疆昔在都中問予曰「雞鳴而起，孳孳爲善」，何以作「孳孳爲善」功夫？予當時以意告之。近覺除善與人同，更何處討孳孳善？與人同不是將善去同人，亦不是將人善來同我，人人本有，個個圓成，魚游於水，鳥翔於淵，無一物能間之也。

「孟子道性善」章

滕文公爲世子，將之楚，過宋而見孟子。孟子道性善，言必稱堯舜。世子自楚反，復見孟子。孟子曰：「世子疑吾言乎？夫道一而已矣。成覸謂齊景公曰：『彼丈夫也，我丈夫也，吾何畏彼哉？』顔淵曰：『舜何人也？予何人也？有爲者亦若是。』公明儀曰：『文王我師也，周公豈欺我哉？』今滕，絕長補短，將五十里也，猶可以爲善國。《書》曰：『若藥不瞑眩，厥疾不瘳。』」——《孟子·滕文公上》

真正欲聞道，不從性體上透一下，又不從諸大聖風光對一下，終日言說，終日力行，如蟻子推磨，又如蒼蠅鑽窓，永無轉身出頭日。你看成瞷、顔淵、公明儀諸大賢，便將大舜、文王對一下，何等力量！何等志氣！對過一下，方才知道本一，無古今，無賢愚，不加不損，不增不減，爲之即是。何也，同此耳目，同此手足，動靜因是不同處，彼爲聖人，我爲鄉人，見到此，自然退縮不得，自然推諉不得，終日參「因是不同」四字，參來參去，不煩告語，見舜羹牆几席間也。

又曰：予輩有不善處見人面紅，賊去偷盜處便心跳，即此可見性善之一端。信得性善，又走惡路，是不記性的人，生亦死也。

「人之易其言」章

孟子曰：「人之易其言也，無責耳矣。」——《孟子·離婁上》

此一節書舊說以人之怪責爲責，愚思即言責之責，如論更改制度，不思祖宗聰明睿知，千思萬想，方成制度，豈容輕議？即好爲更改者是也。如論人賢否，詆毀賢者，不知賢者自有本領，一語嫉賢，終身埋沒，如論朱晦翁、程伊川之類是也。如身在局外，動言局中，是未嘗以身爲試也。登場一舞，舞袖更長，故曰：君子一言以爲知，一言以爲不知，言不可不慎也。吾輩欲易其言，寧易其心，《繫辭》曰：「易其心而後語。」易，平易也，樂易也。心平易，不責人以難得之事；心樂易，不加人以忿狠之詞，敢以是告司言責者。

「孟子謂樂正子」章

孟子謂樂正子曰：「子之從於子敖來，徒餔啜也。我不意子學古之道，而以餔啜也。」——《孟子·離婁上》

樂正子在孟氏之門是高弟子，其人善人也、信人也，然見却不定，却又從子敖游。子敖是個弄知見的人，樂正子從子敖是爲其知見所動，故孟子曉之曰：「我不意子學古之道而以餔啜也。」蓋不從自己性靈上受用，空沿門乞食即餔啜之意。若以孟子爲口食責樂正子，則亦或人竊屨之疑矣！雖然，樂正子能受此鞭策，若他人教亦無所施受，教者亦無地所以責之。曰：子亦來見我乎？蓋無非責望之意，彼受教無地者，孟氏去而不追矣。

「人有不爲」章

孟子曰：「人有不爲也，而後可以有爲。」——《孟子·離婁下》

此是千古真正道理。予各樣試來：當時蘇子極聰明，說伊尹是辦[一]天下之大事，有天下之大節。予最愛此二語，說着伊尹心事。伊尹耕莘時，天下弗顧，千駟弗視，一介不取不與，故卒能伐夏救民，以其中無所欲，中無所欲則人信之。吾輩做秀才、中舉、中進

[一]「辦」，底本作「辨」，據文義改。

土、做官，若世界上骯髒欣艷去處一毫沾不着，這樣人豈不是不爲？即未能有爲，却是有爲之根基。若小小的利害人也欲，我也欲；人也取，我也取，甚或踰閑越矩，恬不爲怪，縱能有爲，誰則信之。天惟不爲故能大生，地惟不爲故能廣生，聖惟不爲故能合德天地。嗟乎！誰知不爲之爲哉？

「言人之不善」章

孟子曰：「言人之不善，當如後患何？」——《孟子·離婁下》

世上只言二氏說報應，此即孟子說報應處。論言人之不善必有後患，何者？人性本善，有其不善，偶一念之差。吾既不能使之無不善，却又宣揚於人，不知所宣揚者還是欲其聞而改乎？亦還自己有所忌嫉而故露其短乎？此等心腸，即天地鬼神且陰加譴責，必有後患，故夫子以樂道人之善爲益者三樂之一。予嘗謂言人不善不但有後患，言時即有患，當言時唯恐人知，心中便自有患，言後心中猶恐其人之傳之也，心便不得安逸，患再無已時。吾輩能從不言人不善，心轉到樂道人之善，一味懽欣和暢，即是超鬼趣人仙路矣！

「大人者不失」章

孟子曰：「大人者，不失其赤子之心者也。」——《孟子·離婁下》

這一章書孟子指着真心與人看。譬如今人說到大人那個不震驚，何者是大人？爲法於天下，可傳於後世，無所不知，無所不能是大人。不知這大人只是不失其赤子之真心者也。赤子之心，真心也，見着父母一團親愛，見着兄弟一團懽欣，何嘗費些須擬議思慮！何嘗費些商量！大人只是不失這個真心，便是如今不得爲大人，何處見得？且就孝親一段看，孟子云：「人少則慕父母，知好色則慕少艾，有妻子則慕妻子，仕則慕君，不得於君則熱中。」獨「大孝終身慕父母」，即此可見人之不得爲大人，肯在父母身上體貼得不失了赤子之心。若就在親心上渾全赤子真心，這便是大人了。大人是難做的。孟子說得這樣親切容易，真是令人快活。孟子生孔子之後，亦認得心透，故說得如此分明。我輩想來聖學不明，愁赤子之心空虛，把聞見填實；厭赤子之心真率，把禮文遮飾。儒者以爲希聖要務，不知議論日繁，去真心日遠，無怪乎大人不多見也。孟子後有象山。陸子云：「縱不識一字，終是還他堂堂大人。」[1]此語與孟子千載同符。欲學爲大人者勿忽！

❶ 見《陸九淵集·語錄》：「今人略有些氣焰者，多只是附物，元非自立也。若某則不識一個字，亦須還我堂堂地做個人。」

「君子深造之以道」章

孟子曰：「君子深造之以道，欲其自得之也。自得之，則居之安；居之安，則資之深；資之深，則取之左右逢其原，故君子欲其自得之也。」——《孟子·離婁下》

鄰有富人之子索錢於父，靳而不與；索於母，母間與之；又索之妻，妻特多於母耳。而未慊志，迺躬耕辛苦居積，與父等隨其所出入而莫之禁，因嘆曰：夫父，至親也，予索而不與。母妻雖與爾少，何如我之自蓄乎？夫君子學而可不貴自得也。學至自得，則不假言說，不須安排，不須布置。「溥博淵泉，而時出之。」何等居安！何等資深！左之左之，無不宜之；右之右之，無不有之。所以君子學貴自得。同一洙泗源流，學焉而皆得性之所近，惟顔子深潛純粹，妙契聖人之旨，不違如愚，繼顔子而後，惟《孟子》七篇。仁義之旨，性善之說，如揖讓孔顔一堂，繼孟子而後惟周子、程子、陸子。周子曰：「聖學一爲要。」程子曰：「廓然大公。」陸子曰：「宇宙即吾心。」此等去處，非自得何以見得親切如此。世之安排道理，撐持意見，以爲自得，明眼者知其爲義襲，去自得之旨益深矣！

「仲尼亟稱於水」章

徐子曰：「仲尼亟稱於水，曰：『水哉，水哉！』何取於水也？」孟子曰：「原泉混混，不舍晝夜。盈科而後進，放乎四海，有本者如是，是之取爾。苟爲無本，七八月之間雨集，溝澮皆盈；其涸也，可立而待也。故聲聞過情，君子耻之。」——《孟子・離婁下》

水，一也。有源泉之水則混混不舍晝夜，何者？有本故也。有七八月間之水，則溝澮皆盈，涸可立待，何者？無本故也。學之有本者，由仁義行，任天之便，率性之真，不待存而自無不存者，此源泉之水也。無本者，是行仁義，藻繢以自餙，枝葉以自矜，的然而日亡，此溝澮之水也。溝澮之水，其來也忽，然譬彼枝葉藻繢之流，非不驚世駭俗，然卒致日亡，故君子耻之。所以先正教學者：「吾輩只求日減，豈宜日增？減盡則無事矣！」昔先正同門人坐於池邊曰：「寧爲有源之井，無爲無源之池。」即此章大意。又有詩曰：「如今年老無筋力，獨坐江槎看水流。」此語須當自理會。

「西子蒙不潔」章

孟子曰：「西子蒙不潔，則人皆掩鼻而過之。雖有惡人，齊戒沐浴，則可以祀上帝。」——《孟子・離婁下》

此章書孟子極誘人向善，說道至美者是西子，一蒙不潔，个个掩鼻，則真不潔可知；雖有惡人，齋戒沐浴，則可以祀上帝。夫惡人且可改，未必惡可知，上帝且欣享，人豈能沮抑他。何以故？此機最活，惡性無根，一念消除，當時即得本心。今人見人或幼時少年氣盛，稍幹差事，後來去悔便作惡他，不知其當時所差者，其習、其意、其氣，非其性也，而今真改方是真性，不得沮抑他。此章可與「伯夷叔齊餓死首陽」章互看，一個極富的不傳，一個餓死的人却傳，一個美的却令人惡，一個極惡的上帝可享，賢聖爲人分剖何等界限親切！不自家剔辨路頭，非眼黑則心昏。予見邑有爲隸者，其行杖甚酷，後歸依釋氏，嘗念罪過。予心喜之。然人有竊笑者，不知我輩不回頭，愧此隸多矣！故曰：煩惱無邊，回頭是岸。

「君子所以異於人者」章

孟子曰：「君子所以異於人者，以其存心也。君子以仁存心，以禮存心。仁者愛人，有禮者敬人。愛人者人恒愛之，敬人者人恒敬之。有人於此，其待我以橫逆，則君子必自反也：我必不仁也，必無禮也，此物奚宜至哉？其自反而仁矣，自反而有禮矣，其橫逆由是也，君子必自反也：我必不忠。自反而忠矣，其橫逆由是也，君子曰：『此亦妄人也已矣。如此則與禽獸奚擇哉？於禽獸又何難焉？』是故君子有終身之憂，無一朝之患也。乃若所憂則有之：舜人也，我亦人也。舜爲法於天下，可傳於後世，我由未免爲鄉人也，是則可憂也。憂之如何？如舜而已矣。若夫君子所患則亡矣。非仁無爲也，非禮無行也。如有一朝之患，則君子不患矣。」——《孟子・離婁下》

此章書見君子一味只是自存、自反、自憂，所以異於人。自存者何？世間人有慘刻者，君子以仁存心，法天地生生之心，不敢一毫刻薄；世間人有傲亢者，君子以禮存心，法天地秩序之常，不敢一毫輕放。仁存心則自愛，人不愛人，非仁也；禮存心則自敬，人不敬人，非禮也。愛人者，人恒愛之；敬人者，人恒敬之，此自然之理也，其不能者，必仁禮之未至也。君子必自反，未嘗尤人，又不然者，必吾誠之未至也。君子益自反，未嘗尤人，終不然者，必吾與禽獸無異，仁與敬之未至也，敢歸咎尤人？是故君子有終身之憂，而無一朝之患。終身之憂即上面自反之功也。無一朝之患即上面橫逆之謂也。君子所以憂不已者，君子只是學舜。蓋舜見識大，在天下後世必如舜而後已，再無尤人時節，所以無一朝之患。君子異於人者，正在此心一也。善用之，則爲仁禮之君子；不善用之，則爲橫逆之小人，可不慎哉！然一味反己，則其待己也大且重，一味尤人，則其待人也大且重。

問：仁以存心，是將仁存心否？先生曰：將仁存心，心愈不仁矣！將禮存心，心愈不敬矣！仁，人心也，即心即仁，即仁即禮，不是凑泊得的。予輩在鄉遇橫逆時，將此章熟讀不已，怒不解或讀之旬日，直至怒忘時始歇，方見真異於人處。與鄉人作敵，不如與舜爲敵。

楊龜山云：「舜在父子則盡父子之倫，君臣則盡君臣之倫，以爲友則盡友道，以爲臣則盡臣道，此所以爲法天下，可傳後世。」

「儲子曰」章

儲子曰：「王使人瞯夫子，果有以異於人乎？」孟子曰：「何以異於人哉？堯舜與人同耳。」——《孟子·離婁下》

觀此一章書可見人人可爲堯舜，再不必退縮。當時，孟子在戰國，人疑其有異，所以王使人瞯之。孟子曰：「何以異於人哉？堯舜與人同耳。」孟氏非願學堯舜，苦盡心力，心中有灼見，安能如此說得伶俐直截。人信得身是堯舜，自然不容已。它日曰：「聖人之於民，亦類也。」出於其類，亦類也，是與人同出乎其類，却又與人異。既說同是，人人可爲；既說異，又聖人獨爲。請思所以出於其類者是甚？能參得出於其類處，方纔同得。《易》曰：「首出庶物，萬國咸寧。」吾輩未能首出，且將身子跳出世俗圈套內。振衣千仞，方纔有商量。

「仁之勝不仁也」章

孟子曰：「仁之勝不仁也，猶水勝火。今之爲仁者，猶以一杯水，救一車薪之火也；不熄，則謂之水不勝火，此又與於不仁之甚者也。亦終必亡而已矣。」——《孟子·告子上》

此章書孟氏示人以爲仁之的。說道「仁之勝不仁也，猶水勝火」，何者？仁存則不仁自無。「今之爲仁者，猶以一杯水，救一車薪之火」，比不仁更甚！夫既曰爲仁，是有志於仁矣！何謂「以一杯水救一車薪之火」？蓋緣有一種人，不思仁是陽明的，却去黑漆漆地。或去私私愈增，去欲欲愈熾，或去制念，不知念愈制而心愈紛，到不如無事的人到得個安淨。可見聖學之宗，只是爲仁，爲仁只在復禮。今諸君初入門，工夫在先識仁。識仁則仁自無對，盈天地無一處不仁，無一息不仁，無一念不仁，如元氣周流，不少間隔，如精神貫浹，不少痿痹，那處更討不仁在。

「羿之教人射」章

孟子曰：「羿之教人射，必志於彀；學者亦必志於彀。大匠誨人，必以規矩；學者亦必以規矩。」——《孟子·告子上》

吾儒規矩、彀率安在？夫子「吾十有五」一章便是。吾儒規矩、彀率十五便志於學，學便是明德親民。十五志此，三十立此，四十不惑此，五十知天命此，六十耳順此，七十從心不踰矩不踰此，舍此便謂異端，便謂權謀，便謂功利。學說到明德，便不是影響、支離、擬議、注疏了，得此真明，天之所以與我者始算得。明德說到親民便是明明德於天下國家，天下國家有一人不明明德不算得親民。然其實一事，明德必親民，親民必明德。孔孟一生汲汲皇皇，到老不得了。到近時以一悟便了，至薄一切倫常，以爲於性體無礙。吾不知於規矩、彀率安在？孟子曰：「聖人，人倫之至也。」必先曰：「規矩，方圓之至也。」吾道外人倫，無規矩。

「曹交問曰人皆可以爲堯舜」章

曹交問曰：「人皆可以爲堯舜，有諸？」孟子曰：「然。」「交聞文王十尺，湯九尺，今交九尺四寸以長，食粟而已，如何則可？」曰：「奚有於是？亦爲之而已矣。有人於此，力不能勝一匹雛，則爲無力人矣；今曰舉百鈞，則爲有力人矣。然則舉烏獲之任，是亦爲烏獲而已矣。夫人豈以不勝爲患哉？弗爲耳。徐行後長者謂之弟，疾行先長者謂之不弟。夫徐行者，豈人所不能哉？所不爲也。堯舜之道，孝弟而已矣。子服堯之服，誦堯之言，行堯之行，是堯而已矣；子服桀之服，誦桀之言，行桀之行，是桀而已矣。」曰：「交得見於鄒君，可以假館，願留而受業於門。」曰：「夫道，若大路然，

豈難知哉？人病不求耳。子歸而求之，有餘師。」——《孟子·告子下》

堯舜，大聖人也。個個可爲，可爲又只在孝弟。教者教此，學者學此，何等簡易！何等直截！曹交以形迹求堯舜，不知己身自有堯舜；以形迹師孟子，不知家庭自有餘師。先生曰：發聖人之藴教萬世無窮者，顔子也。予於孟子亦云。先儒又曰：軻之死，不得其傳。予曰：儻果不得其傳，則漢唐以來，人俱在昏天黑地過日子，那個不依着這孝弟。堯舜其心至今在此孝弟也。軻之傳於今者，此孝弟也。故曰：「入則孝，出則弟。」守先王之道以待後之學者，吾輩外此，是爲異學。

「莫非命也」章

孟子曰：「莫非命也，順受其正。是故知命者，不立乎岩牆之下。盡其道而死者，正命也。桎梏死者，非正命也。」——《孟子·盡心上》

此章書孟子示人以立命之學。命不是吉凶禍福之命，即天命之謂性之命。這個命無古無今，無聖無愚，無賢無哲，無中國無夷狄，通是這個命。人當但順受其正便了。何爲順受其正，禹之行水也，行其所無事也，如知者亦行其所無事，則知亦大矣！是故知命者，不立乎嚴牆之下。何謂嚴牆？嚴牆是幽陰之地，正所謂陰山鬼窟。人不知命，却去幽陰地作生涯；既知命，便向陽明地享現成。盡其道而死者是正命，桎梏而死者非正命。盡其道而死者，順受之理也；桎梏死者，嚴牆之下作生涯之謂也。孟氏教人立命之學，極顯極透徹。人信不得莫非命，便謂有處是命，有處不是命，是天有所覆，有所不覆，何得謂天命？又不肯順受，却要逆做。以人力勝天功，以聞見勝德性，縱做得成個家當，抛舍不下。明眼者比之桎梏，其不能正命可哀矣！

「耻之於人大矣」章

孟子曰：「**耻之於人大矣。爲機變之巧者，無所用耻焉。不耻不若人，何若人有？**」——《孟子·盡心上》

爲機變之巧者，非只污下之流，即從道理上裝點之類，亦是機變之巧。「不耻不若人」，人道也。惻隱之心，人也；無惻隱之心，不若人道矣！羞惡、是非、辭讓之心，人也；無羞惡、是非、辭讓之心，不若人道矣！於此不用其耻，惡乎用其耻？從比擬它人起念者，則有止有進；惟從自己人道上起念則愧奮自生。一事不如人，往古來今，只有此一事，此一事即人道也。此一事不真則事事不真，更何論做得個人。眇然一身，參天兩地，耻非真耻，日淪卑污，人耶？禽獸耶？是在自擇爾。

「待文王而後興者」章

孟子曰：「**待文王而後興者，凡民也。若夫豪傑之士，雖無文王猶興。**」——《孟子·盡心上》

興起也，性吾性也，進吾往也，止吾止也。不以人而有，不以人而無。以有人而興，必以無人而廢。夫豪傑，凡民之特立者，豈以人爲進止哉！孟子興起於戰國，私淑願學孔子。周子興於舂陵，皆生於聖教陵替之後。我朝文清薛子興於晉，吳聘君興於豫章，白沙陳子興於南海，文莊、文恭、文毅興於吉州〔一〕，醫閭興於遼東，布衣陳子興於閩，王子興於泰州〔二〕，皆如淩霄之峯，四無倚靠，挺然特立，究諸君子所至，豪傑不足以盡之。雖然，此非鄉願所能也。豪傑其性多猛烈、多剛氣，不囿習俗，不隨衆腳，一變至道，如馬之蹄齧者必善走，若柔懦善人，其性多畏縮，一有慕古之心，左顧右盼，東怕人笑，西怕人議，這樣人一生有甚長進。吾輩今日生逢聖明之世，薪蘸之化不減文王，再不興起，真無良心矣！嗟乎！七八月之間，旱則苗槁矣！天油然作雲，沛然下雨，則苗勃然興之

〔一〕「吉州」，底本作「吉洲」，據文義改。吉州，即今江西省吉安市。

〔二〕「泰州」，底本作「太洲」，據文義改。此處指的是泰州的王艮。

矣！苗有生機，可以人而無生機乎哉？

「人之所不學而能」章

孟子曰：「人之所不學而能者，其良能也；所不慮而知者，其良知也。孩提之童，無不知愛其親者；及其長也，無不知敬其兄也。親親，仁也；敬長，義也。無他，達之天下也。」——《孟子·盡心上》

良知之說自孟氏已傳，至陽明子復拈出示人。後世學陽明子者，遞相祖傳，其功愈密，其說愈晦。予請再不必別看，即看此章，良知宛然在前。說道學而能，可謂之能，不謂之良能，惟不學而能謂之良能；慮而知，可謂之知，不謂之良知，惟不慮而知謂之良知。試看孩提之童，無不知愛其親，無不知敬其兄，這親親就是仁，敬長就是義，再不必它求。通之東海，此仁義同；南海、北海、西海亦此仁義同。千百世之上，千百世之下，亦同此仁義，再無有不同的。吾輩欲體認良知之教，再不必別用心思。在家愛親，推親親者以親天下；在家敬長，推敬長者以敬天下。一團和順，藹然無間。孩提時節，即此是良知良能現前。若以此爲庸行，別有妙道，靜坐而思，稍見靜中境象，執以詫於人曰：吾有所得。連篇累牘，斐然可聽。不知白日青天見鬼，縱歷千劫，永無見道之期。此非大開巨眼者，不能拔此沉淪之苦。

「楊子取爲我」章

孟子曰：「楊子取爲我，拔一毛而利天下，不爲也。墨子兼愛，摩頂放踵利天下，爲之。子莫執中，執中爲近之，執中無權，猶執一也。所惡執一者，爲其賊道也，舉一而廢百也。」——《孟子·盡心上》

孟子此章正不欲學者有駐腳處。說道楊子只是爲我，墨子一於爲人，子莫一於執中，執中無權猶執一也，其賊道更甚。何者？

舉一而廢百也。孟子極見性的人，東也掃，西也掃，只是不要人執一。曰：然則「惟精惟一，允執厥中」之説非乎？曰：堯舜之惟一者，一貫之一矣。道一而已矣，非執一之謂也。堯舜之「允執厥中」，中本自中，執而無執，即「中者，天下之大本」之中，非量人己之間而執之爲中之謂也。雖然，論執一之害，後儒比比皆然。其師偶説敬則遂執敬，言誠則遂執誠，偶言仁則遂執仁，偶言静則遂執静，偶言良知則遂執良知，以所耳聞者，即殉至老死不變，不知聖賢千言萬語，皆是權説，皆是引人之道。不思走路，一聽柱杖，縱跛鱉不止，難望其一日千里也。

「饑者甘食」章

孟子曰：「饑者甘食，渴者甘飲，是未得飲食之正也，饑渴害之也。豈惟口腹有饑渴之害？人心亦皆有害。人能無以饑渴之害爲心害，則不及人不爲憂矣。」——《孟子·盡心上》

口腹之害，饑渴害之也。人心亦皆有害，孟氏只指饑渴，不知其所饑渴何事？説者謂爲昏夜乞哀之富貴，然世之不必乞哀亦有富貴害心者，予竊謂此易見也。孟子指點，不爲此一班人説。竊嘗論饑渴害心惟講學之人方有，亦惟講學人知之。子絕四：毋意毋必毋固毋我。聖心同太虚，固不必言，下此聖門惟屢空顔子，方才無此。其餘或以多聞多見，或以才辨，况其他乎？今學者動輒勦襲先人陳迹，以爲自己寶藏，又最微細者認意見、憑神識曰：吾學在是。只求多，不求少；只求益，不求損；其害豈有窮？嗟乎！口腹之害，害不過軀體；人心之害，更屢劫而無出頭之日。世之不自害心者有幾耶？

「堯舜性之也」章

孟子曰：「堯舜，性之也；湯武，身之也；五霸，假之也。久假而不歸，惡知其非有也。」——《孟子·盡心上》

由仁義行，堯舜性之也；反身而誠[一]，湯武身之也；行仁義，五霸假之也。五伯仁義亦是假得十分好處，惟孟子知其久假不歸，故嚴王霸之辨。然吾道中亦有霸儒，亦有霸學。假仁而處，自以爲仁矣，不知吾性自有仁也；假義而行，自以爲義矣，不知吾性自有義也，甚至把持意見，妄認緣氣，自以爲有得，有見，俱是「惡知其非有也」。能知其非有者，可以語性矣！久假不歸，然則吾儒必有所歸。逃墨者必歸於楊，以楊爲歸；逃楊者必歸於儒，以儒爲歸。歸者，若家舍然。仁義，先王之蘧廬，可以一宿而不可以久處。世之久假不歸者，是以蘧廬爲家舍也。吾儒歸在何處？天地之性存焉爾。

「道則高矣美矣」章

公孫丑曰：「道則高矣，美矣，宜若登天然，似不可及也。何不使彼爲可幾及而日孳孳也？」——《孟子·盡心上》

道在天地間，說是高却又平實，說是美却又平淡。不能引之使高，不能降之使卑，這就是吾儒繩墨彀率。君子淡能引得人向這邊來，不能使人啓發，雖不能使人啓發，其躍如見前也，非難也非易，善悟者從之耳。這樣去處不能爲顔子增高，不能爲公孫丑少貶，蓋緣公孫丑以形體求道，不以身求道；以言求道，不以精神求道；以玩弄把捉求道，不以平淡朴實求道。若以身求道，則萬物皆備於我，何勞孟子說破；若以精神求道，則心堅石穿；若以平淡朴實求道，則觸境現前，故曰：能者從之。能者知身即是道，無待外求；知精神在我，不庸玩弄；知道本樸實，何事張皇，久久自是躍如，即雖欲從之，末由也已，與顔子一樣。諸賢勉之，無負予苦口。曰：請問中道而立？曰：善哉！子問世間儒所謂中道而立者，如一堂，如一邑、一都、一國之中，不知以天視之皆非中也。予所謂中者，懸崖峭壁，不許人挨傍，不許人模捉，不許人倚着謂之中。噫！「鴛鴦綉出從君看，不把金針度與人。」一堂之上，千古之下，誰是能者，吾爲刮目。

[一]「誠」，底本作「成」，據《孟子》本文改。

附録

南臯鄒先生語義合編序

爾瞻鄒子時與門弟子論學，門弟子隨時隨地筆紀之，未彙爲一也。近王生輩取而類次之，以所答問者曰會語，説經者曰解義，總之曰《語義合編》，是編行而學者可以一覽得其全矣！剞劂既竟，問序於余，余曰：孔門授受有真血脉路，後來迷失，學者紛馳外逐，蒙昧無主，幾如長夜之漫漫。陽明氏作，闢乾坤而揭日月，學始復明，一時及門諸賢，交相推演，語句昭垂，悉與微言表裡，後欲循濂洛而溯洙泗者，斷不能外是他求。夫何傳之未幾，意見紛持，爐竈各起，非惟昧厥所宗，甚或操戈相指，其究將使後人耳目復眩，天地重昏，衛道者切隱憂焉！今以讀鄒子諸語，則文成之道不孤，至聖之宗不墜，主持有人，又何懼群言之淆亂哉？鄒子蚤歲困衡，動忍增益，不以大節自限，不以完行自多，心研身體，獨證旁參，一旦豁然，直窺聖奥，故所吐露，語語歸宗。其答問也，隨機指點，當下拈提，示之庸行庸言，而實不學不慮，雖農人樵子，皆可與能。即慧士聞人，難以意測其解經也，一本已靈，代宣聖吻，如珠走盤，不出不滯，總之皆孔門真血脉路，非口耳皮毛而已者。陽明而後，復有鄒子，吾道常明，詎不在兹也耶！或者曰：陽明子不能使人盡信，而鄒子之語果能通之人人乎？即子知之，又誰能信子之知言也？余曰：聖人真脉相傳，即陽明子所謂認祖宗之滴骨血，雖經千百載，猶能滲入，豈與之争是非於一旦哉？子思子曰：「百世以俟聖人而不惑。」孟子曰：「聖人復起，不易吾言。」其所期待之遠，類如此。故吾謂陽明之語，必與《庸》《孟》俱傳。鄒子之言，必與《傳習》並著。兹言以俟後聖，當不易也。余推尊陽明，或有譏余阿者？余曰：道之所在，焉知其他。今於鄒子之語，亦道所在也，於是乎言。

時萬曆丙辰夏仲之吉剡城年弟周汝登撰

讀鄒南皋先生語義合編

承爃誦法孔孟而竊窺聖賢立教之意，總之不離當機者近，是故一貫之示，寧有兩途？或直提於未唯之先，或徐語於非與之後，非一貫之有後先，而聞一貫者之有後先也，是以性道文章，夫子何日不行。生於宇宙，而神機相逼，聞文章即聞性道。境悟未臻，聞性道亦止屬爲文章矣！盖器有利鈍，而教無開遮；機有淺深，斯語分上下。知此者可以讀先生之《語義合編》矣！是編先生與同志及門之士所講德論道者，皆萃於此。片語微詞，直捷簡易，逗機合拍，啓聵振聾。夫幽室而燭以晞暘，甘泉而酌之酷暑，有不豁然舒眸而爽然沁入於肺腑者，非愚則狂疾矣！然承爃因读《合编》，更有感於世教焉！揚[一]子雲曰：「聖人之言遠如天，賢人之言近如地。」伯淳氏起而正之曰：「雄之言非也，聖人之言遠如天，近如地；賢人言道如秉燭以照，執如意以指物也。」可謂明矣！聖人目照而手指者也，故賢人之言近，聖人之言尤近，明道其知言乎？奈之何學者學一先生之言而竊其餘也，吹篢轉轂，如媒妁之行詞，拾有摭無；類巫師以嚬笑試令，反而自求其立言之意，亦且茫然不得其解，此其故在隨人。若夫避階級俱捐之說，乃不爲動靜互密之功，畫脂鏤冰，搏虚吹影，了無一語可以實體常行，此其故在自昧。夫設教者，機平而軌正；始適道者，境實而途清，故自滯邊見而墮語後之機，借重玄而托妙門之捷者，皆司世教者之所深憂也。尹亦有言，予將以斯道覺斯民也。夫豈取諸尹之所有者而覺之哉？明之乎斯道，實斯民之道，而尹之覺即民之覺也。然則先生之立教，意在斯乎？讀是編者，得其覺民之意則可矣！

丁巳清和後五日後學祁承爃識於一貞亭

[一]「揚子雲」，底本作「揚子雲」，據文義改。揚雄，字子雲。

鄒先生語義合編序

蓋邦華弱冠從吾師鄒先生游，而竊窺先生之學之大也。已浮沉仕籍，每奉先生教，而竊窺先生之學之日化也。比謝事歸，而先生之講義語錄，爲門墻士所彙集而合梓者，已裒然成帙矣！華不侍先生皋比十餘歲，纔開卷如凉風生兩腋，徐讀之，如游子萬里尋家，而忽望其舊國邑也，乃作而嘆曰：有是哉！先生振世覺民之心之無窮也。今天下宗門之盛，篾踰姚江。姚江良知之指，會其真諦可以直證。元本溺其影響，終至墮落坑塹。說者謂姚江學脉伸於吉州，不知吉之先輩率從收攝葆聚中多所自得，而矩矱罔尺寸軼，故有功於聖統，而不必示異於姚江。謂姚江合符吉州，可謂吉州自爲吉州亦可。乃若先生天授奇穎，志鋭而力厚，自憂患備嘗，悟門轉超，故其學以透性爲宗，而以生生不息爲用；以一掃葛藤，直窮無始爲歸，而以規員矩方，慥慥皜皜爲鵠；顯微動靜，融爲一致；內外體用，會爲一原。其精實嚴密，伊川、紫陽無以加；而其超脱直截，惟比肩濂、洛。臨汝諸君子即晉而伯仲顔、孟，揖讓於闕里之堂，顧不優哉！是以海內學者或以流浪，決性命之防，而先生有範圍在；或以膠執，增本來之障，而先生有爐錘在。然則先生何必宗良知？何必非良知？譬之耕者有美種焉，姚江植之荊棘林莽中，亭然獨秀，而世顧多認取未確，一切舍菑畬、捐灌溉，以任情爲直養，而不知根荄盡斫。先生擇此甚精，葆此甚固，疆畎之陳修，稂莠之剪除，秩然森然，以故發榮，鬯茂天下，始共知有大美而不疑，是姚江之學藉先生乃行，而先生之學固已包孕姚江，俟百世而不惑矣！讀《語義》者，其尚知先生之功在斯文，如此其鉅矣乎！雖然，道不可以言言也，不可以聞聞也，得其解者默識已證，先天六經，真我注腳，矧性自性、命自命。置尊於衢，行者斟酌焉，冷煖甘苦，人不能代之口也；懸燭於庭，四壁取照焉，明昧遠近，人不能代之目也。先生諄諄然，剖鴻蒙之秘藏，抉千聖之奧緒，微言顯證，旁引曲喻，無非懼正學之將湮，憂人心之長夜，故閔閔皇皇，若建鼓求亡，如恐不逮，第其所可窺者在《語義》中，而其所不盡傳者在《語義》外，會其神則《語義》之中有先生，而先生之外無《語義》；涉其迹則離《語義》而先生遠；泥《語義》而先生益遠。子不云乎：「吾無隱乎爾！」而他日曰：「予欲無言。」故性與天道，子貢以爲不可得而聞。先生亦有言，凡學從言語文字入者，亦從言語文字而悟，從言語文字悟者亦從言語文字而止，至哉斯言！學者能直前承當，契先生所不盡傳之秘，當知是編如筏喻者，迷關既渡，無筏可執，庶幾先生振世覺民之諄諄爲不孤乎！華愚何知，則於及門諸友生切切然，惟日望之矣！

戊午夏五日眷門生李邦華頓首書

讀南皋先生語義合編賦五言古寄贈兼别高第吾宗子啓文學

中天已云遠，精一誰與傳。重光在洙泗，萬古總一肩。其奈經秦火，不絕僅餘煙。聚奎屬宋室，文成接真詮。猗俞鄒夫子，興起透先天。困衡當增益，何異遭古田。有如彼掘井，九軔斯及泉。又如陟五嶽，靡不窮厥巔。血滲千古骨，祖派的不愆。青原執牛耳，從者勝雲連。皋擁數十載，金石直可穿。易簡乾坤得，中平道豈偏。傳習並垂世，日月睹重圓。匪獨剡城子，論定出同年。伊余個中鑄，先得我同然。試懸五都市，恍掛北斗邊。曾揖我濱海，叨游鄒魯前。世沐君子澤【先大夫恳賜墓表乃云】，千里敢比肩。高第者誰子，吾宗根久延。一旦揭相示，令我頓遇仙。鄙客不復生，敢不奉周旋。庶幾歸陶範，七尺非棄捐。羹牆儼如見，堯舜奚遠焉？其心至今在，得魚可忘筌。歸告爾夫子，吾道師合編。瀟瀟風雨後，二曜滿前川。

萬曆四十五年歲德丁巳五月會九日閩桃源天風子李開芳伯東甫頓書

小作題鄒南皋先生講堂請郢政

宣聖去已遠，正學多荊榛。嗟哉世儒生，空與糟粕親。湄川在懷中，舍楫問鮫人。笑彼愚公山，老昧襄城津。鄒生起吉水，矢志効先民。探討入無間，奥旨得其真。筮仕正人綱，慷慨以批鱗。全生天地德，居夷歲月新。家家青衿子，執贄河紛繽。講席遠塵囂，堂構傍城闉。睥睨千峰合，台隍一水瀕。旦夕聚群英，至理得而陳。無欲堪作聖，抉機在求仁。君子用變夷，誦法以書紳。勝蹟匹龍場，千載若比鄰。

戴熺

刻鄒南皋先生語義合編序

士君子立言亦甚難矣！夫言以詮道，而多言亦所以晦道。尼父曰「爲不厭，誨不倦」，而先之曰「默識」；既以「學之不講」爲憂，而終之又曰「予欲無言」，旨可玩已。夫惟善學者得其言，而悟其所以言，復悟其所不能盡言，故足術也。文江鄒南皋先生，名傾中外，養高衡泌，一切名位世味俱澹然，不以攖念，獨惟是直承正學，闡道淑人以故，執經問難者屨滿戶外，而先生闡析疑義，抉翳發覆，人人皆虛往實歸，說者謂今之青原、文水不殊。昔之杏壇化雨，亶其然歟？其證學諸論大都具《願學集》中，而此之《語義合編》則先生所與及門士荅問講義，彙而成帙者。今一卒業閒廣大悉備，大抵先生之學以透性爲宗，以宗爲教，故無教非宗，即體即用，即下學即上達，其實修實證，無一不歸之日用倫常，而其活活潑潑，元元本本，無問談神化、抉性命，即隱若奧渫，微若謦欬，人若輿隸，物若飛潛，無一不歸之天則明命，故意隨言徹，則如斐旻之舞劍，遇空便砍，欻忽晃朗，令人意失；或意超言表，則如由基之善息，引矢不發，而巧力躍如，其在善悟者，睹指識歸，若採日虞淵，洗光咸池，闇窅幽渫之下，舉爲之昭蘇；即不善悟者亦油然端扣之際，如開門見山，渡河得岸，馮其階級可循步趨，斯真後學司南哉！雖然，先生以振世覺民之深心，固不得已相迫而有言，顧以透性傳宗之奧詣，又豈徒以言言乎？子輿氏曰：「梓匠輪輿，能與人規矩，不能使人巧。」《易》曰：「默而成之，不言而信，存乎德行。」則在乎讀先生言者之自悟耳。慨輓近談學亦多歧矣！騁玄虛者非不高極，無始佃入，無倫而按之，如蒙霧觀花，隔靴搔癢，反之身心性情，多所玷闕，其失也蕩。即有實修行特者，而見地未超，每多支離、粘縛之苦，其失也陋。至於以得解自鳴者又復意見橫生，有所闕復有所執，未免認賊作子，歧路亡羊之弊，其失也錮。試繹先生與友人論學，曰：「吾儒無素位外性命。」又曰：「道與學一有名相，終隔千山萬山。」其敘《宗儒譜略》曰：「學者由兹宗傳，直證本心，頓息諸見，揖唐虞周孔，在斯須間若復，辨儒釋，較同異，意之爲害，去道愈遠。味斯訓也，固俗學之頂針，而末流之砥柱也。」要之，意見害道，爲毒更烈。蓋自姚江以良知一脉提醒人，群及門幾半天下，乃未窺閫奥者或不免以伸陸次朱爲爲疑城，獨我吉州先輩，若鄒、歐兩文莊、羅文恭等首信姚江宗旨不疑，顧每以躬體爲符證。文恭有曰：「世那有見成良知，須從收攝保聚中來。」先生妙契象山，獨證良知，精詣至如紫陽格物窮理之訓，爲後儒異同者，亦必直窮其誨人無己之心，而並伸之於是。姚江之傳，始盡人尊信無疑，故人謂我吉州之學有功姚江，而先生合證横發，觸處靈通，所爲翼聖，真振論學者，厥功更偉！不啻與姚江争烈矣！學者能由先生言，悟其所以言與其所不盡言，斯刻乃玄珠非象，罔不然其與買櫝還珠者何異？余刻先生《願學集》，並翻刻是編，以廣同志，且祈交相勗焉！

己未春仲月眷晚生龍遇奇拜手書

後記

時光輪轉，光陰如梭。轉眼間，距筆者的教育部課題立項已經過了一年了。在這一年多的時間里，筆者以誠惶誠恐之心，戰戰兢兢地拜讀、標點、整理李材、鄒元標這兩位江右先賢的文獻。在宋明時期，江右是人文之淵藪。不僅儒學發達，佛教、道教也很興盛。而儒學，又以義理、文學、節義著稱。朱熹、陸九淵則為義理之學的代表；歐陽修、王安石、曾鞏等為文學之代表，文天祥、謝枋得則為節義之代表。南昌老城區，别的特色或許不顯，但路名却獨具一格。從淵明路、陽明路、象山路、疊山路、子固路、孺子路、永叔路等，大有要將先賢萃於一城之意，故住於斯鄉，似長與諸賢對越。先賢證道之言，豈不是我輩行路之資糧，筆者正是抱著這種態度去整理的。接下來，筆者將進一步深入諸賢之堂奥，冀能一攤驪珠。

本書在整理過程中，得到了天津市社科院李會富博士的大力支持和無私幫助，在此特别予以感謝！本書能夠順利付梓，非常感謝江西教育出版社廖曉勇社長、桂梅總編輯的大力支持！也感謝為本書的出版付出辛勤勞動的魏文遠等編輯！南昌職業大學的領導積極支持本書的出版，在此一併致謝！

郭諸明

二〇二〇年二月於中央民族大學